ERREURS

DE

VOLTAIRE.

T. III.

DE L'IMPRIMERIE DE L.-T. CELLOT,
rue du Colombier, n° 30.

ERREURS
DE
VOLTAIRE,

PAR L'ABBÉ NONNOTTE.

NOUVELLE ÉDITION,
AUGMENTÉE D'UN TROISIÈME VOLUME INTITULÉ :
L'ESPRIT DE VOLTAIRE DANS SES ÉCRITS.

TOME TROISIÈME.

A PARIS,
A la librairie ancienne et moderne
DE MÉQUIGNON JUNIOR, LIBRAIRE,
RUE DES GRANDS-AUGUSTINS, N° 9;
A LYON,
CHEZ PÉRISSE FRÈRES, LIBRAIRES,
RUE MERCIÈRE, N° 33.
1822.

AVERTISSEMENT
DES ÉDITEURS.

Cet ouvrage avoit été achevé près d'une année avant la mort de Voltaire, et l'auteur s'étoit proposé de le faire imprimer de suite; mais, malgré tous les mouvemens qu'il se donna alors, il rencontra toujours des obstacles qu'il lui fut impossible de surmonter. De nouvelles difficultés étant encore depuis lors survenues, l'auteur, rebuté, abandonnoit en quelque manière la pensée de donner cet ouvrage au public, lorsque des hommes très-éclairés l'ont ranimé par les raisons les plus fortes, et l'ont retiré de son irrésolution. Ils lui ont représenté que si Voltaire étoit mort, ses ouvrages subsistoient; qu'ils étoient toujours entre les mains de presque tout le monde, qu'ils continuoient à faire les plus funestes impressions, que rien ne seroit plus efficace pour les arrêter qu'un livre où l'on fait voir, avec tant d'énergie, quel est l'esprit de Voltaire dans ses écrits, et que c'étoit là un contre-poison non-seulement très-utile, mais absolument nécessaire dans ce siècle.

C'est à de si fortes représentations qu'a cédé

l'auteur de cet ouvrage, et que l'on en doit l'impression. On se flatte qu'on y trouvera partout le ton de modération et d'honnêteté qu'a toujours montré l'écrivain, et dont la dignité de la cause qu'il défend ne lui a jamais permis de s'écarter.

L'ESPRIT DE VOLTAIRE
DANS SES ÉCRITS.

CHAPITRE PREMIER.

Précis de la Philosophie de l'histoire, par lequel on reconnoît le but principal que s'est proposé M. de Voltaire dans ses écrits.

CHANGER entièrement la manière de penser du genre humain en matière de religion et de morale, renverser tous les principes les plus essentiels et les plus nécessaires, apprendre à l'homme à tout rapporter à son intérêt ou à son plaisir, tel est le projet que semble avoir conçu celui dont tant d'écrivains ont déjà combattu les erreurs. C'est le but qu'il semble s'être proposé dans tous ses écrits; c'est ce qu'il annonce assez clairement dans l'ouvrage qui a pour titre la Philosophie de l'histoire, ouvrage qu'il a mis ensuite sous le titre de Discours préliminaire à la tête de ses dernières éditions, et de la collection générale de tous ses écrits.

Ce discours est un frontispice qui convient parfaitement à une pareille œuvre ; il a été déjà victorieusement réfuté et combattu par l'auteur de la Réponse à la Philosophie de l'histoire : il seroit inutile d'en faire ici une nouvelle réfutation ; mais il est indispensable d'en donner quelque idée dans un ouvrage où l'on prétend faire connoître dans quel esprit a presque toujours écrit Voltaire, et où l'on continue à combattre ses erreurs. Nous n'en rappellerons donc que quelques points plus essentiels, que nous examinerons dans les articles suivans.

ARTICLE PREMIER.

Doctrine de Voltaire sur l'origine des choses.

Dans les premiers âges du monde, c'est-à-dire bien des siècles avant qu'on se mît à écrire, les connoissances de l'homme sur le premier état de l'univers furent en même temps très-simples et très-sûres, parce qu'elles ne consistoient que dans des traditions qui ne pouvoient guère s'éloigner de la vérité. Un père instruisoit ses enfans en leur racontant ce qu'il avoit appris de ses pères et de ses aïeux ; ces enfans, devenus pères, rendoient ensuite à leurs fils les mêmes instructions, en y ajoutant ce qui s'étoit passé de leur temps et sous leurs yeux.

Cette manière de transmettre les connoissances étoit dictée par la raison même ; c'est celle qui a toujours eu lieu dans les premiers âges du monde, comme l'attestoit, il y a plus de trois mille ans, le premier de tous les historiens. Interrogez vos pères, interrogez vos aïeux ; ils vous apprendront ce qu'a fait le Très-Haut d'âge en âge, et la manière dont il a par-

tagé les enfans d'Adam en différentes nations.[1]
Ce n'est que par ces connoissances de tradition que l'on peut remonter à la vraie origine des choses, et apprendre quel fut le premier état de l'univers ; et ce n'est que par ces connoissances que Moïse a pu nous en instruire.

Ce Moïse naquit environ trois cents ans après la mort de Sem, qui avoit vu le déluge, et quarante et un ans après la mort de Lévi son bisaïeul, qui avoit vécu cent vingt-sept ans. Il touchoit donc, en quelque manière, à la première origine des choses. Il a écrit ce qu'il avoit appris de ses pères et de ses aïeux par une tradition qui ne pouvoit pas être altérée. Il fut, outre cela, éclairé par des lumières surnaturelles, comme l'annonce sa qualité de prophète et de thaumaturge. C'est lui qui nous présente le magnifique tableau du monde sortant du néant à la parole toute-puissante de l'Être-Suprême, qui nous donne la connoissance intéressante de la création de l'homme, des premiers progrès de l'espèce humaine, de sa séparation en différentes familles, et de la première origine des anciennes nations.

On peut donc regarder cette histoire de Moïse comme les premières archives du genre humain. Elle fut écrite douze cents ans avant que la Grèce eût aucun historien. C'est la source la plus pure et la plus sûre des connoissances nécessaires à ceux qui veulent traiter de l'origine des choses ; et l'on ne s'en écarte jamais sans donner dans les plus grandes absurdités.

[1] Deut. 32.

Nous ne le voyons que trop par les historiens philosophes de ce siècle; mais personne n'y a donné d'une manière plus ridicule et plus humiliante que l'auteur de la Philosophie de l'histoire.

Cet écrivain,[1] qui ne voudroit pas être soupçonné d'ajouter foi aux écrits de Moïse, et qui met le nom de philosophe beaucoup au-dessus de celui de chrétien, s'est donc frayé une nouvelle route. Son but étant de renverser tout ce que les traditions et les monumens historiques les plus respectables nous attestent, il les rejette, il les dédaigne souverainement, et il assure qu'on n'y trouve que d'inutiles erreurs. Tâchons donc,[2] ajoute-t-il, de nous éclairer, et de déterrer quelques monumens précieux sous les ruines des siècles.

A ce début singulier, et si digne d'un philosophe, on reconnoît d'abord l'adresse avec laquelle il évite de s'expliquer sur la création ou sur l'éternité du monde. La création, que l'esprit humain ne peut pas comprendre, et que la raison ne peut pas s'empêcher d'admettre, le ramèneroit trop à un Dieu créateur, et alors il paroîtroit penser comme Moïse, ce qui seroit humiliant pour un philosophe. Il évite donc d'en parler. Mais, d'un autre côté, l'éternité du monde est une absurdité qui révolte la raison; ainsi il n'ose pas trop se déclarer sur ce point; il prend donc son parti. Il vous dit hardiment et sans preuves, et même contre les preuves les plus incontestables, que notre

---

[1] Origine du monde. — [2] Philosoph. de l'hist., p. 1.

monde a subi des changemens qui supposent des milliers et des milliers de siècles ; et il donne pour certain que la mer a couvert des terrains immenses, aujourd'hui chargés de grandes villes et de riches moissons, et qu'il n'y a point de rivage que le temps n'ait éloigné ou rapproché de la mer. Enfin, ajoute-t-il, il paroît évident que les deux hémisphères ont perdu plus de deux mille lieues de terrain d'un côté, et qu'ils l'ont regagné de l'autre.[1]

Mais demandez à cet historien philosophe en quel endroit du monde, à quels degrés de longitude ou de latitude, la mer a abandonné deux mille lieues de terrain, et en a absorbé autant dans le côté opposé; demandez-lui quels sont les historiens ou géographes égyptiens, phéniciens, indiens ou chaldéens, qui attestent ce qu'il donne ici pour certain et pour évident ; sa philosophie le laissera en défaut, il restera muet comme un poisson.

Il y a deux mille ans qu'on connoît les côtes de l'Océan depuis le pays des Bataves, et même des Cimbres, jusqu'aux colonnes d'Hercule ; il y a deux mille ans que l'on connoît la plus grande partie des côtes orientales et occidentales de l'Afrique, et une partie de celles qui sont au midi de l'Asie : cela est démontré par le témoignage des anciens géographes et historiens, tels que Strabon, Ptolomée, Tacite et tant d'autres. Nous ne parlons pas des côtes de la Méditerranée; on ne regarderoit qu'avec pitié celui qui seroit assez hardi ou assez igno-

[1] Philosophie de l'histoire, p. 1.

rant pour former quelques doutes sur la parfaite ressemblance de l'état présent et de l'état ancien des côtes de cette mer. Où étoient donc ces terrains immenses, autrefois couverts par la mer, et aujourd'hui chargés de grandes villes et de riches moissons?

Il n'y a point de rivage, ajoute-t-il, que le temps n'ait éloigné ou rapproché de la mer. Mais voit-il les conséquences de ce qu'il affirme si hardiment? Il pourroit donc se faire qu'autrefois la côte de Gênes eût touché jusqu'en Corse et en Sardaigne, ou qu'elle eût été jusqu'aux pays des Grisons? il pourroit donc se faire qu'il y ait eu des ports de mer en Suisse et en Bourgogne, qu'on ait pêché des baleines où l'on chasse aujourd'hui aux ours? car c'est là une suite nécessaire du rapprochement ou de l'éloignement successif de ces rivages dont il nous parle.

Gardons-nous, dit-il encore très-philosophiquement, de mêler le douteux au certain, et le vrai avec le faux. Nous avons assez de preuves des grandes révolutions du globe, sans en chercher de nouvelles.[1]

Il nous dit : Gardons-nous de mêler le douteux au certain, et il ne nous débite que des *peut-être*, des *il est vraisemblable*, des paroles en l'air sur les échancrures de toutes les terres que l'Océan baigne, sur les golfes que les irruptions de la mer ont formés, sur les archipels semés dans les eaux ; phénomènes qu'il imagine très-gratuitement être successivement

---

[1] Philosophie de l'histoire, p. 4.

arrivés ; car qui est-ce qui ne voit pas que ce ne sont là que des rêveries puisées dans ces romans philosophiques qui sont si fort à la mode aujourd'hui, et qui sont l'objet du mépris de tous les hommes raisonnables, instruits et judicieux ?

Que doit-on penser, en effet, de ce que ces romanciers philosophes nous débitent sur ces irruptions des mers, sur cette inconcevable activité des eaux, qui, selon leurs systèmes, ont rongé et renversé des milliards et des milliards de toises cubes de rochers, tantôt pour séparer la Sicile, autrefois jointe à l'Apulie,[1] tantôt pour ouvrir le grand canal de la Manche, tantôt pour percer le détroit de Gibraltar, et pour creuser les lits immenses de la Méditerranée et de la mer Noire ? car tout cela, disent ces romanciers, est l'effet de l'action successive des eaux.

Mais comment, leur dira-t-on, ces eaux si fortes et si agissantes n'ont-elles pas pu percer ni même entamer l'isthme de Suez, ni l'isthme encore plus petit de Corinthe, qui est battu par deux mers ? Comment ces philosophes, qui savent tout, ou qui devinent tout, ont-ils toujours oublié de nous donner les dates du commencement, des progrès, de la fin de ces irruptions des mers ? Ils se mettent hardiment au-dessus du grand homme qui a été inspiré pour nous instruire de la naissance du monde et de l'origine des choses, ils dédaignent ce que nous apprennent les livres sacrés ; et qu'ap-

---

[1] Philosophie de l'histoire, p. 5.

prend-on en les écoutant eux-mêmes, et en lisant leurs belles productions, ou, pour mieux dire, leurs rêveries?

Le sage qui veut rendre compte des révolutions de notre globe s'attache invariablement à ces points fixes dont la raison ne lui permet pas de s'écarter, et qui sont, 1° qu'on n'a aucune connoissance de l'état où étoit notre globe avant le déluge, ni de ce qui faisoit alors les continens et les mers; 2° que ce globe fut couvert pendant cinq mois par les eaux, et que ces eaux furent dans une agitation continuelle; 3° que l'agitation, le poids, les secousses de ces masses immenses d'eaux ont dû nécessairement causer des déplacemens, des fractures, des bouleversemens très-considérables dans la surface du globe; 4° que c'est pendant le séjour de ces eaux agitées que toutes les parties des deux continens ont dû prendre la forme qu'elles ont aujourd'hui, puisqu'on n'a pas la moindre connoissance que ce soit par la succession des temps que ces changemens sont arrivés.

Ce sage s'attachera donc à Moïse, comme étant le seul véritablement instruit de l'origine des choses; il laissera de petits philosophes venus trente-trois siècles après lui entasser erreurs sur erreurs, et tenter vainement pour décréditer les livres saints ce que les géans de la fable tentèrent autrefois pour détrôner les dieux.

Comme notre écrivain dédaigne d'adopter la création du monde telle que l'annonce Moïse, il ne veut point reconnoître non plus la création de l'homme comme chef et tige de tout le genre humain.[1] Il n'est permis qu'à un aveugle, dit-il, de douter que les blancs, les nègres, les albinos, les Chinois, les Américains, soient des races entièrement différentes.[2]

M. de Voltaire se donne ici modestement pour le seul homme éclairé qui ait paru depuis trois mille ans. Il traite d'aveugles tous les écrivains qui ont traité de la première origine des choses, tous les grands historiens, géographes et philosophes de tous les siècles et de toutes les nations qui ont parlé de l'origine du genre humain, et qui l'ont regardé comme une famille immense qui s'est divisée et subdivisée par le temps en une infinité de branches et de rejetons. Il les traite tous d'aveugles. Qu'on juge si les raisons qu'il leur oppose sont bien lumineuses.

Il dit que les nègres ont une membrane noire qui leur communique cette noirceur inhérente; mais seroit-il surprenant que les nègres ayant le sang plus chaud et plus noir, à cause des chaleurs excessives du climat de leur origine, ils aient aussi cette membrane plus noire que ne l'ont les hommes des autres climats? Ils ont, dit-il encore, les yeux ronds, le nez épaté, les lèvres toujours grosses; mais il auroit pu apprendre de M. de Buffon que cela vient principalement de la manière dont les négresses forment les traits de leurs enfans durant les premiers jours qui suivent leur naissance. Il nous parle enfin d'un tablier que la nature a donné

---

[1] Origine de l'homme. — [2] Ibid., p. 6.

aux seules femmes cafres ou hottentotes, duquel la peau lâche et molle tombe du nombril jusqu'à la moitié des cuisses ; mais il ne s'aperçoit pas que ce n'est là qu'une fable ridicule qu'il copie bonnement d'après le Prussien Kolben, qui, étant au cap de Bonne-Espérance, mettoit par écrit toutes les folies que lui débitoient les Hollandais, en s'amusant de lui après l'avoir enivré. C'est ce que nous atteste dans sa relation un officier du roi qui a demeuré long-temps au cap après Kolben. Telles sont les raisons sur lesquelles Voltaire traite d'aveugles tous ceux qui ne disent pas comme lui que la Providence a planté des hommes dans les différens climats, comme elle y a planté des arbres et fait croître de l'herbe.[1]

Pour la défense et la justification de ceux qu'il condamne d'un ton si absolu, nous ne lui opposerons que M. de Buffon. Cet habile écrivain examine avec l'attention la plus éclairée les variétés qui sont dans l'espèce humaine ; il en recherche les causes, il fait sur ces objets les plus sages observations ; et après un examen qui tient la moitié d'un volume, il conclut ainsi :

« Tout concourt donc à prouver [2] que le
» genre humain n'est pas composé d'espèces
» essentiellement différentes entre elles ; qu'au
» contraire il n'y a eu originairement qu'une
» seule espèce d'hommes qui, s'étant multipliée
» et répandue sur toute la surface de la terre, a
» subi différens changemens par l'influence du

[1] Origine de l'homme, p. 6. — [2] Histoire naturelle, t. V, p. 236.

» climat, par la différence de la nourriture, par
» celle de la manière de vivre, par les maladies
» épidémiques, et aussi par le mélange varié à
» l'infini des individus plus ou moins ressem-
» blans ; que d'abord ces altérations n'étoient
» pas si marquées, et ne produisoient que des
» variétés individuelles; qu'elles sont ensuite de-
» venues des variétés de l'espèce, parce qu'elles
» sont devenues plus générales, plus sensibles
» et plus constantes par l'action continuée des
» mêmes causes ; qu'elles se sont perpétuées,
» et qu'elles se perpétuent de génération en gé-
» nération comme les difformités ou les mala-
» dies des pères et mères passent à leurs enfans ;
» et qu'enfin, comme elles n'ont été produites
» originairement que par le concours des causes
» extérieures et accidentelles, il est très-pro-
» bable qu'elles disparoîtroient aussi peu à peu,
» et avec le temps, ou même qu'elles devien-
» droient différentes de ce qu'elles sont aujour-
» d'hui, si ces mêmes causes ne subsistoient
» plus, ou si elles venoient à varier dans d'au-
» tres circonstances, et par d'autres combinai-
» sons. »

Si l'on est surpris de tout ce que nous dit
Voltaire sur l'origine de l'univers et sur celle
de l'homme, on le sera bien plus encore de ce
qu'il va nous dire de l'origine des sociétés.[1]

La raison et la révélation s'accordent à nous
représenter l'homme, au moment de sa création, dans un état vraiment digne de son Créateur. Son âme est douée d'intelligence ; son

---

[1] Origine des sociétés.

cœur est rempli de sentimens vertueux. Il reçoit des mains de Dieu une compagne de la même nature que lui, avec laquelle il doit être la tige et le chef de toute l'espèce humaine. Ces deux premières créatures, devant vivre ensemble, et avec leurs enfans, sont douées du don de la parole, comme l'exigeoit la sagesse du Créateur. Elles en sont douées pour se communiquer leurs pensées et leurs sentimens, pour contribuer réciproquement à leur bonheur et à celui de leur postérité, pour former les liens de la tendresse, de l'amour, de l'intérêt mutuel qui devoit être entre tous les membres de cette première société, laquelle devoit être le modèle de toutes les sociétés qui se formeroient dans la suite des temps.

Mais la manière de penser de Voltaire sur l'origine des sociétés est bien différente. Tout l'honneur qu'il fait aux hommes, c'est de les mettre au premier rang des animaux qui vivent en troupes, comme les oies, les poules, les moutons; et il ajoute que tout animal a son instinct, et que cet instinct n'est autre chose que l'arrangement des organes, dont le jeu se déploie par le temps.[1]

Si on lui demande ensuite quelle langue parleront ces animaux humains, il vous répond qu'ils seront sans doute long-temps sans en parler aucune, qu'on aura commencé par des cris qui auront exprimé les premiers besoins, et qu'on se sera très-bien entendu par des cris et par des gestes. C'est ainsi que les

---

[1] Origine des sociétés, p. 28.

loups, les chiens, les chats, parlent entre eux et s'entendent entre eux. Voltaire fait aux hommes l'honneur de leur accorder le même pouvoir et la même faculté.[1]

Il nous apprend encore[2] que cet état de brute où le genre humain a été long-temps, dut rendre l'espèce infiniment rare dans tous les climats, parce que les hommes ne pouvoient guère suffire à leurs besoins,[3] et que, ne s'entendant point, ils ne pouvoient se secourir. Les bêtes carnassières, ayant plus d'instinct qu'eux, devoient couvrir la terre, et dévorer une partie de l'espèce humaine. Il est très-vraisemblable que l'homme a été agreste pendant des milliers de siècles; c'est-à-dire qu'il y aura eu long-temps des familles errantes dans les forêts, disputant leur nourriture aux autres animaux, s'armant contre eux de pierres et de grosses branches d'arbres, etc., etc.

Voilà donc les heureux fruits de l'application de Voltaire à étudier l'histoire en philosophe! Voilà les découvertes intéressantes que sa philosophie nous présente! Voilà donc, sur la première origine des choses, les sublimes pensées de celui qui est encore aujourd'hui l'idole de la nation, l'oracle de nos beaux esprits, l'objet de l'admiration et de l'enthousiasme de tout ce qui est engagé dans la troupe des nouveaux philosophes! Il ne dit pas un mot qui ne fasse frémir le bon sens, qui n'outrage la raison, qui ne déshonore l'huma-

---

[1] Origine des sociétés, p. 30, 31. — [2] Ibid., p. 10. — [3] Ibid., p. 30, 32.

nité ; il fait disparoître l'idée d'un Dieu créateur ; il fait rouler le monde dans des milliers de siècles et de révolutions imaginaires ; il vous représente les hommes plantés dans différens climats, comme les arbres et les herbes des champs, et conduits par un instinct qui n'égale pas celui des animaux ; il dédaigne tout ce que nous apprend la révélation, il n'oublie rien pour en inspirer un souverain mépris, il n'y trouve même que d'inutiles erreurs. Mais que vous donne-t-il en place ? Les horreurs que nous venons de rapporter.

ARTICLE II.

De l'antiquité des Nations.

Ce grand réformateur de toutes les connoissances humaines nous présente, sur l'antiquité des nations, des vues et des sentimens que personne autre que lui n'auroit jamais osé présenter. Moïse nous a instruits de la première origine, de la division et séparation des anciens peuples. Les historiens orientaux, Bérose le Chaldéen, Nicolas de Damas, Hiéronime, auteur d'une histoire de Phénicie, ne disent rien qui s'écarte des récits de Moïse. En recherchant l'origine des différens peuples, nous les voyons toujours venir de l'Orient, et nous sommes conduits insensiblement jusque dans la Babylonie et la Chaldée, qui a été, comme l'annonce Moïse, le premier berceau du genre humain.

Ce que Moïse, ce que tous les anciens écrivains, ce qu'une tradition toujours soutenue, nous apprennent sur tous ces points, Voltaire ne le regarde que comme de méprisables erreurs, dont se repaît une imbécile crédulité, et dont un philosophe sait bien se garantir. Il fait remonter à des milliers de siècles avant la date de la création, l'origine des Indiens, des Chinois, des Chaldéens, etc. Donnons quelques momens à examiner de quel côté sont les erreurs méprisables, et l'imbécile crédulité.

Les preuves qu'il nous donne de la prodigieuse antiquité des Indiens, sont l'ancienneté de leurs livres, la douceur et la fertilité admirable du climat qu'ils habitent, et les inventions singulières par lesquelles ils se sont distingués.

Il est indubitable, dit-il, que les plus anciennes théogonies furent inventées chez les Indiens. Ils ont deux livres écrits depuis environ cinq mille ans, dans leur ancienne langue sacrée, comme le hanscrit. De ces deux livres, le premier est le Shasta, et le second le Vedam.[1]

Dès que Voltaire a prononcé ces mots, il est indubitable, on peut l'assurer, que ce qu'il va dire est une fausseté, ou une absurdité. Il vous parle de livres indiens qui existent, dit-il, depuis cinq mille ans. Mais, lui dira un critique éclairé, il n'y a que cinq mille huit cents ans que le monde est créé ; il faut donc que ces livres aient été faits huit cents ans

[1] Page 299.

après la création du monde, et huit cents ans avant le déluge; il faut donc qu'on eût déjà trouvé alors l'art d'écrire et de faire des livres; il faut donc qu'on y voie aussi l'approbation d'Adam, qui vivoit encore alors, et qui ne mourut que cent trente ans après. O illustre, ô sage, ô éclairé philosophe! les belles choses que vous nous apprenez!

Cependant les hommes qui ont été à même de prendre quelque connoissance de ces livres, soutiennent qu'ils n'ont pu être écrits que depuis la venue de Jésus-Christ, et l'établissement de la religion chrétienne. Ils en donnent des preuves qui paroissent démonstratives. En effet, on y trouve l'histoire de la création, la description du paradis terrestre, le fléau du déluge universel; on y trouve les histoires d'Abraham, de Moïse, de Job, de Samson, et quantité d'autres, tirées de nos livres saints et quoique les noms soient quelquefois changés et qu'il y ait des circonstances qui varient cependant le fond et la suite de ces histoire ont des ressemblances si parfaites avec no livres saints, qu'on ne peut pas méconnoître l: source où elles ont été puisées. Outre cela on trouve dans ces mêmes livres indiens le sentimens sur l'attente d'un libérateur, ave des expressions presque semblables à celle que l'on voit dans les prophètes. Enfin, on trouve des traces de l'incarnation, du sacremer de baptême, de l'eucharistie, et de la confes sion des péchés.

Tout ce que nous venons d'exposer, c'e ce qu'un savant homme qui a vécu long-tem dans les Indes, qui savoit plusieurs des langues indiennes, et qui avoit eu plusieurs conférences avec les brames, développe fort au long, dans une dissertation sur les systèmes de religion dans les Indes, laquelle est adressée au fameux évêque d'Avranches, M. Huet. On la trouvera dans le neuvième recueil des Lettres édifiantes.

Voltaire, pour éloigner toute idée que nos livres sacrés soient jamais venus à la connoissance des Indiens, dit, avec son assurance ordinaire, que le christianisme ne fut connu que sur les côtes du Malabar, vers le sixième siècle, et par le moyen d'un nestorien, nommé Marc Thomé, et que c'est de là que sont venus les chrétiens de saint Thomas. Mais on sait qu'il affirme ce qu'il veut, et qu'il ne prouve rien de ce qu'il affirme.

L'Évangile a été prêché aux Indes par l'apôtre saint Thomas; c'est le savant Eusèbe de Césarée qui l'atteste dans son histoire ecclésiastique. Sur la fin du second siècle, Julien, évêque d'Alexandrie, y envoya pour la même fin le fameux Pantenus, chef de l'école de cette ville, lequel trouva dans les Indes l'évangile de saint Matthieu. Au septième siècle, les conquêtes des Mahométans dans la Perse et dans les Indes, occasionèrent une grande révolution dans la religion, et séparèrent les Indes du reste de la chrétienté. Ce ne peut être qu'après cette séparation, et sur quelque reste de connoissances informes des livres saints, que les livres du Shasta et du Vedam peuvent avoir été composés.

Mais dans quel temps précisément et par qui ont-ils été composés? c'est sur quoi les Indiens eux-mêmes ne peuvent pas prononcer. Ainsi, au lieu de cinq mille ans d'ancienneté que M. de Voltaire donne à ces livres, ce seroit beaucoup qu'on leur accordât un millier d'années. Voilà donc la première preuve de la prodigieuse antiquité des Indiens évanouie et anéantie. Voyons si les autres ont plus de force et sont plus convaincantes.

La seconde preuve qu'il présente, c'est la douceur et la fertilité du climat qu'habitent les Indiens. Quelques-uns ont cru la race des hommes originaire de l'Indoustan, parce que l'animal le plus foible devoit naître dans le climat le plus doux.[1] C'est ainsi qu'il s'exprime dans un endroit de sa Philosophie de l'histoire; et dans un autre il dit: Les Indiens sont peut-être les hommes le plus anciennement rassemblés en corps de peuples,[2] parce qu'il n'y a point de contrée au monde où l'espèce humaine ait sous sa main des alimens plus sains, plus agréables, et en plus grande abondance, que vers le Gange.

Cet homme qui se pique toujours d'écrire en philosophe, ne fait pas ici beaucoup d'honneur à la philosophie; car un vrai philosophe auroit dit: S'il est permis de faire des conjectures, la race des hommes doit être originaire des climats où se trouvent les hommes les plus accomplis, les plus robustes, les mieux partagés, soit pour les qualités de l'esprit, soit

---

[1] Philosoph. de l'hist., p. 304. — [2] Ibid., p. 75.

pour les qualités du corps, des climats où l'on a vu naître et parvenir à la perfection toutes les sciences et tous les beaux arts, où l'on a vu briller les plus grands hommes dans tous les genres, législateurs, philosophes, artistes de génie, poëtes, orateurs. Or cela ne s'est rencontré que dans les climats de la zone tempérée. Les climats de la zone brûlante n'ont donné que des hommes mous, sans énergie, sans ressort, et qui se sont toujours montrés incapables de rien tenter au dehors, ni de rien produire de grand au dedans.

Ce philosophe, après avoir ainsi raisonné, trouveroit encore son raisonnement confirmé par le témoignage de toute l'antiquité, et par celui de la révélation même, qui nous apprennent de concert que c'est de la zone tempérée que la race humaine est originaire. On peut donc rire des conjectures, des systèmes, des raisonnemens de Voltaire, qui ne prouvent rien du tout de ce qu'il avoit à prouver. Une autre fois il pourra bien nous dire que ce sont les Arabes qui sont les plus anciens peuples du monde; parce qu'il assure que l'Arabie heureuse est le plus délicieux, le plus beau, le plus riche, le plus gracieux de tout l'univers.[1]

Enfin la troisième preuve qu'il nous fournit de l'antiquité des peuples de l'Inde, c'est que, dè temps immémorial, on y a divisé en douze parties la route du soleil, et qu'ils sont par conséquent les inventeurs du zodiaque ; c'est

---

[1] Philosophie de l'histoire, p. 97.

que les raretés les plus antiques que l'empereur chinois Cam-hi eût dans son palais, étoient indiennes ; c'est que deux voyageurs arabes ont écrit qu'un empereur de la Chine leur dit que la sagesse venoit originairement de l'Inde; c'est que les arts furent cultivés aux Indes avant d'être connus des Chinois.

M. de Voltaire ne doit pas être surpris qu'on le contredise quelquefois, puisqu'il contredit lui-même fort souvent tous les plus grands hommes, et toute l'antiquité. Il donne les Indiens pour les inventeurs du zodiaque, et toute l'antiquité a admiré la manière véritablement ingénieuse et véritablement philosophique dont se servirent les Chaldéens pour diviser la marche du soleil, fixer les constellations, régler l'année, et annoncer les saisons, les temps des travaux, des récoltes et des diverses productions de la nature : c'est ce qu'on a appelé ensuite le zodiaque.

Il y a quatorze cents ans que Macrobe nous en laissa une très-ample et très-belle description, dans son premier livre des Saturnales, et qu'on trouvera très-bien rendue dans le Spectacle de la nature. Avant M. de Voltaire, personne ne s'étoit avisé de faire sérieusement honneur de cette invention aux Indiens, qui sûrement ne s'y attendoient pas.

Il cite les raretés et curiosités indiennes qui sont dans le palais de l'empereur chinois; mais l ne nous dit pas si ces antiquités sont de deux cents, de cinq cents, de mille ans; il a oublié de nous en donner les dates.

Il ajoute que deux voyageurs arabes ont écrit qu'un empereur chinois leur avoit dit que la sagesse venoit originairement de l'Inde : mais ces voyageurs sont-ils des personnages réels, ou des personnages imaginaires? c'est ce qu'il serait bien difficile de décider.

Enfin les arts, à ce que dit Voltaire, furent cultivés dans l'Inde avant d'être connus des Chinois. Je crois que M. de Voltaire seroit embarrassé pour fixer l'ordre chronologique de tous ces faits; car si les Chinois étoient déjà de grands artistes et de grands astronomes plus de deux mille cinq cents ans avant Jésus-Christ, c'est-à-dire avant le déluge même, et avant qu'il y eût un empire de la Chine, on pourra bien assurer aussi que les Indiens cultivoient déjà les arts même avant la création du monde. Des découvertes aussi singulières ne pouvoient être réservées qu'à un philosophe aussi profond, et à un écrivain d'une érudition aussi vaste que l'est M. de Voltaire.[1]

Voyons maintenant s'il sera encore aussi heureux dans ce qu'il nous annonce de l'antiquité des Chaldéens. Il nous dit dans un endroit que les Babyloniens ou Chaldéens avoient une suite d'observations astronomiques, lorsque le premier empereur de la Chine régnoit sur les quinze royaumes réunis qui formoient alors cet empire. On n'a pas pu encore découvrir dans quelle source Voltaire a trouvé cette suite d'observations, et il est probable qu'on ne le découvrira jamais; car il s'agit d'une date de temps antérieure au déluge; et nous n'avons ni livres, ni bronzes, ni marbres, ni médailles de ce temps-là. Dans un autre endroit, il nous

[1] Philosophie de l'histoire, p. 270.

dit, sur le témoignage de Simplicius, que Callisthène envoya au précepteur d'Alexandre une suite d'observations célestes, qui remontoient à l'année 2234 de notre ère vulgaire, c'est-à-dire cent dix ans après le déluge. Il cite ce témoignage avec la plus grande confiance; mais les vrais critiques le rejettent avec le plus grand mépris.

Ces observations babyloniennes, disent ces critiques, furent envoyées à Aristote par ordre d'Alexandre; mais Aristote, dans ses quatre livres du ciel, n'en dit pas un mot; mais Epigène, qui les avoit vues gravées à Babylone même, ne les fait pas remonter à plus de quatre cents ans avant Alexandre; mais Bérose, qui étoit Chaldéen, et qui vivoit peu de temps après Alexandre, les fixe à la même date; mais le fameux Ptolomée, qui avoit recueilli tous les monumens astronomiques de la Chaldée, n'y a rien trouvé qui remontât plus haut que le temps que nous marquons. Cela fait plus de douze cents ans de rabattus des comptes de Voltaire: comment s'y prendra-t-il pour les redresser? Voilà donc l'antiquité prodigieuse des Chaldéens aussi évanouie que celle des Indiens.

Nous ne dirons rien ici des Chinois. On peut voir dans le Dictionnaire philosophique de la religion, le cas qu'on doit faire de tout ce que Voltaire débite avec tant d'emphase sur l'antiquité de cette nation.

ARTICLE III.

De la religion des premiers hommes.

Dans tous les ouvrages de M. de Voltaire, il n'est peut-être aucun morceau qui soit plus singulier, et où sa philosophie paroisse avec plus d'éclat, que dans les recherches qu'il fait sur la religion des premiers hommes. Nous allons donner d'abord une courte exposition de cette doctrine curieuse, et elle sera suivie de quelques observations, qui en feront mieux connoître toute la sagesse, le mérite et le prix.

Exposé de la doctrine de M. de Voltaire.

D'abord il suppose, comme on l'a vu dans l'article premier, que l'homme a été brut et agreste pendant des milliers de siècles; et voici comment il s'exprime ensuite :

« Lorsqu'après un grand nombre de siècles,
» quelques sociétés se furent établies, il est
» à croire qu'il y eut quelque religion, quel-
» que espèce de culte grossier. Les hommes,
» uniquement occupés à soutenir leur vie, ne
» pouvoient remonter à l'auteur de la vie. Pour
» savoir comment ces cultes ou superstitions
» s'établirent, il me semble qu'il faut suivre la
» marche de l'esprit humain abandonné à lui-
» même. Une bourgade d'hommes presque sau-
» vages voit périr les fruits qui la nourrissent,
» une inondation détruit quelques cabanes. Qui
» leur a fait ce mal? Ce ne peut être un de leurs
» concitoyens; c'est donc quelque puissance

» secrète : il y a un serpent dans le voisinage ;
» ce pourroit bien être le serpent. On lui offrira
» du lait ; il deviendra sacré dès lors. On l'invo-
» que quand on a guerre avec la bourgade voi-
» sine, qui, de son côté, a choisi un autre pro-
» tecteur.[1]

» D'autres peuplades se trouvent dans le
» même cas ; mais n'ayant aucun objet qui puisse
» fixer leur crainte et leur adoration, elles ap-
» pelleront l'être qu'elles soupçonneront de leur
» avoir fait du mal, le seigneur, le chef, le do-
» minant.

» Chaque état eut donc avec le temps sa
» divinité tutélaire, sans savoir seulement ce que
» c'est qu'un dieu, et sans pouvoir s'imaginer
» que l'état voisin n'eût pas comme lui un pro-
» tecteur véritable. Ce fut là sans doute l'origine
» de cette opinion, que chaque peuple étoit
» réellement protégé par la divinité qu'il avoit
» choisie. Toutes les nations trouvèrent très-bon
» que leurs voisins eussent leurs dieux particu-
» liers. Il y a plus : rien ne fut plus commun
» que d'adopter les dieux étrangers. Les Grecs
» reconnurent ceux des Egyptiens, et les Ro-
» mains adorèrent tous les dieux des Grecs. Les
» Egyptiens commencent par adorer Isis, et
» finissent par adorer des chats. Les premiers
» hommages des Romains agrestes sont pour
» Mars, ceux des Romains maîtres du monde
» sont pour la déesse de l'acte du mariage, pour
» le dieu des latrines.

» Les apothéoses ne furent imaginées que

[1] Philosophie de l'histoire, p. 13.

» long-temps après les premiers cultes. Un
» homme qui avoit fait de grandes choses ne
» pouvoit être à la vérité regardé comme un
» dieu; mais les enthousiastes se persuadèrent
» qu'ayant des qualités éminentes, il les tenoit
» d'un dieu, qu'il étoit fils d'un dieu : ainsi les
» dieux firent des enfans dans tout le monde.
» Bacchus, Persée, Hercule, furent fils de dieu;
» Alexandre fut déclaré fils de dieu ; un certain
» Odin, chez les nations du Nord, fils de dieu :
» d'un fils de dieu à un dieu, il n'y a pas loin.
» Ainsi des temples furent élevés avec le temps
» à tous ceux qu'on avoit supposé être nés du
» commerce surnaturel de la divinité, avec nos
» femmes et avec nos filles. »

Avant de jeter les yeux sur les observations qui suivent, je prie le lecteur de lire encore une fois avec attention cet exposé, et de voir s'il est possible de donner dans des absurdités et des extravagances aussi frappantes que celles que renferme cet exposé.

OBSERVATIONS SUR L'EXPOSÉ PRÉCÉDENT.

Première observation.

Il plaît à M. de Voltaire de supposer que l'homme a été agreste[1] pendant des milliers de siècles, sans aucun langage, disputant sa nourriture aux autres animaux qui avoient plus d'instinct que lui; et il est à croire qu'après un si grand nombre de siècles, il y eut quelque espèce de culte grossier.

[1] Philosophie de l'histoire, page 30.

Ainsi, selon la pensée de ce grand écrivain, l'homme, pendant des milliers de siècles, a été aussi brute et plus brute que les brutes mêmes. Pendant des milliers de siècles, tout son langage a été de pousser des cris comme les animaux, c'est-à-dire ou de hurler comme le loup, ou de braire comme l'âne, ou d'aboyer comme le chien. M. de Voltaire s'est amusé souvent à railler M. Rousseau de Genève, qui avoit dit que la marche naturelle de l'homme étoit d'aller à quatre comme les singes. M. Rousseau n'auroit-il pas encore plus beau jeu, s'il vouloit à son tour railler Voltaire?

Il est à croire, ajoute-t-on, qu'après des milliers de siècles il y eut quelque espèce de culte grossier, mais que l'homme ne pouvoit pas remonter à l'auteur de la vie.

Ici nous nous contenterons de dire à M. de Voltaire : Si les hommes ont été plantés en différens climats comme les arbres, ainsi que vous l'enseignez; s'ils sont au niveau des autres animaux, et même au-dessous des autres animaux, comme vous l'affirmez; comment auroient-ils pu remonter à l'auteur de la vie? Les autres animaux se sont-ils jamais élevés jusque-là?

Seconde observation.

Après nous avoir représenté les premiers hommes aussi grossiers et aussi stupides que nous venons de le voir, M. de Voltaire leur donne ensuite une religion bien digne de leur grossièreté et de leur stupidité. Il dit que la nature par sa bonté leur fit sentir qu'il y avoit quelque être supérieur, lorsqu'ils éprouvoient quelques fléaux extraordinaires ; et qu'en conséquence la première idée qu'ils eurent de ce qu'ils devoient honorer, fut que c'étoit un être malfaisant.

Voilà certainement la conséquence la plus gauche et la plus absurde qu'on puisse tirer. M. de Voltaire la prête très-gratuitement à ces premiers hommes. Quelque grossiers, quelque agrestes qu'il les suppose, ils n'auroient sûrement jamais aussi mal raisonné. Il vante ici la bonté de la nature envers eux ; mais ne doit-on pas lui dire : Cette nature, malgré toute sa bonté, ne se montroit guère bienfaisante ; elle leur donnoit là des sentimens et des idées bien louches ; au lieu de les laisser invoquer et regarder comme sacré l'être malfaisant, ne devoit-elle pas au contraire leur apprendre à le détester, et leur suggérer les moyens de l'exterminer ? Alors on auroit pu reconnoître la bonté de la nature.

Ensuite, il n'est pas aisé de concevoir ce qu'il entend par ce mot de *nature* : s'il entend l'universalité des choses, des êtres visibles, le ciel et la terre, alors il tombe dans les grossières absurdités de Spinosa et de l'auteur du Système de la nature, que l'on ne regarde plus aujourd'hui qu'avec un souverain mépris, ou qu'avec horreur et indignation.

Enfin, quelle espèce de bonté que celle qu'il nous vante dans cette nature, laquelle n'aboutit qu'à remplir la tête de ces premiers hommes des idées les plus extravagantes, à leur faire regarder comme des divinités, des serpens, des

3.

boucs, des insectes, des chiens, des chats; à prodiguer leurs adorations à tous les êtres qui leur font du mal. Cependant Voltaire est si content de tout ce qu'il croit avoir trouvé et découvert sur ce point, qu'il assure que pour savoir comment tous ces cultes s'établirent, il faut suivre, c'est-à-dire il n'y a qu'à suivre la marche de l'esprit humain abandonné à lui-même.

Quel respect ne doit-on pas avoir pour une pareille doctrine ! Quelle admiration pour les lumières d'un pareil docteur ! Ne faut-il pas avouer qu'il a bien connu et qu'il a bien suivi lui-même la marche de l'esprit humain?

Troisième observation.

Mais voici une nouvelle scène. Ces dieux, qu'on n'avoit représentés d'abord que comme des êtres malfaisans, sont tout à coup transformés en êtres puissans, affectionnés, bienfaisans, en divinités tutélaires, en protecteurs véritables ! On les invoque quand on a la guerre. L'on étoit généralement persuadé que chaque peuple étoit réellement protégé par la divinité qu'il avoit choisie. Voilà-t-il pas, en vérité, de plaisans protecteurs et des tutélaires bien risibles, que des serpens, des insectes, des boucs, qui, selon notre écrivain, furent les premiers dieux qu'adorèrent les hommes ?

M. de Voltaire ! ou vous avez écrit pour instruire vos lecteurs, ou vous avez écrit pour vous moquer d'eux.

Si vous avez eu dessein d'instruire vos lecteurs, vous deviez donc leur dire et leur prouver, comme il étoit facile de le faire, que la religion des premiers hommes, d'Adam, d'Abel, de Noé, étoit une religion très-pure, qui ne reconnoissoit d'autre Dieu que le Créateur de l'univers, et qui lui rendoit tous les genres d'hommages que la reconnoissance, l'amour, le respect pour la Divinité, pouvoient inspirer. Vous auriez dû leur dire et leur prouver que toutes les extravagances du culte idolâtrique, dans lesquelles ont donné les Egyptiens, les Grecs, et ensuite les Romains, n'eurent lieu que lorsque les passions et l'ignorance eurent altéré parmi les hommes la religion primitive ; que ces extravagances ne commencèrent que plusieurs siècles après le déluge, et qu'elles étoient aussi déshonorantes pour l'humanité qu'outrageantes pour la divinité. Alors vous auriez écrit en homme qui pense, qui raisonne, qui fournit des preuves ; en un mot, en philosophe et en sage qui veut instruire.

Si en écrivant vous n'avez eu en vue que de vous moquer de vos lecteurs, vous leur fournissez vous-même les plus heureux moyens de vous rendre la pareille. Quelle matière à l'ironie la plus fine et la plus amusante, que ce ton prétendu philosophique avec lequel vous avancez les propositions les plus absurdes et les plus destituées de preuves ; que ces contradictions fréquentes où vous donnez ; ne vous souvenant pas, en écrivant une page, de ce que vous avez dit dans la précédente ; que ces beaux raisonnemens, qui ressemblent plutôt aux imaginations d'un malade en délire qu'aux réflexions d'un homme qui sait penser ! La hauteur du ton, la hardiesse du style, la fierté des assertions, ne vous garantiroient pas du ridicule que répandroit une ironie bien conduite et bien soutenue.

Quatrième observation.

Les progrès et la propagation de ces religions ridicules sont traités d'une manière aussi lumineuse et aussi philosophique que leur origine. M. de Voltaire donne pour principe incontestable, que la connoissance d'un Dieu créateur, rémunérateur et vengeur, est le fruit de la raison cultivée,[1] et qu'on étoit revenu, par la raison, à reconnoître un Dieu suprême et tout-puissant.[2]

Tous les faits déposent le contraire de ce qu'affirme ici M de Voltaire : tous les faits déposent que ce fut lorsque la raison fut le plus cultivée, qu'on donna dans les plus grandes absurdités et dans les plus grandes extravagances en matière de culte et de religion. Tous les écrivains sacrés et profanes nous l'attestent: ainsi on ne voit pas où est la justesse du raisonnement de M. de Voltaire, ni la vérité du principe qu'il veut établir, puisque ce qui ne se peut prouver que par les faits est détruit par la suite constante des faits.

Mais ce qu'il y a de plus remarquable, c'est qu'il nous fournit lui-même la preuve qui détruit et renverse ce qu'il avoit affirmé avec tant d'assurance. Les Egyptiens, dit-il, commen-

---

[1] Philosophie de l'hist., page 14. — [2] Ibid., page 105.

cent par adorer Isis, et finissent par adorer les chats.[1] Les premiers hommages des Romains agrestes sont pour Mars; ceux des Romains maîtres du monde, sont pour le dieu des latrines : ils eurent des dieux de toutes les espèces, le dieu de la chaise percée, le dieu pet.[2] Les Grecs adoptèrent et reconnurent les dieux des Egyptiens, Ammon et les douze grands dieux. Les Romains adorèrent tous les dieux des Grecs. Tel fut le fruit de la raison cultivée, selon M. de Voltaire lui-même.

Ensuite, ne faisant pas attention aux contradictions où il donne, il nous dit, d'une part, que la religion primitive fut très-pure; de l'autre, que la religion primitive ne fut que grossièreté et stupidité; d'une part, que c'étoit la raison cultivée qui avoit rendu la religion pure, juste et raisonnable; de l'autre, qu'on dégénéra de la première pureté de la religion, chez les peuples les plus policés et les plus éclairés. Mais il faut l'entendre parler lui-même. Le temps, qui tantôt corrige les usages et tantôt les rectifie, ayant fait couler le sang des animaux sur les autels; des prêtres bouchers, accoutumés au sang, passèrent des animaux aux hommes; et la superstition, fille dénaturée de la religion, dégénéra de la pureté de sa mère, au point de forcer les hommes à immoler leurs propres enfans.[3] Et tout de suite il met au nombre des peuples qui ont fait ces abominables sacrifices, ceux qui ont été les plus policés, tels que les Phéniciens, les

---

[1] Philosophie de l'histoire, p. 105. — [2] Ibid., p. 170. —
[3] Ibid., p. 166.

Egyptiens, les Grecs, les Romains. C'est ainsi que, selon cet écrivain philosophe, la raison cultivée perfectionna la religion.

Enfin, étant forcé de convenir que toutes les superstitions ont régné chez les peuples les plus éclairés, il demande pourquoi les vainqueurs et les législateurs n'abolirent pas ces sottises ?[1] Et il répond que c'est parce qu'elles étoient chères aux peuples, et qu'elles ne nuisoient point au gouvernement; que les Paul Emile, les César avoient autre chose à faire qu'à combattre les superstitions de la populace. Il répond que, dans la Grèce, l'accès de la raison fut ouvert à tout le monde, et qu'on y donna une liberté entière non-seulement à la philosophie, mais à toutes les religions, et qu'on y reçut tous les dieux étrangers.[2] On peut conclure de-là qu'il falloit que ces peuples, tout éclairés qu'on les suppose, fussent bien stupides, de chérir ce qu'on ne doit regarder que comme des sottises; que ces législateurs étoient bien peu judicieux de ne pas comprendre combien la superstition déshonore le genre humain, et avec quel soin on doit conserver la pureté de la religion. Ces législateurs pensoient-ils déjà à la Voltaire ?

Cinquième observation.

A l'occasion des apothéoses païennes qui étoient le fruit, tantôt de l'ignorance, tantôt du déréglement des passions, et tantôt d'une flatterie extravagante, M. de Voltaire nous dit

---

[1] Philosophie de l'histoire, p. 240. — [2] Ibid., p. 122.

des choses dont il paroît s'applaudir beaucoup, parce qu'elles sont très-offensantes pour les chrétiens.

Le mot de Fils de Dieu est un terme sacré qui n'a jamais eu lieu, et qui n'a jamais pu avoir lieu que dans la religion des chrétiens; et ce mot n'a jamais pu s'appliquer qu'à la personne de Jésus-Christ, son divin fondateur. Voltaire, pour tourner en dérision les dogmes et les expressions des chrétiens, donne également le nom de Fils de Dieu à toute cette légion de bâtards, qu'on suppose que les dieux impudiques et les déesses courtisanes du paganisme avoient laissés sur la terre.

Mais qu'on parcoure tous les livres de mythologie anciens et modernes, on le défie de trouver un de ces bâtards qui soit appelé Fils de Dieu. On trouvera des fils de Jupiter, de Mars, d'Apollon, de Vénus; on trouvera toute cette honnête race désignée par les mots d'enfans des dieux, et jamais par le mot de Fils de Dieu; et la raison en est bien claire. Le nom de Fils de Dieu ne pouvoit convenir que dans une religion qui reconnoît un Dieu unique. Mais les païens ayant des milliasses de dieux, ils ne pouvoient jamais désigner les enfans des dieux que par les noms de ceux qui les avoient procréés. Il n'y a donc ni fondement, ni bon sens dans la raillerie que fait Voltaire des expressions consacrées dans sa propre religion.

Mais il y en a encore bien moins dans ce qu'il ajoute. «D'un fils de Dieu à un Dieu il n'y a pas loin chez les hommes amoureux du merveilleux : ainsi des temples furent élevés à tous ceux qu'on avoit supposés être nés du commerce surnaturel de la Divinité avec nos femmes et avec nos filles. »

Tirons un voile sur les blasphèmes que renferme ce texte, et que le même auteur n'a pas craint de développer très-clairement dans le poëme de la Pucelle, en parlant de la naissance de Jésus-Christ. Il n'y eut jamais de crime de lèse-majesté comparable à ce crime; et, à la honte du siècle, ce crime affreux est démontré impuni ! Mais laissons la censure, et tenons-nous en à la critique.

Jamais on n'a rien avancé d'aussi absurde que ce que débite gravement notre écrivain philosophe, en disant que la Divinité a eu commerce avec nos femmes et avec nos filles. Jamais les païens n'imaginèrent une absurdité pareille. Ils supposoient bien que leurs dieux Jupiter, Mars, Apollon, s'amusoient quelquefois à faire des enfans, parce que ces messieurs les dieux avoient des corps, des organes, des sens, des passions, des goûts tout comme les hommes. Ils attribuoient ces belles œuvres à Jupiter, à Mars, à Apollon, et non pas à la Divinité. Les enfans qui en venoient s'appeloient bien les enfans de Jupiter, de Mars, d'Apollon, et jamais les enfans de la Divinité. Nul auteur ne les a jamais appelés les enfans de la Divinité, car qu'entend-on par ce mot *la Divinité*? On entend l'Etre suprême, unique, infini, pur esprit, infiniment supérieur aux passions, et incapable des passions qui naissent des sens. Il n'a donc jamais pu venir à l'esprit d'aucun homme qui a le sens commun, d'appeler ces enfans des dieux, les enfans de la Divinité, ni de dire que la Divinité avoit eu commerce avec nos femmes et avec nos filles. C'étoit à M. de Voltaire seul que cela étoit réservé.

Sixième observation.

Après avoir rendu compte des recherches singulières de M. de Voltaire sur la religion des premiers hommes, ramenons le lecteur à la vraie lumière, et présentons-lui ce que les monumens authentiques, et ce que la raison et la sagesse nous apprennent de la première religion. Eloignons les préjugés, les préventions, les jugemens dictés par les passions. Ne nous consultons que nous-mêmes, et ne songeons d'abord qu'aux sentimens qui durent remplir le cœur de l'homme au sortir des mains de son Créateur.

Au premier moment de son existence, quelle dut être sa reconnoissance pour l'auteur de son être? Au premier coup d'œil qu'il porta vers le ciel et sur la terre, quelle idée dut-il se faire de la puissance de celui qui les avoit tirés du néant? L'adoration profonde, l'admiration, la reconnoissance et l'amour, tels sont les sentimens dont son cœur fut pénétré; et voilà quelle fut alors sa religion, quelle fut la première de toutes les religions, et celle que ce premier homme donna à ses enfans.

Sa postérité s'étant extrêmement multipliée, et ensuite partagée en différentes familles; et ces familles, tiges des nations, s'étant établies en différentes parties de la terre, la religion primitive subsista long-temps parmi elles. On reconnoissoit, on adoroit les grandeurs de Dieu, lesquelles s'annonçoient par la magnificence de ses œuvres; on s'assembloit pour l'invoquer et lui demander ses secours : on lui témoignoit sa reconnoissance en lui offrant les prémices des productions de la terre, que l'on tenoit de sa bonté; on lui immoloit des victimes, des animaux qui sont du plus grand service, pour reconnoître son domaine souverain sur tout ce qui existe. Telle fut la religion primitive, comme il est attesté par une infinité de témoignages et de monumens.

Mais la Divinité ne tombant point sous les sens, et les sens étant frappés de tout ce qui annonçoit la Divinité, le défaut d'attention et de réflexion fit que la vraie idée de la Divinité s'affoiblit un peu dans la plupart des hommes; que l'on confondit insensiblement l'annonce avec la chose annoncée, et que l'on prit ensuite pour la Divinité elle-même ce qui n'étoit que l'ouvrage et les dons de la Divinité. Les hommages ou le culte rendus aux astres et à la milice céleste, furent la première altération de la religion primitive. Ce fut chez les Chaldéens et les anciens Perses qu'elle commença, elle se communiqua à plusieurs nations de l'Orient, elle changea ensuite de symboles et de représentations chez les différens peuples, comme nous l'apprenons de Macrobe. Les livres saints attestent la même chose, et l'on en trouve des développemens très-curieux dans le savant ouvrage de M. Hyde sur la religion des anciens Perses, et dans l'Histoire du ciel, de M. l'abbé Pluche.

Après cette première altération de la religion parmi les hommes, on se donna la liberté de diviniser tout ce qui paroissoit être revêtu de quelque pouvoir supérieur, tout ce qui pouvoit procurer quelque bien ou quelque plaisir, tout ce qui flattoit les penchans du cœur. Ce premier pas fait, il n'y eut sorte d'absurdités, d'indécences, d'égaremens dans lesquels les hommes ne donnassent ; et bientôt, comme dit l'éloquent Bossuet,[1] l'univers ne fut plus qu'un vaste temple rempli de toutes sortes d'idoles ; et dans ce monde, qui est l'ouvrage du Dieu créateur, il étoit le seul qui ne fût point connu et adoré.

Cependant, malgré cette universalité de déréglemens, il y eut toujours quelques âmes droites et éclairées qui reconnoissoient l'altération de la religion primitive, qui sentoient la nécessité d'admettre un Être suprême et unique, et qui n'avoient que du mépris pour ces cultes et pour ces divinités qui étoient dans les temples et sur les autels. Chez les plus anciens poëtes, tels qu'Homère, Hésiode, Aratus, on retrouve les traces des mêmes vérités, malgré toutes les folies qu'ils débitent d'ailleurs sur la théogonie ou origine des dieux. Les plus anciens philosophes de l'Asie et de la Grèce ont annoncé les mêmes dogmes avec la plus grande énergie. Enfin toute l'antiquité sacrée et profane se réunit pour attester la pureté et la sainteté de la religion primitive, les altérations que le temps y avoit apportées, et l'absurdité du

[1] Histoire universelle, p. 2.

roman qu'il a plu à M. de Voltaire de donner sur cet objet.

ARTICLE IV.

De l'idolâtrie.

Tous les auteurs païens, orateurs, poëtes, philosophes, législateurs, nous attestent que dans le paganisme on a adoré une multitude innombrable de dieux. Tous les plus savans auteurs chrétiens, surtout ceux des quatre premiers siècles de l'Eglise, ont démontré aux païens que leurs dieux n'étoient que de vains simulacres érigés en divinités par la superstition, l'ignorance et les passions; que ce n'étoient que de vaines idoles, lesquelles ne représentoient que des êtres imaginaires, ou des hommes qui avoient été sur la terre, qui étoient morts, et qui avoient été mis au tombeau comme les autres hommes. Sur cela, nos apologistes disoient aux païens qu'ils étoient des adorateurs d'idoles, des serviteurs d'idoles; et c'est ce qu'ils exprimoient par le seul mot d'idolâtres, qui ne signifie en grec autre chose qu'adorateurs d'idoles. Telle est l'origine des dénominations d'idolâtres et d'idolâtrie.

Cependant malgré l'aveu que faisoient les païens, et la force des démonstrations que leur donnèrent les chrétiens, M. de Voltaire est de la plus mauvaise humeur du monde contre nous, de ce que nous avons accusé les païens d'idolâtrie et leur avons donné le nom d'idolâtres. Il se retourne de toutes les manières pour les justifier et pour nous condamner; il ne peut souffrir que dans le christianisme on puisse se glorifier d'avoir remporté cette victoire sur le paganisme. Ce qu'il y a ici de plus surprenant, c'est qu'ayant autant d'esprit qu'il en a, il ne présente que d'aussi pauvres raisons pour soutenir une cause à laquelle il s'intéresse tant. « Le terme d'idolâtrie,[1] dit-il, ne se trouve dans aucune langue ancienne. Jamais aucun peuple n'a pris la qualité d'idolâtre; jamais aucun gouvernement n'ordonna qu'on adorât une image comme le Dieu suprême. »

Reprenons, et examinons la force de ces beaux raisonnemens et de ces tranchantes assertions.

Le terme d'idolâtrie ne se trouve dans aucune langue ancienne; mais cela est-il surprenant? Avant Jésus-Christ, personne ne s'étoit chargé de combattre le culte des dieux, et de démontrer, comme l'ont fait les disciples de Jésus-Christ, le ridicule, l'extravagance et l'absurdité du culte des dieux. Or, ce que les païens appeloient le culte des dieux, les chrétiens l'appelèrent idolâtrie, ou adoration des idoles. Ce terme ne pouvoit donc pas avoir lieu avant qu'il y eût des chrétiens. Ces expressions *idolâtrie, idolâtres*, ne commencèrent d'être connues que dans le premier siècle; mais on en trouve déjà l'équivalent dans mille endroits des psaumes, des prophètes et des écrits de Moïse. Cette première raison de M. de Voltaire pour la défense des idolâtres, n'est donc pas des mieux trouvées.

---

[1] Philosophie de l'histoire, p. 132.

C'est un terme de reproche, un mot injurieux. Mais, la chose étant aussi absurde, le reproche étoit très-bien fondé; et ce qu'il plaît à M. de Voltaire d'appeler une injure, n'étoit qu'une vérité extrêmement intéressante, et qu'il étoit de la dernière importance de présenter. Les chrétiens avoient donc raison de donner le nom d'idolâtres aux païens.

Jamais aucun peuple n'a pris la qualité d'idolâtre. Les chrétiens qui entreprirent de dessiller les yeux aux peuples, leur démontrèrent que le culte des dieux n'étoit qu'aveuglement, impiété et superstition. Or, jamais aucun peuple n'a pris la qualité d'aveugle, d'impie, de superstitieux ; aucun n'a donc pu prendre, ni être tenté de prendre le nom d'idolâtre.

Jamais aucun gouvernement n'ordonna qu'on adorât une image comme le Dieu suprême. Jamais aucun gouvernement n'ordonna d'adorer Pluton, Neptune, Mars, Vénus, Cupidon comme le Dieu suprême ; et cependant il n'étoit point de gouvernement qui n'ordonnât qu'on les adorât, qu'on leur fît des sacrifices, qu'on leur offrît de l'encens. Ces mots qu'ajoute Voltaire, *comme le Dieu suprême*, ne sont donc qu'une méprisable défaite. Il n'y a que ceux qui ne réfléchissent pas, ou qui ne sont pas capables de réfléchir, qui puissent s'y laisser prendre.

Les idolâtres, comme idolâtres, ne reconnoissoient point un Dieu unique, créateur, existant par lui-même ; ils ne reconnoissoient donc point un Dieu suprême. Si Voltaire se trompe ici, quel cas doit-on faire de son plaidoyer ?

s'il veut nous tromper, de quel œil devons-nous le regarder lui-même?

Cet avocat des idolâtres va encore plus loin, et il dit :[1] « Mais en ne prenant point le titre d'idolâtres, l'étoient-ils en effet? Etoit-il ordonné de croire que la statue de Bel à Babylone étoit le maître, le Dieu créateur du monde? La figure de Jupiter étoit-elle Jupiter même? Les Turcs et les réformés croient que les catholiques sont idolâtres; mais les catholiques ne cessent de protester contre cette injure. »

Mais que répondroit cet avocat armé de ces pitoyables sophismes, si on lui faisoit ces questions?

1° Ceux qui érigèrent la statue de Bel à Babylone, pensoient-ils que Bel, ou Bélus, ou Nembroth, car c'est ici la même chose, fût le maître, le Dieu créateur du monde? On ne peut pas leur supposer des idées aussi absurdes, parce qu'alors tout le monde savoit que Bel avoit été seulement un homme, et un homme très-puissant. On lui érigea donc une statue, et on ordonna de la révérer. L'ignorance, dans la suite des temps, et la superstition, achevèrent ou pervertirent ce que la flatterie et l'autorité avoient commencé. On s'accoutuma peu à peu à dire le puissant Bel, le dieu Bel, sans croire jamais que ce Bel fût le Dieu créateur du monde. On n'adoroit donc qu'une idole en adorant le prétendu dieu Bel.

2° L'auteur demande si la statue de Jupiter

---

[1] Philosophie de l'histoire, p. 139.

étoit Jupiter même ; et on demande à l'auteur ce que c'est que Jupiter.¹ On sait qu'il y en avoit eu trois ; deux qui étoient nés en Arcadie et qui y étoient morts, et un troisième né en Crète, et dont on voyoit le tombeau. Il faut y ajouter encore le Jupiter Ammon des Egyptiens. Les Grecs et les Romains adoroient-ils ces hommes morts ? nullement. Mais de tous ces Jupiter, la superstition s'en fit un imaginaire, duquel on adoroit solennellement les simulacres, et qu'on appeloit, on ne sait pourquoi, le maître des dieux. En l'adorant, on n'adoroit donc qu'une vaine idole.

3° Voltaire est-il fondé à réunir les Turcs avec les réformés, pour appeler les catholiques idolâtres ? Non certainement. Il faut seulement voir qu'il hait beaucoup les catholiques, et qu'il ne connoît point la manière de penser des Turcs. Ces infidèles, qui ne connoissent point le mystère de la Trinité, c'est-à-dire un Dieu en trois personnes, pensent que c'est être idolâtre que d'adorer trois personnes divines ; alors ils jugent des réformés comme des catholiques. Ainsi les réformés et les catholiques peuvent regarder avec une égale pitié ce que dit ici Voltaire :

« Toutes les prières étoient adressées aux » dieux immortels, et assurément les statues » n'étoient pas immortelles.² »

Nous demanderons à M. de Voltaire s'il cro qu'il y ait des dieux immortels. S'il n'y en point, s'il n'y en a jamais eu, à qui s'adre

¹ *De Natura deor.*, l. 3. — ² *Philos. de l'hist.*, p. 131.

soient donc ces prières dont il nous parle? A qui faisoit-on les sacrifices? quel étoit l'objet du culte et des adorations? c'étoit donc des statues; il y avoit donc idolâtrie. Est-il possible que M. de Voltaire fasse des raisonnemens si puériles et si risibles?

« Il n'y a pas, dans toute l'antiquité, un
» seul poëte, un seul philosophe, un seul
» homme d'état, qui ait dit qu'on adoroit de
» la pierre, du marbre, du bronze ou du bois.
» Les nations idolâtres sont donc comme les
» sorciers; on en parle, mais il n'y en eut ja-
» mais.[1] »

A l'assurance avec laquelle parle ici M. l'avocat des idolâtres, ne diroit-on pas qu'il est sûr d'avoir gagné sa cause? Il nous dit que parmi les païens, c'est-à-dire parmi des hommes qui étoient des superstitieux, des aveugles, des impies, il n'y en avoit pas un seul qui avouât qu'il étoit un superstitieux, un aveugle, un impie. Que répondre à une preuve de cette force? Qui osera, après une pareille démonstration, accuser encore les païens d'idolâtrie?

Un quelqu'un faisant l'application de ce beau raisonnement à M. de Voltaire lui-même, parla ainsi dans une bonne compagnie : Tout le monde dit qu'il n'y a jamais eu d'écrivain qui ait attaqué et combattu la religion chrétienne avec tant d'opiniâtreté, et d'une manière aussi odieuse que l'a fait Voltaire; cependant il n'y a aucun endroit dans tous ses ouvrages, où il avoue qu'il ait ainsi attaqué et combattu sa re-

---

[1] Philosophie de l'histoire, p. 155.

ligion. Qui est-ce qui seroit donc assez hardi pour former contre lui une pareille accusation ?

L'avocat conclut son beau plaidoyer en disant qu'il en est des idolâtres comme des sorciers ; qu'on en parle, mais qu'il n'y en eut jamais.

Mais depuis près de dix-sept siècles, tous les plus beaux génies, tous les grands hommes du christianisme, poëtes, orateurs, philosophes, ont démontré la réalité et l'absurdité de l'idolâtrie; mais Lucien, qui étoit aussi mordant contre les païens ses confrères que l'est Voltaire contre ses confrères les chrétiens, Lucien ne cesse de railler des extravagances de l'idolâtrie; mais tous les mythologistes païens nous rendent compte des rites, formules, cérémonies, usages concernant l'idolâtrie; mais tous les historiens sacrés et profanes, païens et chrétiens, nous instruisent des efforts qu'ont faits les maîtres du monde pour maintenir l'idolâtrie ; et M. de Voltaire affirme hardiment que tous ces grands hommes, tous ces écrivains, tous ces témoins ont tort; qu'ils ne savent ce qu'ils disent; que ce sont des ignorans, des calomniateurs, et que lui il est le seul dans ce monde qui ait pour lui l'honnêteté, la vérité, la raison.

Nous passons sur les autres principes philosophiques qu'il présente pour apprendre à ses lecteurs à étudier l'histoire en philosophes. Nous ne rappelons pas ce qu'il dit des mystères païens, des oracles, des premiers législateurs, des sectes philosophiques. Tout lui paroît aussi respectable, aussi auguste dans la religion païenne, que tout lui paroît détestable, vil et méprisable dans la religion des chrétiens. La plupart de ces rêveries et de ces impiétés sont assez bien dévoilées et confondues dans plusieurs excellens ouvrages de ce siècle. Mais nous ne pouvons pas nous dispenser de prémunir encore les lecteurs contre tout ce qu'il a dit dans cette même Philosophie de l'histoire sur nos livres saints, et c'est à quoi nous destinons le chapitre suivant.

CHAPITRE II.

Des livres divins, et de la manière dont M. de Voltaire apprend à ses lecteurs à en juger.

Nos livres saints, cet auguste dépôt des oracles sacrés, par lesquels Dieu a daigné instruire les hommes, ne sont, selon la doctrine de M. de Voltaire, que de misérables rapsodies que des Juifs grossiers et ignorans ont faites, en empruntant quelques idées de ces peuples puissans et éclairés, chez lesquels ils avoient été esclaves.[1]

Il nous assure en mille endroits de ses ouvrages que tout ce qu'on trouve dans ces livres sur l'histoire des Hébreux, sur leurs lois et leurs mœurs, sur leur religion et leur manière de penser, que tout cela n'est propre qu'à ré-

---

[1] Philosophie de l'histoire, tome 1er, page 62.

volter la raison, et à faire regarder cette nation comme la plus abominable qui ait jamais été.[1]

Enfin, il ne présente ceux qui ont écrit ces livres,[2] tantôt que comme des hommes barbares, grossiers, sans lumières, sans principes, sans connoissance aucune, ni de philosophie, ni d'histoire, ni de morale; tantôt il ne les présente que comme des fanatiques insensés. Il met dans le premier rang les historiens, et dans le second les prophètes, à qui les Juifs ont donné ce nom parce qu'ils les croyoient inspirés par la Divinité.

C'est d'après ces fortes idées que Voltaire veut que ses lecteurs jugent des livres saints. C'est là ce qu'il s'efforce d'établir dans son Discours préliminaire. Mais quels moyens prend-il pour les établir, ces fortes idées? D'abord il affecte une profonde érudition sur les choses dont on lui a démontré qu'il n'avoit pas la plus légère connoissance. Il raille hardiment de ce qui exige de l'homme le plus profond respect; il oppose sans pudeur les rêveries de son imagination aux faits les plus sûrs, les plus authentiques et les mieux constatés. Tels sont les moyens qu'il prend pour décréditer les livres saints. Comme on a déjà combattu tous ces moyens par quantité d'excellens ouvrages, nous nous contenterons d'ajouter encore quelques idées à ce qui a été dit sur ces objets.

[1] Phil. de l'hist., tom. 1er, p. 170. — [2] Ibid., p. 200.

ARTICLE PREMIER.

En combattant les livres divins, Voltaire fait l'homme de l'érudition la plus étendue, dans les choses même dont il n'a pas la plus légère connoissance.

N'est-ce pas une chose plaisante de voir M. de Voltaire parler et décider sur les anciennes langues orientales, comme s'il les connoissoit parfaitement? Cependant il nous fournit lui-même les preuves qu'il n'y entend pas plus que ceux qui n'en savent pas les premiers élémens. Il avoue, dans ses Mélanges, qu'il avoit voulu apprendre l'hébreu; qu'il s'étoit adressé pour cela à un rabbin en Hollande, mais qu'il n'avoit pas pu y mordre.[1] Cependant avec quelle assurance ne parle-t-il pas de ce qui est du génie de la langue hébraïque, de ce qui lui est propre, de ce qu'elle a emprunté des autres idiomes qui étoient autrefois en usage dans l'Orient?

Saint Jérôme, qui savoit non-seulement l'hébreu, mais encore le syriaque, le chaldaïque, le grec; qui lisoit les livres saints dans les originaux et dans toutes les anciennes versions; saint Jérôme se défioit encore de ses propres lumières; il consultoit tout ce qu'il y avoit de savans, sur ce qui appartenoit aux divines Écritures. Mais M. de Voltaire, qui n'a fait aucune de ces études, qui n'a aucune de ces connoissances nécessaires, ne doute de rien. Il parle,

---

[1] Art de la rime.

il tranche, il décide avec une assurance aussi ferme que s'il avoit la science infuse. On sait cependant qu'il n'en est rien; on sait même qu'il a oublié le peu de grec qu'il avoit autrefois appris au collége; et c'est ce qui fit naître à un de ses censeurs[1] l'idée d'une plaisante requête à toutes les académies pour qu'il fût défendu à Voltaire, vu son insuffisance, de parler jamais sur les langues hébraïque, syriaque, grecque, et pas même sur la langue latine.

Il ne cesse de nous parler aussi de la langue phénicienne, comme de la langue d'un peuple puissant, éclairé et savant; et cependant on sait qu'il n'y a jamais eu de langue proprement phénicienne. La chose est évidente, elle est démontrée; car la Phénicie ne faisoit qu'un petit canton de la Palestine, où l'on parloit la même langue que dans le reste du pays. Saint Augustin nous en fournit une preuve sans réplique. En expliquant quelques endroits de l'Évangile à ses Africains, qui étoient une colonie de Tyr et de Phénicie, il leur faisoit remarquer que les mots hébreux qui se trouvoient dans les évangélistes étoient les mêmes qu'ils retrouvoient dans leur langage punique ou carthaginois, qui étoit le langage des premiers colons phéniciens. Ce langage étoit donc le même que celui des Hébreux.

Mais nous en trouvons une preuve encore bien plus forte dans un ancien auteur qui étoit d'un pays voisin de la Palestine; c'est Abulfa-

---

[1] M. Larcher.

rage, et voici ce qu'il nous en dit : [1] « La langue
» syriaque ou chaldaïque se divise en trois dia-
» lectes ; le premier s'appelle l'araméen, à cause
» qu'il se parle dans le pays d'Aram, qui est la
» Mésopotamie, autrement dite la Syrie exté-
» rieure ; le second est celui de la Syrie inté-
» rieure, qui se parle à Damas et dans tout le
» pays qui est enfermé entre l'Euphrate et la
» mer Méditerranée, on l'appelle aussi le dia-
» lecte de la Palestine ; le troisième est le naba-
» théen, duquel se servent les habitans de l'As-
» syrie et de la province de l'Iraque ou Chal-
» dée, et dans lequel sont écrits les livres de
» Zoroastre, nommés le Zend, le Pazend et le
» Vesta, avec quelques mélanges de l'ancienne
» langue des Perses. »

On peut conclure de ce que nous venons de présenter, que M. de Voltaire seroit fort embarrassé de prouver l'existence de sa langue phénicienne. D'ailleurs, tantôt il confond les Phéniciens avec les Cananéens ; tantôt il dit que les Hébreux prirent la langue des Phéniciens ; et un moment après il assure que la langue hébraïque étoit extrêmement pauvre, et que celle des Phéniciens étoit extrêmement riche et abondante. Comment concilier toutes ces différentes assertions ? Le lecteur comprend par-là que Voltaire dit tout ce qu'il veut, et qu'on ne doit rien croire de tout ce qu'il dit.

Il prétend encore que les noms de Raphaël, Gabriel, Michel, Israël, sont des noms chaldéens, et non pas hébreux, et il s'autorise du

---

[1] Bibliothèque orient.

témoignage de Philon ; mais il fait voir qu'il n'est pas heureux en citations, et il paroît qu'il n'a jamais lu Philon, ou bien qu'il ne l'a pas compris. Ce savant juif donne toujours le nom de chaldéen à la langue dans laquelle les livres saints ont été écrits, parce que c'étoit la langue d'Abraham et de ses descendans, laquelle n'a été distinguée par le nom de langue des Hébreux que lorsque la postérité de ce patriarche forma un peuple particulier. C'est ainsi que Philon s'en explique lorsqu'il parle de la version des livres saints en langue grecque. Il faut espérer que Voltaire y fera attention dans une nouvelle édition de ses OEuvres, s'il a le temps d'en faire encore une.

Il n'est pas plus heureux dans son affectation à confondre encore les Philistins avec les Phéniciens. Il fait voir qu'il ne connoît ni l'histoire ni la carte du pays dont il parle; car David fut toujours ami des Phéniciens, et il abattit entièrement la puissance des Philistins. D'ailleurs les Phéniciens étoient au nord-ouest du pays des Hébreux, vers la Syrie; et les Philistins étoient à l'extrémité opposée, c'est-à-dire au sud-ouest vers l'Égypte. Quel dénouement donnera à ceci l'érudit Voltaire, qui des deux peuples n'en fait qu'un seul ?

Il est des écrivains dont on peut comparer l'érudition à celle des charlatans qui haranguent sur les places; ils se font écouter par le peuple, ils l'amusent et ils le trompent.

ARTICLE II.

Pour combattre les livres saints, à défaut de raisons, Voltaire substitue la raillerie.

Pour décréditer les divines Ecritures, Voltaire emploie un autre moyen qui est bien plus dans son génie et dans son goût : il défigure, il travestit certains traits des livres saints ; et à l'aide de ce travestissement, il trouve dans les uns des contradictions et des impossibilités qui révoltent la raison, et il présente les autres avec des gloses ridicules. Il met la législation des Hébreux en parallèle avec les usages et les lois des païens ; et il insinue, il tâche de persuader à ses lecteurs que ces usages et ces lois des païens l'emportent infiniment sur les lois des Hébreux, sur les lois de ce peuple dont la législation et le gouvernement venoient immédiatement de Dieu.[1] Après ces belles assertions, il vous dit :

« Notre sainte Eglise nous apprend que ces
» livres ont été dictés par le Dieu créateur et
» père de tous les hommes ; je ne puis en former
» aucun doute, ni me permettre même le moin-
» dre raisonnement.[2] Dieu a fait ce qu'il a voulu,
» ce n'est pas à nous à le juger. Il est vrai que
» notre foible entendement ne peut concevoir
» dans Dieu une autre sagesse, une autre jus-
» tice que celle dont nous avons l'idée.[3] Mais
» laissons à des auteurs savans et respectables

---

[1] Philosophie de l'histoire, tome 1er, p. 169. — [2] Ibid. — [3] Ibid., p. 179.

»le soin de concilier ces contradictions appa-
» rentes, que des lumières supérieures font dis-
» paroître. Respectons ce que nous sommes
» tenus de respecter. On n'a qu'une seule ré-
» ponse à faire à toutes ces objections sans
» nombre ; et cette réponse est Dieu l'a voulu,
» l'Eglise le croit, et nous devons le croire.
» C'est en quoi cette histoire diffère des au-
» tres.[1] »

Que d'applaudissemens ne doivent pas donner à ces belles pensées tous les sectateurs de la nouvelle philosophie? Quelle joie ne doivent-ils pas ressentir en voyant le ridicule qu'on tâche de répandre sur la religion et sur ceux qui la défendent? De quelle admiration ne sont-ils pas saisis pour le grand Voltaire, qui leur fournit des moyens si heureux et si faciles de triompher de toute la théologie et de tous les théologiens?

Mais il est aussi des hommes incapables de se laisser séduire et surprendre, et qui ne font que rire de ces prétendus triomphes; qui démontrent avec la dernière évidence que toutes ces objections que va chercher et que ramasse Voltaire, ne méritent que la pitié; que ces contradictions qu'il suppose ne sont qu'imaginaires, et que ces horreurs dont il parle ne sont que des déclamations dont on ne doit pas être surpris, parce qu'on sait assez que ses déclamations ne sont le plus souvent que des délires, comme il est démontré dans quantité d'excellens ouvrages qui ont été donnés dans ce siècle pour la défense de la religion.

[1] Philosophie de l'histoire, p. 181.

Une autre manière de railler les livres saints, qu'a imaginée Voltaire, c'est de nous dire que « les écrivains sacrés ont daigné, par condes- » cendance,[1] se conformer aux préjugés popu- » laires, et que par conséquent on ne doit pas » être surpris que leurs livres soient remplis » d'erreurs. » Là-dessus il fait un grand détail de ces erreurs prétendues ; et par ce moyen, tantôt il fronde plusieurs des principaux articles de la révélation, tantôt il raille des miracles de Jésus-Christ, tantôt il veut faire remarquer du faux dans certaines maximes et certains oracles que ce législateur divin a prononcés. Nous nous contenterons de donner deux ou trois mots de remarques sur quelques-uns de ces propos.

I.

Il nous donne d'abord à entendre qu'on ne doit pas compter beaucoup sur ce que Moïse nous dit de la création du monde. « L'auteur » de la Genèse, dit-il, représente Dieu formant » le monde en six jours, comme les Indiens, » les Chaldéens, les Persans, qui imaginoient » que Dieu avoit formé le monde en six temps. » Et quelle preuve nous donne-t-il de son as- » sertion? Des livres indiens et persans, qui » sont, dit-il, de la plus haute antiquité. »

Mais on lui a démontré que ces rapsodies ou livres indiens n'ont pu être écrits que long-temps après l'établissement du christianisme. On lui a démontré que les livres persans n'ont

---

[1] Philosophie de l'histoire, tome 1er, p. 217.

pu être écrits pour le plus tôt qu'au temps de la captivité des Juifs à Babylone. Comment donc Moïse auroit-il pu emprunter des Indiens ou des Persans l'idée de la création du monde en six jours, puisque ces Indiens et ces Persans sont postérieurs à Moïse de tant de siècles ?

II.

« On sait bien aujourd'hui, dit ce critique » éclairé,[1] que le grain ne pourrit ni ne meurt » en terre ; mais l'Esprit saint se conforme tel- » lement aux préjugés populaires, que le Sau- » veur lui-même dit qu'il faut que le blé pour- » risse pour mûrir. »

On sait bien aujourd'hui, et on a toujours su que le grain jeté en terre se gonfle, se décompose, jette des fibres et disparoît. S'il ne se décomposoit pas il resteroit seul. Cette décomposition est comme une mort pour le grain de blé ; et c'est ce que représente le Sauveur, lorsque annonçant le mystère sublime et les suites merveilleuses de sa mort, il dit : Si le grain jeté en terre ne meurt, il reste seul, et s'il meurt il produit beaucoup. Voltaire a donc tort de vouloir remontrer le Saint-Esprit et le Sauveur du monde.

III.

Quoique l'Evangile parle souvent des prodiges qu'a opérés Jésus-Christ en chassant les démons des corps, Voltaire cependant veut

[1] Philosophie de l'histoire, tome 1er, p. 221.

qu'on ne regarde cela que comme des erreurs et des suites de préjugés populaires. Voici la manière dont il caractérise ces prodiges : « Tou- » tes les maladies de convulsions passèrent pour » des possessions de diables, dès que la doctrine » des diables fut admise.[1] La mélancolie, ac- » compagnée d'une espèce de rage, fut encore » un mal dont la cause étoit ignorée. Ceux qui » en étoient attaqués furent appelés démonia- » ques, et l'Ecriture admet aussi des démonia- » ques. »

Si les observations de Voltaire sont justes, triomphez, philosophes voltairiens ! vous voilà autorisés à ne plus regarder l'Evangile que comme on regarde les contes de fées, les évangélistes que comme des romanciers imbéciles, et Jésus-Christ lui-même que comme le héros du plus méprisable de tous les romans.

A-t-on jamais insulté la société et toutes les sociétés chrétiennes d'une manière qui doive plus exciter l'attention des premiers pasteurs et de toutes les puissances? cependant Voltaire proteste toujours qu'il est un bon chrétien !

IV.

« Les Perses et les Chaldéens,[2] dit encore le » censeur des livres sacrés, semblent être les » premiers qui parlèrent des anges. Il est indu- » bitable que les Juifs ne reconnurent point de » diables que vers le temps de la captivité de » Babylone. Ils puisèrent cette doctrine chez

---

[1] Philosophie de l'hist., t. 1ᵉʳ, p. 221. — [2] Ibid., p. 232.

» les Perses, qui la tenoient de Zoroastre. Dieu
» a certainement permis que la croyance aux
» bons et aux mauvais génies ait été établie
» chez vingt nations de l'antiquité avant de par-
» venir au peuple juif ; et ce qui n'étoit qu'une
» opinion chez les anciens, est devenu par la
» révélation une vérité divine. »

Quand Voltaire a nommé des Indiens, des Chaldéens, des Persans, tous les sectateurs de la philosophie à la mode s'extasient sur sa prodigieuse érudition, et tous les hommes judicieux et éclairés n'ont alors que des sentimens de pitié ou d'indignation.

Moïse a écrit vers l'an du monde 2500, c'est-à-dire environ 1500 ans avant Jésus-Christ, et il parle des anges dans le livre de la Genèse et dans plusieurs autres endroits du Pentateuque. Que Voltaire cherche les auteurs indiens, persans, chaldéens, qui ont existé avant Moïse ; qu'il nous fournisse quelque ombre de preuve de cette haute antiquité qu'il leur attribue ; qu'il nous cite quelques passages authentiques de leurs écrits. Mais on sait déjà quelle sera la réponse à ce défi ; il n'y en aura point d'autres que des injures, ou le silence.

« Enfin, notre sainte religion, dit-il, a con-
» sacré cette doctrine (des anges et des dé-
» mons), laquelle est devenue par la révélation
» une vérité divine. »

Mais les vérités divines sont celles que Dieu a annoncées lui-même, et que nous avons apprises par la révélation. La révélation est renfermée dans ce que nous appelons les livres saints. Ces livres, selon M. de Voltaire, sont souverainement méprisables. Jugez par-là de ce qu'il pense de notre religion sainte, des vérités divines, et de la révélation.

Ainsi pensoit autrefois le fameux apostat Julien; aussi Voltaire le met-il au-dessus de tous les autres hommes.

ARTICLE III.

Voltaire, pour combattre l'autorité des livres saints, n'oppose aux faits les plus certains que des faits dont on démontre la fausseté.

Le troisième moyen qu'emploie Voltaire pour décréditer les livres saints, c'est un entassement d'altérations et de déguisement dans presque tout ce qu'il dit relativement aux divines Écritures; ce moyen est celui qu'il met le plus en usage, parce que c'est celui par lequel, d'une part, il en impose mieux aux esprits superficiels, et que de l'autre il se donne par-là le ton d'un homme de la plus vaste érudition. Qu'on juge de ses succès par les observations suivantes :

I.

Demandez à Voltaire s'il y a eu un Moïse : il vous répondra le oui et le non, selon les circonstances. Dans certaines brochures où il ne cache son nom que pour se donner une plus libre carrière sans se trop exposer, il vous fait entendre que Moïse n'est qu'un personnage imaginaire,[1] et que les livres qu'on lui attribue

[1] Philosophie de l'histoire.

sont très-postérieurs au temps où l'on suppose qu'il a existé. Mais dans les ouvrages qu'il avoue, comme dans sa Philosophie de l'histoire, il croit devoir user de plus de circonspection : il ne combat point l'existence de Moïse, il l'admet ; mais alors il le représente comme le plus méprisable de tous les hommes, soit dans sa personne, soit dans sa conduite, soit dans sa législation.[1]

Ici il nie l'existence de Moïse, et il a contre lui le témoignage de tous les siècles et de toutes les nations ; là, il déprime extrêmement Moïse, et il a de même contre lui les plus grands auteurs, tels que Diodore de Sicile, Strabon, Justin et plusieurs autres écrivains païens qui nous en ont donné les plus magnifiques portraits, qui ont fait les plus grands éloges de sa sagesse, de ses lumières et de son génie, et qui l'ont regardé comme infiniment supérieur à tous les autres législateurs. On trouvera toutes les preuves de ce que nous disons dans le troisième volume du Dictionnaire philosophique de la religion.

II.

Les livres saints nous représentent Moïse comme le plus doux des hommes : cet éloge déplaît fort à Voltaire. « Ce Moïse, dit-il, au-
» roit-il pu immoler vingt-quatre mille hommes
» de sa nation, sous prétexte qu'on a trouvé un
» Juif couché avec une Madianite?[2] Et comment
» peut-on, après cette étonnante boucherie, dire
» que Moïse étoit le plus doux des hommes ? »

[1] Philosophie de l'hist., t. 1er, p. 182. — [2] Ibid., p. 184.

On n'a jamais soupçonné M. de Voltaire d'être le plus doux des hommes; on ne le soupçonnera pas non plus d'être le plus véridique. Les vingt-quatre mille hommes dont il parle ici, ne furent pas condamnés parce qu'un seul Juif avoit couché avec une Madianite, mais parce qu'ils s'étoient tous voués au culte abominable de Belphégor. Il y avoit donc idolâtrie scandaleuse et débauche infâme : tout cela est clairement développé dans les chapitres 25 et 31 du livre des Nombres. Voyez comment M. de Voltaire est instruit et véridique !

III.

Moïse, racontant l'expédition que firent les Israélites dans le pays de Madian, rend compte du butin immense qu'ils y firent; sur quoi Voltaire s'exprime ainsi : « Le Pentateuque nous dit
» que dans le petit pays de Madian, qui est en-
» viron de neuf lieues carrées, les Israélites
» ayant trouvé six cent soixante-quinze mille
» brebis, soixante-douze mille bœufs, soixante-
» un mille ânes, et trente-deux mille filles vier-
» ges, Moïse commanda qu'on massacrât tout,
» hommes, femmes et enfans; mais qu'on gar-
» dât les filles, dont trente-deux seulement fu-
» rent immolées.[1] Ce qu'il y a de remarquable,
» c'est que Moïse étoit gendre du grand-prêtre
» des Madianites Jethro, qui lui avoit rendu les
» plus grands services. »

Ce qu'il y a ici de véritablement digne de

---

[1] Philosophie de l'histoire, tome 1er, p. 170.

remarque, c'est que Voltaire ne s'y montre ni bon géographe, ni judicieux critique, ni fidèle historien.

Il dit que le pays de Madian n'est que de neuf lieues carrées, ce qui feroit trois lieues en longueur et trois en largeur. Mais s'il avoit étudié la carte, il auroit vu que le pays de Madian s'étendoit depuis le vingt-neuvième degré de latitude jusqu'au trente-unième, c'est-à-dire depuis la côte orientale de la mer Rouge jusqu'au lac Asphaltite, vers le pays de Moab. C'est près de cette côte de la mer Rouge que Moïse paissoit les troupeaux de son beau-père Jethro, et c'est vers le lac Asphaltite qu'habitoient les Madianites vaincus par les Hébreux.

Si Voltaire eût été un critique judicieux il n'auroit pas accusé Moïse d'ingratitude envers son beau-père Jethro, puisque les Israélites n'attaquèrent que les Madianites voisins de Moab et non pas ceux qui étoient vers la mer Rouge, où habitoit Jethro, comme on vient de le prouver.

Si Voltaire eût été historien fidèle il n'eût pas dit qu'il y eut trente-deux filles immolées, puisque les trente-deux jeunes filles furent remises au grand-prêtre Éléazar, comme toutes les autres furent le partage du peuple et des combattans. Or, il n'est fait nulle mention d'immolation et de sacrifices dans les livres d'où ces faits sont tirés.

IV.

Le passage du Jourdain fut un prodige que Dieu opéra pour assurer les Israélites de sa protection et pour jeter la terreur parmi les Cananéens. « Pourquoi, dit Voltaire, Josué a-t-il » besoin que Dieu suspende le cours de ce fleu- » ve, qui n'a pas en cet endroit quarante pieds » de largeur, et sur lequel il étoit si aisé de je- » ter un pont de planches, et qu'il étoit encore » plus aisé de passer à gué ? »[1]

Si un aussi habile ingénieur que Voltaire eût été là pour construire un pont de planches, ou pour indiquer un gué propre à passer plus de deux millions d'âmes, hommes, femmes et enfans, outre une multitude immense de bestiaux, il n'eût pas laissé à Dieu la peine ou la gloire de faire un miracle. Cependant il est fort douteux qu'on se fût fié à l'habileté de cet ingénieur, et il est même très-probable qu'on ne s'y seroit point fié du tout; car un savant anglais qui a été sur les lieux, et qui a tout observé avec la plus grande exactitude, nous apprend que le Jourdain, vis-à-vis de Jéricho, a plus de soixante pieds de largeur, et que la rapidité en est si grande, qu'il n'est point d'homme qui puisse tenir contre le fil de l'eau ; il ajoute que ce fleuve se déborde extraordinairement en avril par la fonte des neiges.[2] Or, c'est précisément en ce temps-là que les Israélites le passèrent. Il est donc très-certain que M. l'ingénieur eût été fort embarrassé et fort peu écouté.

Ce peu de remarques que nous venons de donner, suffit pour faire juger du savoir et de la fidélité de l'auteur. Nous allons en ajouter quelques-unes sur ce qu'il dit des prophètes.

---

[1] Philos. de l'hist., t. 1er, p. 201. — [2] Maundrell.

V.

Les prophètes ont été des hommes inspirés par le Saint-Esprit. Eclairés de ses lumières, ils ont lu dans l'avenir; ils ont annoncé, bien des siècles à l'avance, les événemens les plus intéressans pour le genre humain. Ces hommes divins, ces organes du Saint-Esprit, Voltaire ne nous les représente que comme des enthousiastes extravagans; et c'est ainsi qu'il nous peint les Isaïe, les Élizée, les Ezéchiel, etc.

Isaïe reçoit l'ordre du Seigneur de quitter la robe dont il est revêtu et les souliers qu'il a aux pieds, et de marcher en cet état dans Jérusalem, pour annoncer, par ce spectacle, l'état où seroient réduits les Egyptiens lorsqu'ils seroient vaincus et devenus esclaves des Babyloniens. Isaïe ayant exécuté cet ordre, le Seigneur dit :[1] Comme mon serviteur Isaïe a marché nu et sans chaussure, ainsi seront traités pendant trois ans les Egyptiens par le roi de Babylone.

M. de Voltaire prend occasion de cette expression *marcher nu*, pour répandre du ridicule sur cet ordre du Seigneur et sur la conduite du prophète. « Quoi, dit-il,[2] est-il possible » qu'un homme marche nu dans Jérusalem » sans être repris de justice? oui, sans doute. » Diogène n'est pas le seul qui eut cette har- » diesse. »

N'est-il pas beau de voir l'auteur de la Pu-

---

[1] Is. 20. — [2] Philosophie de l'histoire, p. 204.

celle, du roman de Candide, et de tant de pièces du même goût, s'intéresser si scrupuleusement pour la modestie, la décence et l'honnêteté? Qu'il est heureux que la justice soit si bonne !

Il fait ici à Isaïe un procès qu'il ne gagnera sûrement pas au tribunal des hommes judicieux et raisonnables, parce que ce n'est qu'une méprisable chicane, fondée sur ce mot de nu. Ce mot ne signifie qu'un état de misère et de dépouillement, tel qu'étoit celui des prisonniers faits à la guerre; il ne signifie pas une nudité entière. Lorsque Virgile disoit : *nudus ara, sere nudus*, prétendoit-il qu'on devoit être nu comme la main pour labourer et pour semer? Lorsque saint Paul disoit des prédicateurs évangéliques, *nudi sumus*, annonçoit-il que ces grands hommes alloient sans aucun habillement? Lorsqu'en voyant un pauvre on dit il est tout nu, entend-on autre chose sinon qu'il n'est pas suffisamment habillé ? O ! M. de Voltaire, que vos remarques font d'honneur à votre jugement !

VI.

Élizée se fit admirer par la sainteté de sa vie; il se fit admirer par le refus qu'il fit souvent des richesses que lui offrirent les rois et les grands; et Voltaire nous le représente tantôt comme un homme qui ne parle que par équivoques, pour se défendre à tout événement; tantôt comme un homme farouche et sanguinaire. Et voici comment il s'exprime sur ce prophète : « Le » roi de Syrie étant malade, envoya à Élizée

[1] Philosophie de l'histoire, p. 201.

» pour savoir s'il guériroit : Elisée répondit que
» le roi pourroit bien guérir, mais qu'il mour-
» roit. Si Elizée n'eût pas été prophète du vrai
» Dieu, on pourroit le soupçonner de se ména-
» ger (par cette réponse) une évasion à tout
» événement; car, etc. » Voilà les expressions
de la calomnie ; voici celles de la vérité :

Hazael, que le roi de Syrie envoya pour con-
sulter Elizée, avoit résolu depuis quelque temps
la mort du roi, pour s'emparer du trône. Dieu
manifesta au prophète tout ce que méditoit et
tout ce que devoit faire Hazael. Le prophète
instruit annonça à l'envoyé bien plus de choses
qu'il n'en venoit demander :[1] La maladie du
roi n'est pas mortelle par elle-même, lui dit-il,
mais le Seigneur m'a fait connoître qu'il mour-
roit ; et il ajouta, en répandant des larmes : Le
Seigneur m'a fait connoître que vous serez roi
de Syrie, et que vous ferez de grands maux à
Israël. Hazael ne fut pas plus tôt de retour qu'il
étouffa le roi, se mit la couronne sur la tête,
et porta la désolation dans le royaume d'Israël.
La réponse du prophète présente-t-elle ces équivoques dont parle Voltaire ? pouvoit-elle être
plus juste ? est-elle suffisante pour détruire la
calomnie ?

« Quarante-deux enfans, continue Voltaire,
» voyant Elizée dans le chemin escarpé qui con-
» duit à Béthel, lui dirent : Monte, chauve,
» monte ; et Elizée fait venir deux ours qui dé-
» vorent ces innocentes victimes. »

Mais si ces victimes étoient innocentes, com-

[1] Reg. 4, c. 8.

ment Dieu envoya-t-il ces ours pour les dévorer ? Et si Dieu les fit effectivement dévorer, comment Voltaire soutient-il qu'elles étoient innocentes ? Mais c'est un homme de Dieu que cette jeunesse impie insulte ; peut-elle manquer d'avoir Voltaire pour défenseur ?

VII.

Ezéchiel a représenté par les plus vives images les fléaux terribles dont seroit frappée Jérusalem, et les crimes qui attireroient ces fléaux sur elle. Voltaire y trouve une belle matière pour servir d'amusemens aux libertins, par les additions, altérations et falsifications dans les textes du prophète. Nous n'entrerons dans aucune discussion sur ces points, qui sont suffisamment examinés et justifiés dans le Dictionnaire philosophique de la religion, à l'article Ezéchiel.

VIII.

Enfin, pour anéantir tout le respect dû aux prophéties et aux prophètes, Voltaire affecte de mettre tout pêle-mêle, prophètes, devins, charlatans, diseurs de bonne fortune ; il dit que les prophètes se traitoient les uns les autres de visionnaires et de menteurs ; qu'il étoit très-difficile de distinguer les faux prophètes des véritables, et que plusieurs de ces prophètes furent mis à mort.

Quand Voltaire met dans la même classe les diseurs de bonne fortune et les prophètes inspirés de Dieu, ou il ne parle que par ignorance, ou il ne parle que par un esprit d'impiété. Si c'est par un esprit d'impiété, qu'il est à plaindre ! si c'est par ignorance, il n'y en eut jamais de plus déshonorante pour un écrivain ; car, d'une part, les prophéties, dont plusieurs datent de plus de trente siècles, existent dans nos livres saints ; et de l'autre on voit, par l'histoire des différens peuples, et dans les fastes de la religion et de l'univers, que ces prophéties ont été vérifiées et accomplies avec la plus grande fidélité. Que répondra Voltaire à cet argument ?

« Les prophètes, ajoute-t-il, se traitoient les uns les autres de visionnaires et de menteurs ? »

Il y a eu dans tous les temps des imposteurs, des impies, des philosophes, des séducteurs, qui se sont élevés contre les envoyés de Dieu et qui ont combattu la vérité. Il y en a eu du temps des prophètes, il y en a eu du temps de Jésus-Christ, il y en a dans notre siècle. Ce que les prophètes, ce que Jésus-Christ disoient des séducteurs de ces temps-là, les défenseurs de la religion peuvent le dire des séducteurs d'aujourd'hui. On ne doit donc pas être surpris que ces raisonneurs et séducteurs traitent aujourd'hui les défenseurs de la religion comme ont été traités autrefois les envoyés de Dieu.

« Enfin plusieurs de ces prophètes, dit-il encore, furent mis à mort. Manassé, roi de Juda, fit périr Isaïe par le supplice de la scie ; le roi Sédécias fit mettre Jérémie en prison ; Ezéchiel fut tué par des Juifs, compagnons de son esclavage, etc. »

Jésus-Christ qui est la sagesse éternelle, et

qui a inspiré les prophètes, a été mis à mort; les apôtres, qui ont annoncé les plus augustes vérités, ont été mis à mort; il n'est pas surprenant que les prophètes, qui ont eu le même ministère, aient été aussi mis à mort. Manassé étoit un impie et un débauché; Sédécias étoit un lâche déserteur de la religion. L'argument de Voltaire prouve très-bien jusqu'où peuvent aller les fureurs de l'impiété quand elle est puissante.

IX.

Nous ne quitterons pas cet article des livres saints, sans dire encore un mot à l'occasion des psaumes de David.

Ces psaumes sont un dépôt sacré que l'Esprit saint a confié à son Eglise pour être, jusqu'à la fin des siècles, son instruction, sa lumière et sa consolation. C'est là qu'on prend les plus hautes idées des grandeurs de Dieu, qu'on trouve les sentimens de la dévotion la plus tendre, les promesses de la miséricorde la plus engageante, les plus touchantes exhortations à la vertu, les menaces les plus capables de frapper les pécheurs! Les psaumes, en un mot, sont une collection de cantiques sublimes qui renferment tout ce que la religion a de plus instructif, de plus auguste et de plus saint.

Il n'y a jamais eu de poésie qui, pour la vivacité des images, l'énergie des expressions, l'élévation des pensées et des sentimens, ait pu entrer en comparaison avec celle de David.

Et ce sont ces cantiques divins que Voltaire

s'efforce de faire regarder avec le dernier mépris, dans l'article qu'il nomme : *Des prières des Juifs*. Il en tire quelques passages qu'il ne comprend pas, qu'il traduit d'une manière infidèle, et qu'il présente ensuite comme des sentimens qui outragent la raison et l'humanité. Nous n'entrerons dans aucun détail de réponses, la réclamation de tous les siècles et de toutes les Eglises chrétiennes est une réponse bien suffisante.

On demandera si l'auteur qui traite ainsi nos livres sacrés est un chrétien, ou si c'est un mahométan, un païen, ou un échappé de quelque horde sauvage. Nous répondrons qu'il se dit un des plus zélés, des plus respectueux, des plus fidèles enfans de l'Eglise; car voici comment il s'exprime en écrivant à l'éditeur de ses OEuvres : « Tout ce que j'ai à vous dire,
» c'est [1] que je suis né Français et catholique;
» et c'est principalement dans un pays protes-
» tant que je dois vous marquer mon zèle pour
» ma patrie, et mon profond respect pour la
» religion dans laquelle je suis né, et pour ceux
» qui sont à la tête de cette religion. Je ne crois
» pas que, dans aucun de mes ouvrages, il y ai
» un seul mot qui démente ces sentimens. »

Ainsi s'exprime l'auteur de la Philosophie de l'histoire, du Dictionnaire philosophique portatif, de l'Examen important de milord Bolingbroke, du poëme de la Pucelle. Quels certificats de la sincérité de ses sentimens, et de son respect pour le christianisme !

---

[1] Lettre aux Cramer, tome 1er.

CHAPITRE III.

De l'autorité et du crédit de M. de Voltaire en matière d'histoire.

La première loi de l'histoire, nous dit le plus éclairé des philosophes romains, c'est qu'on ne se permette jamais de rien avancer de ce qui seroit faux, et qu'on ait toujours le courage de ne rien taire de ce qui seroit vrai : *Ne quid falsi dicere audeat, ne quid veri dicere non audeat.* Mais, en lisant les écrits historiques de Voltaire, il semble qu'allant tout au rebours de Cicéron il ait pris pour sa maxime et pour sa loi favorite, *Ne quid veri dicat, ne quid falsi dicere non audeat :* Ne dire jamais la vérité, ne jamais craindre d'affirmer les plus grandes faussetés.

Aussi en voltigeant comme il a fait sur toutes sortes de sujets historiques, sacrés ou profanes, il travestit, il déguise, il altère tout ce qu'il présente; il donne une multitude d'anecdotes dont il ne peut fournir aucun garant, et qui sont détruites par les autorités les plus incontestables; il prête aux événemens des causes, et aux personnages des intentions qui n'ont jamais existé que dans une imagination hardie et déréglée; enfin les auteurs les plus caustiques, les plus médisans, les plus satiriques, les plus suspects, sont toujours les sources précieuses où il va puiser.

Il est vrai que dans plusieurs excellens ouvrages, tels que l'Oracle des nouveaux philosophes, les Trois siècles de la littérature, les Lettres des juifs portugais, le Tableau philosophique de l'esprit de Voltaire, on l'a convaincu d'une multitude innombrable d'infidélités grossières et révoltantes. N'importe; il ne s'en est pas moins tenu à sa maxime favorite : Moquons-nous de la vérité, ne craignons pas d'avancer les plus grossières faussetés, *Ne quid veri dicat, ne quid falsi dicere non audeat*. Il a toujours continué d'écrire avec la même hardiesse et la même infidélité. Ainsi, pour apprendre aux lecteurs jusqu'à quel point on doit se défier de tout ce que Voltaire présente en qualité d'historien, nous ferons voir, 1° combien sont suspectes les sources où il est allé puiser; 2° la fausseté et l'absurdité des anecdotes qu'il débite avec le ton le plus ferme et le plus assuré; 3° l'extravagance des déclamations qu'il renouvelle à tout propos contre la puissance pontificale; et nous finirons par quelques observations curieuses sur son Histoire de Russie.

ARTICLE PREMIER.

Les Histoires de Voltaire ne sont puisées que dans les sources les plus suspectes.

Qu'on ne soit pas surpris de ce prodigieux ramas de mensonges et de récits indécens et scandaleux qui remplissent les écrits historiques de Voltaire. Ce sont les plus zélés défenseurs et protecteurs de l'idolâtrie, ou les écrivains les plus licencieux et les plus lubriques, ou les sectaires les plus passionnés, qui sont toujours ses guides et ses oracles ; et autant que les oiseaux de nuit craignent et fuient la lumière, autant l'historien Voltaire craint-il et fuit-il les auteurs qui lui présenteroient le flambeau de la vérité.

Tout ce que la licence païenne et le zèle pour les superstitions idolâtriques avoient inspiré aux défenseurs du paganisme d'aversion, de haine et de mépris pour le christianisme naissant, et pour les premiers chrétiens ; tout ce qu'ils ont dit et écrit contre nous, tout cela devient pour l'historien Voltaire autant de monumens authentiques et précieux. C'est là qu'il va puiser, glaner, extraire les traits et les expressions pour nous faire connoître ce beau siècle de l'Église naissante, et pour nous apprendre à juger de ce que c'étoit que ces premiers chrétiens. L'épicurien et libertin Celse, l'enthousiaste et envenimé Porphyre, l'extravagant apostat Julien, et quelques autres écrivains de la même espèce : ce sont là les oracles qu'il consulte, les maîtres qu'il écoute, les modèles qu'il se propose.

Aussi faut-il présenter aux lecteurs le portrait de ce prince que Dieu suscita pour placer la religion sur le trône des Césars, et pour la faire recevoir par tous les peuples de l'empire ? Ce ne sera que du fameux apostat Julien et du furieux Zosime, que Voltaire empruntera les couleurs et les traits pour peindre le grand Constantin. Ce Zosime étoit un païen fanatique qui n'écrivoit que pour déchirer les chrétiens; et c'est pour cela que Photius [1] l'appelle le chien enragé. Pour ce qui est de Julien, son surnom d'apostat le fait assez connoître, et annonce suffisamment comment on doit le regarder.

Un mot de l'impie et railleur Lucien, qui fut surnommé le grand athée, suffira à Voltaire pour noircir tous les héros de l'Eglise naissante. Aussi vous cite-t-il avec complaisance Lucien dans un très-grand nombre de ses brochures historiques et satiriques. Pour infirmer l'autorité des livres saints il vous citera gravement le radoteur Sanchoniaton, ou pour mieux dire le radotage attribué à Sanchoniaton; car cet auteur n'est regardé par les savans critiques que comme un personnage imaginaire sous le nom duquel le philosophe Porphyre, le plus grand adversaire du christianisme, s'est déguisé.

Les auteurs les plus licencieux, les plus caustiques, les plus scandaleux, sont toujours les plus précieux et les plus chers à Voltaire. C'est à ces titres que le Pogge, auteur florentin, a mérité d'être cité avec respect dans l'Essai sur l'histoire générale à cause de tout ce qu'il dit de mordant contre les pères du concile de Constance; et c'est ce Pogge dont Erasme dit qu'il est si obscène que, malgré tout son esprit, une âme honnête ne peut en soutenir la lecture. C'est à ce titre qu'il débite et qu'il réveille toutes les horreurs dont le furieux, ingrat et factieux Buchanan a rempli son histoire d'Écosse, la-

---

[1] *Photii bibliot.*

quelle a été si servilement copiée par M. de Thou.

Le Dictionnaire de Bayle est le grand arsenal où vont se fournir tous les adversaires de la religion. Tout ce qui s'est jamais dit ou écrit contre elle y est fidèlement annoncé. On peut en juger, pour la partie historique, par les articles *Illyricus* et *Aventin*. Cet Illyricus étoit le chef des centuriateurs de Magdebourg, c'est-à-dire de ces écrivains protestans qui donnèrent une Histoire ecclésiastique, que le cardinal Baronius a si heureusement réfutée par ses annales.

Pour Aventin, c'étoit un luthérien caché,[1] qui composa des annales de Bavière, dans lesquelles il a fait entrer tous les contes les plus outrageans et les plus déshonorans pour le clergé et pour les papes; contes qu'il alloit ramasser dans les tavernes et dans les cabarets. Aventin n'osa pas faire imprimer son histoire de son vivant. Ziégler ne la donna au public que vingt ans après la mort de l'auteur, et en retrancha, comme il le dit dans sa préface, des invectives contre le clergé, et des contes ridicules et absurdes qui ne faisoient rien à l'histoire de Bavière. Mais les protestans firent tant de recherches, qu'ils trouvèrent un manuscrit de ce même ouvrage sans aucune mutilation, et le firent imprimer à Bâle vingt-six ans après l'édition de Ziégler.

C'est dans ces belles sources que tous les ennemis de l'Eglise vont puiser; et c'est chez ces

---

[1] Voyez Bayle, article *Aventin*.

ennemis que Voltaire va ramasser les horreurs dont son Histoire générale est si bien garnie. Bayle, tout zélé protestant qu'il est, avoue bien que ces écrivains sont quelquefois trop passionnés, et qu'ils adoptent des faits dont on démentre la fausseté. Le catholique Voltaire n'a pas cette droiture et cette délicatesse. Il ne discute rien, il n'examine rien ; mais dès qu'un trait peut noircir ou les chrétiens ou les catholiques, il le rapporte, l'amplifie, l'exagère, et le présente comme une chose dont il n'est pas permis de douter.

Aussi l'Essai sur l'histoire générale ne peut être regardé que comme la satire la plus outrageante qui ait jamais été faite contre l'Eglise chrétienne ; et c'est pour cela qu'un des derniers souverains pontifes [1] a caractérisé Voltaire par ces mots remarquables : Auteur plus fameux encore par son impiété que par ses talens : *Scriptor non tam ingenio quam impietate nobilis.*

D'abord dans sa préface ou discours préliminaire il s'efforce de renverser tous les monumens de l'histoire sacrée, sur laquelle porte toute la religion. Il est vrai que ce discours n'est qu'un ramas d'absurdités, comme nous l'avons ci-devant démontré ; mais il n'en est pas moins séducteur pour bien des gens, que l'ignorance présomptueuse, le goût du libertinage, et surtout le dédain et le mépris de toute autorité, indisposent contre la religion.

Rien n'annonce mieux la toute-puissance de

---

[1] Clém. XIII.

Dieu que la naissance de l'Eglise chrétienne. Le courage invincible de ses martyrs, l'éclat des miracles les plus frappans, l'héroïsme des vertus les plus admirables, cette Eglise naissante, toujours nageant dans son sang et toujours triomphante; ce sont là, pour l'homme qui est capable de penser, et qui n'est pas aveuglé ou abruti par les passions, autant de démonstrations qui l'entraînent, qui le forcent d'avouer que l'établissement du christianisme est l'ouvrage de Dieu même. L'historien Voltaire en sent toute la force, il en voit toutes les conséquences; et voici ce qu'il fait pour y parer.

1° Cette multitude innombrable de martyrs généreux que toutes les puissances de la terre n'ont pu intimider, et qui ont attesté, sur les échafauds et au milieu des plus horribles supplices, la sainteté et la vérité de la religion, Voltaire ne les présente que comme des fanatiques, des factieux, des rebelles. Du nombre prodigieux que l'Eglise reconnoît, à peine en passe-t-il, en admet-il deux ou trois cents; et encore paroît-il toujours douter de la bonté de leur cause.

2° Pour ce qui est des miracles, il n'en parle jamais qu'avec mépris; il disserte d'une manière qui fait pitié, et qui fait encore plus horreur. Nous ne touchons point ici cet article, parce qu'il en est traité avec la plus grande exactitude dans le Dictionnaire philosophique de la religion.

3° Pline, dans sa lettre à Trajan, rend le plus glorieux témoignage aux grandes vertus des chrétiens. Le païen Cécilius [1] leur fait un reproche de leur éloignement pour toutes les parties de plaisirs, de fêtes et de divertissemens. L'empereur Julien exhorte les prêtres des faux dieux à imiter les vertus par lesquelles se distinguoient les chrétiens; et dans tous les ouvrages de Voltaire on ne trouve pas un seul endroit où il rende témoignage à ces vertus; au contraire il n'a jamais que des crimes à reprocher.

Pour arracher des cœurs tout sentiment de respect et d'estime pour la religion chrétienne et pour ceux qui la professent, il la met de temps en temps en parallèle avec le mahométisme; et ce sont toujours les mahométans qui l'emportent pour les talens, les lumières, les vertus; et il ne lui vient jamais que des expressions de mépris et d'horreur lorsqu'il parle des chrétiens.

On diroit qu'il n'écrit que pour avoir le plaisir de peindre des horreurs et de raconter les malheurs du genre humain; et suivant toujours son esprit d'infidélité dans l'histoire, les causes de tous ces malheurs, il les rejette toujours sur le christianisme et sur les chrétiens. Les horreurs dont les conquêtes des Gengis, des Tamerlan, des Mahomet, et de quantité d'autres princes barbares, ont été accompagnées, ces horreurs, ou sont supprimées, ou présentées légèrement, ou même justifiées et louées; mais il ne vous peint qu'avec les plus horribles couleurs les maux qu'ont causés les guerres,

[1] Minutius Felix.

toujours trop funestes, mais ordinairement moins barbares, qui ont été entre les princes chrétiens.

Ce qu'il y a de plus remarquable encore, c'est que toutes ces erreurs, sur lesquelles il a été le mieux remontré et le mieux relevé, il les répète dans ses nouvelles éditions aussi hardiment que si on ne s'en étoit pas aperçu; et ces erreurs sont si multipliées, que l'on trouveroit à peine deux pages dans ses écrits historiques qui ne présentent quelque outrage fait à la vérité.

On y trouvera partout le même génie, le même but, qui est de faire plier tout le monde à la nouvelle manière de penser; la même fierté à se donner pour l'homme qui a été le seul instruit, et qui a osé montrer la vérité; la même hardiesse à affirmer tout ce qu'il lui plaît, sans être appuyé d'aucune preuve, ni d'aucune autorité; la même malignité à ne présenter presque jamais que des horreurs et des crimes, à les multiplier, à les exagérer; la même indignité et la même bassesse à déchirer les foibles indéfendus, à flatter les puissances redoutables, à encenser les vices heureux, à insulter les vertus que le christianisme honore, et que l'impiété et le libertinage ont en horreur. Tel est l'esprit dans lequel Voltaire a écrit l'histoire : quel crédit mérite-t-il en qualité d'historien ?

ARTICLE II.

Des anecdotes répandues dans les écrits historiques de Voltaire.

M. de Voltaire n'a pas traité l'histoire en grand comme les Tite-Live et les Thucydide ; il ne l'a pas traitée d'une manière lumineuse comme Polybe, ni avec cette exactitude et ces soins dans la recherche de la vérité qu'on remarque dans les Hume et les Strada. Il a préféré la manière maigre des petits écrivains d'anecdotes, qui sautillent d'un point à un autre pour semer avec plus de liberté tout ce que la malignité peut fournir. Aussi tous ses écrits historiques sont-ils plutôt des satires que des histoires, et des recueils d'anecdotes fausses et malignes, que des récits propres à instruire et à faire connoître la vérité. Nous pourrions fournir des volumes pour railler de ces anecdotes ridicules. Nous nous bornerons cependant à un très-petit nombre, et surtout de celles où la religion est intéressée ; et par cet échantillon on pourra juger de tout le reste.

I.

Sur le voyage de saint Pierre à Rome.

« Pour prouver que saint Pierre ne mourut » point à Rome,[1] il n'y a qu'à observer que la

[1] Philosophie de l'histoire, tome 1er, p. 371.

» première basilique bâtie par les chrétiens de
» cette capitale, c'est celle de saint Jean de
» Latran. C'est la première église latine : l'au-
» roit-on dédiée à Jean si Pierre avoit été pape ? »

Voilà une remarque ou anecdote qui ne donne pas une idée fort avantageuse de la logique de M. de Voltaire, ni de son érudition.

Le raisonnement revient à celui-ci : Constantin a fait bâtir la première église à Rome à l'honneur de saint Jean-Baptiste ; donc saint Pierre n'est point mort à Rome ; donc il n'a pas été pape. Un écolier de logique qui raisonneroit ainsi, comment seroit-il hué par ses compagnons !

Ensuite l'érudition va de pair avec le raisonnement. La première église bâtie à Rome par Constantin, fut dédiée au Sauveur du monde et non pas à saint Jean. Ce prince en fit ériger une seconde à côté de son palais de Latran, laquelle fut dédiée au précurseur de Jésus-Christ ; et presque dans le même temps il fit élever la basilique de saint Pierre au Vatican, où ce prince des apôtres est inhumé.

Il faut apprendre à M. de Voltaire une anecdote plus intéressante et plus sûre que la sienne ; c'est que saint Silvestre, qui étoit alors sur le trône pontifical, fit placer dans l'église de saint Jean-Baptiste, dite de saint Jean de Latran, l'autel portatif sur lequel les papes ses prédécesseurs, et saint Pierre lui-même, avoient célébré les divins mystères ; qu'il n'y a eu jusqu'à ce jour que les papes seuls qui pussent célébrer sur cet autel, et que c'est là ce qui a donné la célébrité et la distinction à cette église. Quand on remonte à la source de la vérité, on n'a plus que de la pitié pour ce que dit Voltaire.

II.

Sur l'établissement de la religion chrétienne en Russie.

« Le christianisme ne fut reçu que tard dans
» la Russie.[1] Une princesse nommée Olga l'y
» introduisit à la fin du dixième siècle, comme
» Clotilde le fit recevoir chez les Francs......
» C'est le sort des femmes d'être sensibles aux
» persuasions des ministres de la religion, et de
» persuader les autres hommes. »

M. Lomonossou,[2] Russe de nation, conseiller d'état et auteur d'une histoire de Russie très-estimée, nous avertit de ne rien croire de ce que dit ici Voltaire. Il avoue bien que la princesse Olga se fit chrétienne, parce qu'elle estimoit beaucoup plus les mœurs des chrétiens que celles des idolâtres ; mais il ajoute que cette conversion n'eut point de suite, puisque son mari, son fils, ses petits-fils et toute la nation, restèrent dans le paganisme. La réflexion de Voltaire, que c'est le sort des femmes d'être sensibles aux persuasions des ministres de la religion, et de persuader les autres hommes, est donc absolument fausse dans le cas présent. La Russie ne devint chrétienne que sous Uladamir, le troisième petit-fils d'Olga, lorsqu'il régna seul après la mort de ses frères. Ce prince se fit bap-

---

[1] Phil. de l'hist., tome 12, p. 72. — [2] Lomon., p. 161.

tiser à Constantinople même, comme le démontre l'historien russe d'après les monumens les plus authentiques ; et il engagea la plus grande partie de ses sujets à l'imiter. Ce n'est donc pas ici une femme qui persuade les hommes, comme l'annonce l'anecdote.

III.

Sur Théodose le Grand.

Il n'est aucun prince qui ait fait plus d'honneur à la religion par ses vertus, et qui l'ait plus protégée par sa puissance, que l'empereur Théodose; et c'est précisément à ces deux titres qu'il a encouru toute l'indignation de Voltaire. Après l'avoir peint avec les couleurs les plus noires, il dit que ce n'étoit, après tout, qu'un soldat de fortune, et que cet empereur, qu'on appelle le grand Théodose, paya un tribut au superbe Alaric, sous le nom de pension du trésor impérial.[1]

Voilà une anecdote bien digne de l'homme qui sait tout et qui découvre tout. Selon lui, Théodose n'étoit qu'un soldat de fortune : mais son père étoit déjà à la tête des armées romaines, et commanda dans l'Afrique, après en avoir chassé le tyran Firmus, qui s'en étoit emparé ; mais Aurélius Victor, historien païen, nous apprend que Théodose tiroit son origine de Trajan. Que doit-on penser de l'homme aux anecdotes ?

[1] Voyez Erreurs, chap. 15.

Pour ce qui est du tribut payé au superbe Alaric, cela est un peu difficile à comprendre. Théodose écrasa presque toute la nation des Goths, dès la première année de son empire. Deux ans après, les restes de cette nation se donnèrent à l'empereur pour le servir et lui obéir comme les Romains. Alaric ne commença à se faire un nom qu'après la mort de Théodose, et sous les foibles empereurs Arcadius et Honorius. Quand est-ce donc que le grand Théodose lui paya un tribut?

Il faut avertir l'homme aux anecdotes qu'il s'est trompé en tout : c'est Théodose II qui paya un tribut au redoutable Attila, et non pas Théodose le Grand au superbe Alaric.

IV.

Sur le nom de verbe par lequel on connoît le Fils de Dieu.

« Les philosophes platoniciens d'Alexandrie [1]
» se joignirent aux premiers chrétiens, qui
» empruntèrent des expressions de leur philoso-
» phie, comme celle du *logos*. »

Voltaire a quelquefois assisté à la messe; il auroit pu remarquer qu'elle finit par l'évangile de saint Jean. Or cet évangile commence par ces mots : « Au commencement étoit le Verbe,
» le *logos : In principio erat Verbum.* » Saint Jean écrivit son évangile avant qu'on connût des philosophes platoniciens dans l'Eglise :

---

[1] Philosophie de l'hist., tome 1ᵉʳ, p. 367.

comment donc auroit-il emprunté cette expression de ceux qui n'existoient pas encore?

V.

Sur le pape saint Léon.

Ce fut sous le pontificat de saint Léon que le fameux Attila ravagea l'Allemagne, les Gaules, et une partie de l'Italie.[1] Il alloit porter les ravages jusqu'aux portes de Rome, lorsque, par une protection spéciale du Seigneur, saint Léon l'arrêta par ses prières et son éloquence. Voltaire, pour lui ravir cette gloire, dit que « Léon, évêque de Rome, vint mettre aux » pieds d'Attila tout l'or qu'il avoit pu recueillir » des Romains, pour racheter du pillage les » environs de cette ville. »

Il y a treize cents ans qu'Attila faisoit ses courses et ses ravages. Nul historien n'a encore parlé de ces trésors amassés par saint Léon, et mis aux pieds d'Attila. Il faut donc que Voltaire l'ait appris par quelque révélation : mais peut-on se fier aux révélations de Voltaire?

VI.

Sur Attila.

Voici une anecdote d'une nouvelle espèce; c'est Attila transformé par M. de Voltaire en empereur de Sibérie. « Qui croiroit que la Si-

---

[1] Philosophie de l'histoire, tome 1er, p. 400.

» bérie a été long-temps le séjour de ces mêmes
» Huns qui ont tout ravagé jusqu'à Rome sous
» Attila, et que ces Huns venoient du nord de
» la Chine? »

Tout ce qu'on peut dire de certain de ce fameux Attila, c'est qu'il étoit Tartare; et à en juger par le portrait que les anciens auteurs nous en ont laissé, on doit croire qu'il étoit des Tartares calmouks, parce que, pour la figure et pour les inclinations, les Tartares calmouks, qui sont les plus laids et les plus lubriques de tous les hommes, sont encore aujourd'hui tels que les anciens nous ont peint Attila; que c'est dans le voisinage et au nord de la mer Caspienne et de la mer Noire que sont les Tartares dont nous parlons, et que c'est précisément de ces contrées que partit Attila pour se jeter dans l'empire romain. Mais il y a encore bien loin de là au nord de la Chine.

Il est à remarquer que cette anecdote est si ridicule que Voltaire lui-même s'en moque dans le même volume. « C'est une étrange en-
» treprise, dit-il, de vouloir prouver que les Huns
» vinrent autrefois du nord de la Chine en Si-
» bérie, et que les Chinois sont une colonie d'E-
» gyptiens.[2] »

VII.

Sur les accusations des Juifs contre les chrétiens.

« Les Juifs, dit Voltaire, imputèrent aux chré-

---

[1] Phil. de l'hist., t. 12, p. 52 — [2] Ibid., tome 1er, p. 6.

tiens des repas de Thyeste et des noces d'OEdipe ; les chrétiens, aux païens. Toutes les sectes s'accusèrent mutuellement des plus grands crimes. »

Cette anecdote est bien digne de Voltaire, car elle est fausse en tous ses points. Il est faux que les Juifs accusassent les chrétiens de ces abominations; il est faux que les chrétiens en accusassent les païens : il n'y a de vrai que ce que tait Voltaire sur ce sujet ; c'est que c'étoient les païens seuls qui les imputoient aux chrétiens. En voici la preuve en trois mots :

1° Le Juif Tryphon, dans sa conférence avec saint Justin, dit qu'il regarde comme une indignité de la part des gentils, d'accuser les chrétiens de ces infamies, et qu'aucun homme ne pouvoit ajouter foi à de pareilles accusations : elles ne venoient donc pas des Juifs.

2° Les chrétiens, dans les savantes apologies qu'ils donnèrent pour leur religion, faisoient voir la sainteté et la sublimité de la doctrine de Jésus-Christ, les absurdités révoltantes de l'idolâtrie, et le déréglement des mœurs où conduisoient les infâmes mystères du paganisme, que Voltaire voudroit nous faire regarder comme les pratiques de dévotion ; mais ils n'ont jamais reproché aux païens ces noces d'OEdipe et ces repas de Thyeste.

3° Ce n'est jamais aux Juifs, c'est toujours aux païens que nos savans apologistes ont répondu quand ils ont démontré l'extravagance de ces accusations qu'on faisoit contre les chrétiens ; les païens étoient donc les seuls qui leur imputassent ces abominations. Ce sont là les trois points qu'il falloit démontrer contre l'homme des anecdotes.

VIII.

Sur saint Laurent, martyr.

Si l'on ajoute foi aux anecdotes que déterre M. de Voltaire, on ne regardera qu'avec pitié les pompeux éloges que les plus illustres pères de l'Eglise ont donnés à saint Laurent, la célébrité du culte que lui ont rendu toutes les nations chrétiennes, le zèle de Constantin, qui éleva une superbe basilique à Rome à son honneur, cent cinquante ans après son martyre. Voici comment Voltaire juge la cause de saint Laurent :

« Il faut bien que les haines particulières, » soutenues par la raison d'état, aient répandu » le sang des chrétiens ; par exemple, lorsque » saint Laurent refuse au préfet de Rome l'ar- » gent des chrétiens qu'il avoit en sa garde,[1] il » est naturel que le préfet et l'empereur soient » irrités : ils le regardèrent comme un réfrac- » taire, et le firent périr. »

Les poëtes donnent des fictions pour des vérités, les auteurs satiriques disent des méchancetés, les impies aiment à rabaisser tout ce qui fait honneur à la religion : cela peut se trouver dans le même homme. Je ferois gageure que Voltaire conviendra lui-même que nous ne disons ici que la vérité.

[1] Philosophie de l'hist., tome 29, p. 79.

IX.

Sur Farel, ministre de la religion réformée.

« Farel, prédécesseur de Calvin, fit dans
» Arles la même chose que saint Polyeucte
» avoit faite en Arménie.[1] On portoit dans les
» rues la statue de saint Antoine l'ermite en
» procession : Farel tombe avec quelques-uns
» des siens sur les moines qui portoient saint
» Antoine, les bat, les disperse, et jette saint
» Antoine dans la rivière. »

La réponse sur l'anecdote sera bien courte. Jamais le ministre Farel ne mit les pieds dans la ville d'Arles : qu'on voie sa vie donnée par Ancillon. Voilà donc le trophée que Voltaire érigeoit à Farel, renversé d'un souffle.

X.

Sur saint Jean, pape, premier du nom.

Voici une anecdote soutenue de l'autorité la plus grave et en même temps la plus remarquable par l'impression qu'elle fit, à ce que dit Voltaire, sur une auguste compagnie; c'est l'exemple d'un pape qui prend la défense des hérétiques. Voici comment il s'exprime : « Un
» si grand exemple rapporté par un homme tel
» que le président Auguste de Thou, l'image
» frappante d'un pape allant lui-même de Rome

[1] Philosophie de l'hist., tome 29, p. 81.

» à Constantinople parler en faveur des héré-
» tiques,[1] firent une si puissante impression sur
» les esprits, que l'édit de Nantes passa tout
» d'une voix, et fut ensuite enregistré dans tous
» les parlemens du royaume. »

Il y auroit ici bien des points à redresser ; mais bornons-nous à l'image frappante que présente Voltaire, d'un pape défendant la cause des hérétiques.

Le roi Théodoric, arien, avoit envoyé à Constantinople le pape Jean Ier pour des affaires d'état, et les affaires de l'arianisme entroient aussi dans les vues de cette ambassade. Le pape, bien loin de favoriser les ariens, réconcilia, pendant qu'il étoit en Orient, beaucoup d'églises occupées par les ariens, et les rendit aux orthodoxes. Il écrivit ensuite aux évêques d'Italie d'en faire de même chacun dans leurs diocèses. Théodoric fut si offensé de cette conduite du pape, qu'il le fit arrêter, le confina dans une prison, où il périt de misère ; et l'Eglise l'honore comme un martyr. Voilà le grand exemple, voilà l'image frappante d'un pape parlant en faveur des hérétiques, annoncé avec emphase par Voltaire ; voilà la vérité de son anecdote !

XI.

Voltaire est toujours intarissable, toujours inépuisable, quand il s'agit de montrer sa haine pour l'Eglise de Rome ; c'est dans cette vue qu'il insère dans son histoire de Russie le conte

---

[1] Philosophie de l'hist., tome 36, p. 203.

qu'il appelle la fête comique du conclave, instituée par le czar pour confirmer les peuples dans leur aversion pour l'Eglise romaine.[1] On verra, par ce que nous allons dire, la croyance que méritent ses anecdotes, et son aisance admirable à falsifier.

L'historien russe Nestesuranoy rend compte d'une fête singulière que le czar Pierre Ier donna par un raffinement de politique, et qu'il crut propre à faire une forte impression sur une bonne partie de ses sujets. Ce prince ne voyoit qu'avec regret l'autorité dont jouissoit le patriarche de Russie; il vouloit être aussi absolu dans le gouvernement de l'Eglise que dans celui de ses états. Il porta donc successivement différens coups à cette autorité patriarchale; et après l'avoir affoiblie peu à peu, il lui donna enfin le dernier coup en la présentant sous les traits les plus ridicules. Il s'avisa donc d'amuser sa cour et la ville de Moscou par le spectacle d'une fête des fous; ce fut la création et l'installation d'un nouveau patriarche qui en fit le sujet, et voici comment il s'y prit.

Il y avoit à Moscou un fou nommé Sotof, âgé de quatre-vingt-quatre ans, qui avoit autrefois appris à écrire au czar, et ce fut sur lui que le czar jeta les yeux pour en faire le principal personnage de la fête. Il le fit venir, il lui renouvela la promesse qu'il lui avoit faite plusieurs fois de l'élever à une des premières dignités. Il eut soin de le faire bien enivrer, et se le fit amener ensuite pendant son ivresse, et le

[1] Philosophie de l'hist., tome 12.

déclara patriarche de toutes les Russies : il lui donna une cour composée de tout ce qu'on put trouver de plus grotesque pour la figure et pour l'accoutrement ; on le fit promener par toute la ville et conduire jusqu'au palais impérial avec ce risible cortége. Enfin la fête se termina comme la comédie, par un mariage ; le patriarche, ivre et octogénaire, épousa une fille d'une trentaine d'années. Ce fut un prêtre âgé de cent ans, sourd et aveugle, avec une paire de lunettes de carton sur son nez, qui bénit ces belles noces. Après quoi on laissa aller le patriarche cuver son vin ; et depuis lors il ne fut plus parlé de patriarche ni de patriarchat en Russie.

M. de Voltaire a cru que cette scène burlesque seroit propre à jeter du ridicule sur celui que toute l'Eglise catholique reconnoît pour le vicaire de Jésus-Christ et pour le chef de toute la religion : il a saisi cette idée avec joie. Au lieu de la création d'un patriarche de Russie, il a mis celle d'un pape au milieu de ses cardinaux : il a fallu pour cela falsifier, déraisonner, calomnier ; mais ce ne sont là que des bagatelles.

L'historien russe ne donne pour motif de cette fête que l'extinction projetée par le czar du patriarchat de Russie ; et Voltaire dit que ce fut « pour confirmer les peuples dans leur aversion pour l'Eglise romaine, et pour venger vingt empereurs, dix rois de France et une foule de souverains. » Le premier ne fait men-

---

¹ Philosophie de l'hist., t. 12, 325.

tion que du comique patriarche Sotof; le second met un pape qui crée des cardinaux, et marche à leur tête en procession. Le premier appelle cette fête la scène politique de l'extinction du patriarchat, et le second la fête comique du conclave. Le premier écrit comme un homme sensé et qui rend fidèlement compte des événemens; le second comme un homme qui, ne faisant aucun cas de la vérité ni de son propre honneur, défigure les faits et ne s'étudie qu'à tromper.

Lecteurs, allez vous instruire auprès de ce grand maître, qui dit qu'il n'écrit l'histoire qu'en philosophe !

ARTICLE III.

Des accusations perpétuelles que Voltaire fait contre les papes, sur leurs prétendues usurpations.

Il y a près de mille ans que les rois de France Pepin et Charlemagne donnèrent à l'Eglise romaine l'exarchat de Ravenne, c'est-à-dire ce qui étoit resté aux empereurs grecs vers le nord de l'Italie : on en a fourni les preuves les plus authentiques dans le premier volume des Erreurs. L'exarchat s'étendoit d'une part le long de la mer Adriatique, depuis le nord de cette mer jusque dans l'Abruzze et même jusque dans la Pouille; et de l'autre, depuis Ravenne jusqu'au voisinage du Milanais.

Il y a huit cent trente ans que, par traité fait entre l'empereur Henri III et le pape

Léon IX, le duché de Bénévent fut de nouveau cédé aux papes en échange de l'évêché de Bamberg, que l'empereur Henri II avoit donné à l'Eglise romaine : le traité fut passé en 1053.

Il y a près de huit cents ans que la comtesse Mathilde laissa par testament tous ses états à l'Eglise de Rome : ces états comprenoient l'Etrurie, la Ligurie et les plus beaux pays de la Lombardie. Cette princesse, qui vouloit la paix en Italie, et qui ne pouvoit pas souffrir l'ambition des empereurs allemands, se mit souvent à la tête de ses armées pour soutenir les papes contre ces empereurs, sur lesquels elle remporta plusieurs victoires.

Malgré ces titres qui annoncent les droits les plus incontestables, il y a aujourd'hui un vieux déclamateur qui met au rang des usurpations les plus odieuses et les plus mal fondées toutes les possessions de l'Eglise romaine, et qui nous dit que « les papes n'ont pas un pouce de terre » en souveraineté¹ qui n'ait été acquis par des » troubles ou par des fraudes; que cette gran- » deur des papes et leurs prétentions² ne sont » pas plus conformes à la politique et à la raison » qu'à la parole de Dieu. » C'est cependant ce même déclamateur qui, dans son Histoire générale, avoue que « le temps a donné au saint- » siége des droits aussi réels sur ces états que » les autres souverains de l'Europe en ont sur » les leurs. »

Quelque incontestables cependant que soient ces titres et ces droits, il s'en faut bien que les

---

¹ Phil. de l'hist., t. 30, p. 72. — ² Ibid., p. 46.

papes soient aujourd'hui en possession de tout ce qui leur a été authentiquement donné, et légitimement acquis. Voici comment arrivèrent successivement l'affoiblissement de la puissance, les pertes et les aliénations.

Depuis que l'empire fut sorti de la maison de Charlemagne, l'Italie fut en proie aux incursions, dévastations et divisions les plus funestes. Les Sarrasins portèrent leurs armes jusqu'aux portes de Rome; les Grecs, qui possédoient la partie méridionale de l'Italie, n'osoient sortir de leurs villes, ou ils n'en sortoient que pour se faire battre par les Sarrasins. Dans l'autre partie de l'Italie, on n'entendoit dans toutes les villes que ces cris : liberté, liberté ! Tous ceux qui étoient à la tête de quelques troupes de soldats et de brigands s'efforçoient de s'asservir quelques villes, et de s'en rendre les maîtres. Rome essaya, à plusieurs reprises, de rétablir l'ancienne république. On ne vit plus dans cette belle partie de l'Europe que factions, brigandages, surprises, trahisons : de là, cette multitude de seigneuries, de principautés, de petites républiques, qui, pendant ce temps de troubles et de confusion, s'élevoient, s'écrasoient successivement, et desquelles il n'en est qu'un petit nombre qui ait subsisté, les autres ayant été la proie de ceux qui étoient demeurés les plus forts.

Ajoutez à cela les dissensions perpétuelles entre le sacerdoce et l'empire, surtout durant les règnes des princes de la maison de Souabe, des Frédéric et des Henri. Les Italiens ne pouvant souffrir la domination allemande, et faisant tous leurs efforts pour se soustraire à la domination pontificale, ils usurpoient tout ce qu'ils pouvoient, et ils tâchoient de se soutenir, en se déclarant les uns pour les empereurs, quand ils avoient usurpé sur le domaine pontifical ; les autres pour les papes, lorsqu'ils avoient usurpé sur les empereurs : tel fut, pendant près de trois cents ans, l'état de l'Italie.

Le long séjour des papes à Avignon favorisa plus que toute autre chose ces brigandages et ces usurpations. Ce ne fut qu'après leur retour à Rome qu'ils pensèrent au recouvrement d'une partie de leur domaine, et à chasser les usurpateurs, dont le déclamateur Voltaire fait toujours des princes légitimes. Celui qui s'y porta avec le plus de vigueur fut Jules II : il se regarda toujours comme prince et souverain pontife ; il levoit des armées, il se mettoit à leur tête, il commandoit dans les siéges ; il ne perdoit jamais de vue ces deux objets dignes d'un grand politique, le recouvrement de ses états, et l'assurance du repos de l'Italie. Il fut redouté et redoutable ; mais on ne peut pas nier que ce ne fût un grand homme.

Ces recouvremens successifs, c'est ce que Voltaire appelle les usurpations du saint-siége, contre lesquelles il déclame avec tant de chaleur, et à l'occasion desquelles il voudroit soulever contre les papes tous les peuples et tous les souverains de la terre. Tous ceux qui ont été les plus ardens ennemis du saint-siége, et qui ont écrit avec le plus de passion et de partialité, sont des oracles pour lui ; il enchérit encore sur eux tous. Nous ne répondons pas à tout ce qu'il a ramassé d'horreurs sur ce sujet; nous renvoyons le lecteur à l'ouvrage qu'a donné le savant père Morin, de l'Oratoire, qui a pour titre, *De dominatione summi pontificis temporali.* On y trouvera tous les titres des possessions des souverains pontifes, et toutes les preuves des infidélités de Voltaire.

ARTICLE IV.

Observations sur l'histoire de l'empire de Russie, donnée par M. de Voltaire.

M. de Voltaire prétend nous prouver, par des argumens invincibles, qu'il n'y a jamais eu d'histoire plus authentique et plus sûre que celle qu'il nous a donnée de l'empire de Russie sous le règne de Pierre-le-Grand. Le premier de ses argumens en est un qu'il emploie assez fréquemment, et qui est de dire beaucoup de mal de ceux qui ont écrit avant lui sur le même sujet, et qu'il copie cependant quelquefois assez servilement. C'est ainsi qu'il en use envers l'historien russe Nestesuranoy. Ce seigneur donna, il y a plus de trente ans, une histoire du czar Pierre Ier, laquelle est écrite d'une manière qui annonce un homme qui respecte la religion et la vérité, et qui la présente avec un air de candeur qui la fait aimer; et voici le jugement que porte M. de Voltaire de cet ouvrage : « Le public, dit-il,[1] a » quelques histoires prétendues de Pierre-le- » Grand; la plupart ont été composées sur des » gazettes; celle qu'on a donnée sous le nom du

---

[1] Philosophie de l'hist., préf., p. 2.

» boyard Nestesuranoy est une de ces fraudes
» typographiques trop communes. »

Le second argument qu'il emploie,[1] « c'est
» qu'il n'a écrit que sur des preuves incontes-
» tables ; c'est que la cour de Pétersbourg lui a
» fait parvenir tous les documens authentiques;
» c'est que, dit-il, un chambellan de l'impéra-
» trice Élisabeth m'a fourni tous les mémoires
» sur lesquels j'écris.[2] Il étoit bien plus capable
» que moi de composer cette histoire, même
» en notre langue. Tout ce qu'il m'a écrit fait
» foi que ce n'est que par modestie qu'il m'a
» laissé le soin de cet ouvrage. » Après cela, qui
est-ce qui pourroit douter de la vérité et de l'authenticité de cette histoire ?

Cependant il est des hommes qui soupçon-
nent que ces prétendus documens que la cour
de Pétersbourg a fait parvenir à M. de Voltaire,
pourroient bien se réduire principalement à
l'histoire de Nestesuranoy, parce qu'on trouve
le même ordre et la même marche dans ces
deux histoires, et qu'il n'y a de différence, sinon que dans l'histoire de l'écrivain russe on
est plus fidèle à la vérité.

Pour ce qui est de ces garans illustres que
produit M. de Voltaire, on est fait à son langage, et l'on sait ce qu'il vaut. Ces garans ne
sont peut-être que des personnages imaginaires,
ou ce ne sont certainement que des hommes
bien peu instruits. On pourra en juger par les
observations suivantes sur la description de
l'empire de Russie : la voici, telle que M. de
Voltaire nous la donne.

[1] Phil. de l'hist., préf., p. 1. — [2] Ibid., p. 39.

« L'empire de Russie est le plus vaste de notre
» hémisphère;[1] il s'étend, d'occident en orient,
» l'espace de plus de deux mille lieues communes
» de France, et il a plus de huit cents lieues du
» sud au nord dans sa plus grande largeur; sa lon-
» gueur comprend près de cent soixante-dix de-
» grés; de sorte que, quand on a midi à l'occi-
» dent, on a près de minuit à l'orient; sa largeur
» est de trois mille six cents verstes, ce qui fait
» huit cent cinquante de nos lieues communes.

» Ce qui est compris sous le nom de Russie
» est plus vaste que tout le reste de l'Europe, et
» que ne le fut jamais l'empire romain; car il
» contient plus de onze cent mille lieues car-
» rées. L'empire romain n'en contenoit qu'en-
» viron cinq cent cinquante mille, et il n'y a pas
» un royaume en Europe qui soit la douzième
» partie de l'empire romain.

» Pour rendre la Russie aussi peuplée, aussi
» abondante, aussi couverte de villes que nos
» pays méridionaux, il faudra encore des siècles,
» et des czars tels que Pierre-le-Grand.

» Je peux, d'après les rôles de la capitation,[2]
» assurer qu'aujourd'hui la Russie contient au
» moins vingt-quatre millions d'habitans, car il
» y a en nombre rond six millions six cent qua-
» rante mille mâles payant capitation. Dans ce
» dénombrement ne sont point comptées les filles,
» les femmes, non plus que les garçons qui nais-
» sent depuis l'établissement d'un cadastre jus-
» qu'à la confection d'un autre cadastre.[3] Triplez
» ce nombre, vous trouverez près de vingt mil-
» lions d'âmes.

[1] Phil. de l'hist., p. 24. — [2] Ibid., p. 62. — [3] Ibid., p. 64.

»Il faut ajouter à ce nombre l'état militaire,
» qui monte à trois cent cinquante mille hommes.
» Ni la noblesse, ni les ecclésiastiques, qui sont
» au nombre de deux cent mille, ne sont sou-
» mis à cette capitation. Les habitans des pro-
» vinces conquises; savoir, la Livonie, l'Ingrie,
» la Carelie, la Finlande, l'Ukraine, les Lapons,
» les Ostiaks, les Calmoucks et d'autres Tartares,
» et tous les peuples idolâtres de la Sibérie, pays
» plus grand que la Chine, ne sont pas compris
» dans le dénombrement. »

Voilà les descriptions par Voltaire; voici nos observations :

I.

Il dit d'abord « que l'empire de Russie com-
» prend, dans sa longueur, près de cent soixante-
» dix degrés. »

Mais l'hémisphère n'en comprend que cent quatre-vingt. Il faut donc que la Russie comprenne dans sa longueur presque tout l'hémisphère ; il ne doit s'en manquer que dix degrés qu'il ne le comprenne tout entier. Cependant, qu'on jette les yeux sur la carte de cet empire,[1] et l'on verra qu'il s'en faut près de cinquante degrés que Voltaire n'ait raison; car la Livonie, qui est la province la plus occidentale, commence au quarante-deuxième degré de longitude ; et la presqu'île de Kamtschatka, qui est la plus orientale, finit sous le cent soixante-seizième. Il donne ensuite deux mille lieues d'étendue à cet empire, de l'occident à l'orient, et huit cents du nord au midi.

[1] Voyez la carte de Vaugondi.

C'est une autre erreur encore. La plus grande étendue de la Russie est sous le soixantième degré de latitude : or, à cette élévation du pôle, le degré de longitude ne donne guère plus de douze lieues ; ce n'est donc tout au plus que seize cents lieues d'étendue ; voilà donc un cinquième à rabattre du calcul de Voltaire : on dira la même chose sur ce qu'il affirme de la largeur de cet empire du midi au nord ; elle n'est que de six cents et quelques lieues, et non pas de huit cent cinquante comme il l'annonce.

II.

« L'empire de Russie, dit-il encore, est plus » vaste que ne fut jamais l'empire romain. »

Cette assertion n'est pas trop sûre. L'empire romain, dans sa plus grande largeur du nord de l'Angleterre au midi de l'Egypte, comprenoit environ mille lieues ; dans sa plus grande longueur, depuis les côtes occidentales de l'Espagne jusqu'au delà du Tigre, il en comprenoit environ douze cents ; telle fut l'étendue de l'empire romain sous Trajan.

D'ailleurs, cette comparaison ne fait pas honneur à un homme qui se pique de critique et de discernement. Le vaste empire de Russie ne consiste, pour les trois quarts, qu'en déserts presque inhabitables, qu'en régions presque toujours glacées, où l'on fera quelquefois cinquante et soixante lieues sans trouver un habitant. Le beau parallèle que celui de la Laponie russienne, du pays des Samoïèdes et de la Sibérie, avec les belles parties de l'empire romain, telles que l'Espagne, les Gaules, la Grèce et l'Italie! L'envie de se faire remarquer en donnant de l'extraordinaire, fait dire quelquefois bien des sottises; alors on est sûr d'être remarqué.

III.

Dans la chaleur de son enthousiasme, Voltaire nous annonce que, « pour rendre la Russie » aussi peuplée, aussi abondante, aussi cou- » verte de villes que nos pays méridionaux, il » faudra encore des siècles, et des czars tels » que Pierre-le-Grand. »

Voici la paraphrase qu'un critique fit un jour de ce texte : Pour faire que les horribles contrées de la Sibérie, les régions toujours couvertes de neiges des Samoïèdes, la Laponie avec ses glaces éternelles, deviennent des pays aussi beaux que la Grèce et l'Italie, qu'on y respire un air aussi doux, qu'on y trouve aussi facilement tout ce qui contribue aux douceurs de la vie, il faudra encore des czars tels que Pierre-le-Grand; car un prince de ce génie ne manqueroit pas de changer le ciel et le climat; et peut-être qu'un jour on fera autant de cas des vins de Laponie, d'Archangel et de Tobolsk, qu'on en fait aujourd'hui des vins de Bourgogne, d'Espagne et des Canaries. Ainsi l'a prévu, jugé et annoncé M. de Voltaire !

IV.

Ce que nous dit ensuite ce grand historien sur la population de la Russie, est encore plus

admirable que tout ce qu'il nous a déjà annoncé. Il présente un dénombrement des contribuables de Russie, en 1747; et en résumant le compte, « voilà en nombre rond, dit-il, six
» millions six cent quarante mille mâles payant
» la capitation :[1] dans ce dénombrement les
» filles et les femmes ne sont point comptées. »
Ni le clergé, ni la noblesse, ni l'état militaire ne sont compris dans ce dénombrement; on n'y comprend pas non plus les pays conquis, ni l'Ukraine, ni le pays des Calmoucks, ni celui des Samoïèdes, ni les peuples idolâtres de la Sibérie, ni les Lapons, ni les Ostiaks; enfin on n'y comprend pas la sixième partie de l'empire; et dans cette sixième partie seulement on y compte, dit-il, vingt millions d'âmes.

M. de Voltaire nous avertit que, dans le dénombrement des mâles, on ne comprend pas les filles et les femmes ; les lecteurs l'auroient bien compris sans qu'il se donnât la peine de le déclarer expressément.

En résumant tous ses comptes et ses calculs, l'historien conclut « qu'il est impossible que le
» total des habitans de la Russie ne monte au
» moins à vingt-quatre millions d'âmes. » Mais il ne paroît pas que ce résumé soit plus juste que les comptes et les calculs. En voici la preuve :

En mettant vingt millions d'âmes pour une sixième partie de l'empire, il n'en reste que quatre millions pour les cinq autres parties;

[1] Philosophie de l'hist., p. 65.

mais les seules provinces conquises et l'Ukraine donneront aisément trois millions; l'Ingrie, où est la ville de Pétersbourg,[1] dans laquelle on compte actuellement quatre cent mille âmes, et la Livonie, qui a une quarantaine de lieues en longueur et autant en largeur,[2] et qui est une des plus fertiles provinces du Nord, auront bien au moins un million d'habitans; il en faut mettre pour le moins autant dans l'Ukraine, qui a plus de cent lieues de longueur, et qui, au jugement de Voltaire, surpasse beaucoup l'Italie et la Grèce pour la fertilité; enfin la Carelie, l'Estonie,[3] la Finlande, donneront bien encore près d'un million. Qu'on ajoute maintenant le clergé et le militaire, qui font cinq cent cinquante mille âmes, et toute la noblesse, qui est aussi fort nombreuse, on aura un quatrième million; et voilà les vingt-quatre millions d'âmes qui peuplent la Russie.

Mais, en comptant ainsi avec M. de Voltaire, il ne restera pas un seul homme pour tout le reste de l'empire, dont l'étendue est encore, dit-il, dix fois plus grande que toute la France.

Voilà une difficulté qui est un peu embarrassante pour un homme qui nous assure qu'il n'écrit que sur des documens authentiques; et jamais il ne pourra la résoudre, à moins qu'on ne lui fasse parvenir des documens plus authentiques encore.

---

[1] Phil. de l'hist., p. 31. — [2] Ibid., p. 29. — [3] Ibid., p. 41.

V.

M. de Voltaire recommande sans cesse d'écrire l'histoire en philosophe; on peut juger combien il est philosophe lui-même, et combien il est judicieux, instruit et véridique, par ce qu'il nous apprend sur la fondation de Kiow, capitale de l'Ukraine.

« Kiow, autrefois Kiovie,[1] fut bâtie par les
» empereurs de Constantinople, qui en firent
» une colonie; on y voit des inscriptions grec-
» ques de douze cents années. »

La ville de Kiow est à deux cent cinquante lieues au nord de Constantinople. Qu'on parcoure l'histoire des empereurs grecs, on ne trouvera pas un seul monument qui annonce que quelqu'un de ces empereurs ait envoyé une colonie à deux cent cinquante lieues au nord de cette résidence impériale; et cela ne seroit guère croyable, ni même concevable, parce que l'empire ne s'est jamais étendu à plus de cent lieues au nord de cette capitale, vers les bouches du Danube.

Les Grecs n'eurent jamais que très-peu d'établissemens au delà de l'embouchure de ce fleuve; encore ces établissemens furent-ils toujours très-peu assurés, parce qu'on ne trouvoit au delà que des peuples vagabonds, toujours en armes, contre lesquels les Grecs avoient assez de peine à se défendre, et qui allèrent souvent porter le ravage jusqu'aux portes de Constantinople. Comment ce fameux écrivain

---

[1] Philosophie de l'hist., p. 41.

ose-t-il dire que ce furent les empereurs grecs qui fondèrent la ville de Kiow, et qu'ils en firent une colonie ?

S'il avoit eu recours aux monumens authentiques, il eût appris que Kiovie ou Kiow ne fut bâtie que dans le neuvième siècle. Trois frères qui étoient Russes de nation, et qui se nommoient Rii, Scezek et Korenv, firent cette entreprise, et y formèrent un état qui devint assez puissant. M. Lomonossouw en fournit les preuves dans son histoire de Russie.

Après toutes ces observations que nous venons de faire sur la manière dont M. de Voltaire écrit l'histoire, qu'on juge de l'historien. Il ne puise que dans des sources incertaines, suspectes et infectes ; il semble n'écrire que pour faire abhorrer et détester la religion dans laquelle il est né ; il farcit ses écrits d'anecdotes qui ne sont remarquables que par leur fausseté et leur malignité ; il ne montre souvent qu'une méprisable ignorance, lorsqu'il prend le ton même le plus fier et le plus assuré : quel crédit mérite-t-il en qualité d'historien ?

CHAPITRE IV.

De la force et de la justesse des raisonnemens de M. de Voltaire.

Vous raisonnez à la Voltaire, disoit un jour un vieux magistrat à un jeune légiste qui avoit

---

[1] Philosophie de l'hist., p. 101.

de l'esprit et qui lisoit avidement tout ce qui lui tomboit entre les mains de brochures philosophiques; vous raisonnez à la Voltaire. Vous me faites beaucoup d'honneur, monsieur, reprend le légiste, et je serois bien flatté de ressembler par quelque endroit à ce grand homme, qui, par l'étendue, l'éclat et la variété de ses talens, est le prodige et l'admiration de son siècle, et qui n'a jamais eu son égal dans aucun siècle. Mais qu'entendez-vous par ces mots, raisonner à la Voltaire?

Monsieur, reprend le magistrat, raisonner à la Voltaire, c'est avancer, avec le ton le plus assuré, des choses très-absurdes; c'est débiter, en matière de philosophie, de morale, de législation, de religion, tout ce qui vient à la tête, sans faire attention aux conséquences ridicules ou détestables qu'on en peut tirer; c'est dire le blanc et le noir, se démentir, se contredire d'une manière qui couvriroit de confusion un homme qui auroit un peu d'honneur et de sentiment; c'est.... Arrêtez, monsieur; oseriez-vous prendre ce ton, si vous étiez en présence de M. de Voltaire? Ne seriez-vous pas, au contraire, saisi de respect pour celui qui a travaillé si efficacement à nous délivrer de la servitude des préjugés, à rétablir la raison dans tous ses droits, à faire disparoître l'empire du fanatisme, et qui a fait connoître tout le prix d'une tolérance qui est si nécessaire et qui est si conforme aux sentimens de l'humanité, et à ce que dictent la raison, et même le véritable esprit de religion?

Il paroît, reprit le magistrat, que vous avez lu Voltaire avec beaucoup d'avidité; mais il ne paroît pas que vous l'ayez lu avec beaucoup de réflexion. Vous parlez comme parlent ses enthousiastes panégyristes ; mais il est rare que l'enthousiasme et le jugement se trouvent ensemble. Quand je vous dis, vous raisonnez à la Voltaire, je ne prétends vous dire autre chose sinon qu'on trouve très-souvent dans les écrits de Voltaire des raisonnemens et des pensées absurdes, fausses, louches, extravagantes, et que ce censeur si mordant prête souvent à des censures et à des critiques très-piquantes et très-humiliantes ; et pour vous en convaincre, tenez, jetez les yeux sur quelques extraits que j'ai faits en lisant quelques-uns de ses ouvrages. Le magistrat remit en même temps au légiste quelques feuilles dont il fut tiré plusieurs copies, et c'est ce que nous allons communiquer au public.

I.

« Tout homme du peuple qui peut élever
» son fils dans un art utile et ne le fait pas, mé-
» rite punition ; c'est un grand défaut dans la
» police moderne.[1] »

Hé quoi ! si Dieu avoit donné à un enfant du peuple des talens sublimes, un génie à égaler ou les Descartes, ou les Newton, ou les Corneille, ou les Bourdaloue, les Bossuet, les Fénelon ; le père qui auroit voulu que son fils cultivât ces heureux talens, mériteroit-il punition ? ne mériteroit-il pas au contraire une punition sévère, s'il laissoit enfouir des talens qui peuvent être si utiles ?

[1] Philosophie de l'hist., t. 34, p. 369.

D'ailleurs les philosophes d'aujourd'hui, comment regarderont-ils cette proposition? Et combien y en a-t-il parmi eux, et parmi ceux-là même que Voltaire loue avec le plus d'enthousiasme, auxquels, selon cet arrêt, il auroit fallu mettre, non pas la plume, mais le marteau ou la lime entre les mains? Alors quelle perte pour la société!

II.

Si quelqu'un venoit vous dire que la pensée est divisible, et qu'on peut avoir des moitiés, des tiers, des quarts de pensée, vous ne pourriez pas vous empêcher de lui rire au nez. Hé bien! riez donc au nez de M. de Voltaire; car voici comment il décide sur ce point en s'adressant à l'auteur du Système de la nature : « La pensée, dites-vous, est divisible ;[1] je crois » la chose démontrée, malgré toutes les écoles : » elle n'est pas divisible par des instrumens mé- » caniques, mais elle est réellement divisible » par le temps. On peut très-aisément séparer » une pensée en plusieurs parties...... On a » donc réellement des moitiés, des quarts de » pensée. »

Voilà la démonstration que fournit ce grand philosophe, qui n'a traité qu'avec mépris les Descartes, les Malebranche, les Abbadie, et tous les plus habiles philosophes qu'ait donnés le christianisme. Il faut pourtant l'avertir par charité qu'il se trompe lourdement en prenant une suite de plusieurs pensées pour une pensée unique.

[1] Philosophie de l'hist., tome 34, p. 113.

III.

Voltaire, qui a beaucoup plus en revenus qu'il ne devoit espérer d'avoir en principal, parle toujours en faveur du luxe, et fait à tout propos l'apologie du luxe. « Le luxe en général, » vous dit-il, est une preuve infaillible d'un » empire puissant. » Il répète dans plusieurs brochures ces deux vers qu'il a faits, et dont la pensée est si fausse,

> Sachez, surtout, que le luxe enrichit
> Un grand état, s'il en perd un petit.

Mais ne peut-on pas lui répondre sur-le-champ : Sachez aussi, M. l'orateur du luxe, sachez que c'est ce luxe même que vous vantez qui est la marque la plus infaillible d'un empire dépérissant ; que c'est le luxe qui fit passer l'empire des Perses sous le joug des Grecs, les royaumes d'Asie sous celui des Romains, ensuite l'empire romain même sous celui des barbares. Sachez que ce luxe est non-seulement la ruine des empires, mais encore des familles particulières, et que, pour le prouver, nous n'avons pas besoin de recourir aux livres parce que nous en trouvons des preuves sensibles dans toutes nos villes. Sachez enfin que le luxe est l'enfant de l'orgueil et de la volupté, qu'il est nécessairement la cause de bien des désordres, de bien des injustices, de bien des déréglemens, et que toutes vos apologies du luxe ne sont que de brillantes et de séduisantes absurdités.

IV.

Voici les argumens de M. de Voltaire contre la liberté :

« Mes idées entrent dans mon cerveau néces-
»sairement ;[1] donc ma volonté agit aussi néces-
»sairement.

» Les astres obéissent à des lois éternelles ;
» donc l'homme ne peut pas agir comme il lui
» plairoit.

» Les lois de la nature sont toujours les
» mêmes ; donc je ne suis pas plus libre dans les
» choses qui me paroissent les plus indifférentes,
» que dans celles où je me sens soumis à une
» force invincible. »

Ainsi argumente le fameux oracle des philosophes d'aujourd'hui, et il en conclut que « la
» liberté ne consiste pas dans le pouvoir de
» choisir, mais d'agir. » On pourra donc conclure aussi qu'une horloge quand elle est remontée n'est pas moins libre que l'homme, parce qu'alors elle a le pouvoir d'agir.

O Voltaire! les scolastiques dont vous aimez tant à railler, ont-ils jamais autant apprêté à rire par leurs argumens que vous par les vôtres!

V.

Qui se seroit jamais imaginé qu'on pût mettre en parallèle pour les talens poétiques le prophète David et Horace, et que dans ce paral-

---

[1] Philosophie de l'hist., tome 28, p. 126.

lèle on mît le poëte latin beaucoup au-dessus du prophète inspiré par le Saint-Esprit? Qui se seroit imaginé qu'un homme d'esprit, en faisant un compliment à un grand prince, lui dît qu'il a bien lu son Horace, et que du pied des Alpes il envoyât donner pour conseil au charmant roi de la Chine de lire avec soin le même poëte? C'est ce que fait cependant M. de Voltaire, dans les vers les plus plats qu'ait encore jamais faits aucun rimeur.

On sait dans l'Occident que, malgré mes travers,
J'ai toujours fort aimé les rois qui font des vers.
David même me plut, quoiqu'à dire sans feinte
Il prône trop souvent sa triste cité sainte......
Frédéric a plus d'art.....
Il a lu son Horace, il l'imite, et vraiment
Ta majesté chinoise en devrait faire autant.

Quelle poésie ! quelle harmonie ! quelles pensées ! mais contentons-nous d'avoir compassion d'un homme qui a eu le malheur de survivre à ses talens et à son jugement.

VI.

Dans ses profondes méditations contre la religion chrétienne, Voltaire a appris que cette religion est absolument incompatible avec l'esprit de société ; qu'aucun de ceux qui la professent ne peut être ni roi ni prince, ni le maître d'aucune terre ou domaine ; qu'il ne peut posséder ni revenus, ni charge, ni office, parce que tout cela est contre les principes, l'essence et l'esprit de votre religion. Voici ses propos :

« C'est une chose monstrueuse dans les prin-

cipes de notre religion[1] qu'un pape ait des
souverainetés, parce que cette religion est
toute fondée sur la pauvreté, sur l'égalité,
sur la haine contre les richesses et les riches ;
parce que le mauvais riche est damné uniquement pour avoir été riche; parce qu'il est
ordonné aux disciples de ne jamais faire de
provision pour le lendemain ; parce que Jésus-
Christ prononce ces terribles oracles contre
l'ambition et contre l'avarice : Il n'y aura
jamais ni premier ni dernier parmi vous; celui
qui voudra s'agrandir sera abaissé ! »

Ainsi, selon les décisions de Voltaire, ce seroit une chose monstrueuse dans les principes
de notre religion que parmi les chrétiens il y
en eût quelqu'un qui fût ou roi, ou prince,
ou riche bourgeois, ou négociant; aucun d'eux
ne seroit en sûreté de conscience. Qu'on ne
parle donc plus ni de rois très-chrétiens, ni de
majestés catholiques; ce sont là des choses
monstrueuses.

VII.

Parmi les décisions que donne Voltaire en
qualité de critique, de censeur et de juge, il
n'en est point qui mérite puls d'être remarquée
que celle qu'il donne sur la tragédie française.
« Après vingt bonnes tragédies sur plus de
» quatre mille, dit-il, qu'avons-nous ? Rien ;
» tant mieux : il faut que le beau soit rare, sans
» quoi il cesseroit d'être beau. »

[1] Philosophie de l'hist., t. 30, p. 48.

Quelle décision! Quoi donc! si on avoit à Paris trente ou quarante édifices aussi beaux que la colonnade du Louvre ou que la porte Saint-Denis; si l'on retrouvoit dans cinquante églises et dans cinquante palais des morceaux de peinture qui égalassent en beauté le cloître des Chartreux ou les batailles d'Alexandre; si on avoit un grand nombre de comédies qui valussent le Misanthrope ou le Joueur, tout cela cesseroit d'être beau parce qu'il ne seroit plus rare! Que diriez-vous, M. Arouet, si quelqu'un de vos censeurs donnoit de pareilles décisions?

VIII.

Voici le procès le plus singulier dont on ait encore entendu parler; il est entre M. de Voltaire d'une part, et tous les plus grands écrivains de l'antiquité, historiens, philosophes, poëtes, orateurs, de l'autre : tous ceux-ci conviennent que le polythéisme fut autrefois la religion de l'univers, et M. de Voltaire soutient qu'ils se trompent tous. Il ose assurer que tout ce qu'on a écrit sur le polythéisme est sans fondement; qu'il ne fut jamais la religion de l'univers, et que personne n'a jamais admis la pluralité des dieux. Voici les raisons par lesquelles il prétend établir son système nouveau pour la défense et la justification des païens.

« 1° On ne peut pas montrer dans tous leurs
» livres[1] un seul mot dont on puisse inférer qu'ils
» avoient plusieurs dieux suprêmes.

---

[1] Philosophie de l'hist., tome 27, p. 324.

» 2° On lit en mille endroits que Zeus Jupiter
» est le maître des dieux et des hommes, et la
» question est uniquement de savoir si les Grecs
» et les Romains reconnoissoient un Être cé-
» leste maître des autres êtres célestes.

» 3° Où sera la bêtise de la part des païens,
» d'avoir adopté les êtres du second ordre, les-
» quels ont quelque pouvoir sur nous autres qui
» sommes peut-être du cent millième ordre?
» n'avons-nous pas aussi neuf chœurs d'esprits
» célestes? Les êtres divinisés ne partageoient
» point le trône de Zeus, du maître éternel.

» 4° Le sénat ne raisonnoit point en imbécile
» en adoptant le polythéisme. »

Si on déféroit ces assertions à la Sorbonne, elle ne manqueroit pas de les qualifier d'absurdes, de téméraires, de fausses, d'impies, de ridicules, de blasphématoires, etc., etc.

Absurdes, parce que toute la mythologie et tout ce qui fait le fond de la religion païenne ne présentant que des choses qui font frémir le bon sens, c'est manquer de jugement que d'oser en prendre la défense.

Téméraires, parce qu'on ne pourra jamais prouver que la religion païenne ait présenté la moindre idée d'un Dieu suprême, c'est-à-dire d'un Dieu existant par lui-même, infini, et principe de toutes choses.

Fausses, parce que ce qu'on ose affirmer est détruit par le témoignage unanime de tous les écrivains, soit défenseurs, soit agresseurs de la religion païenne.

Impies, parce que l'écrivain semble vouloir égaler les idées basses et extravagantes que s'étoient faites les païens de la Divinité, avec les idées sublimes que nous en donnent la religion et la foi.

Ridicules, parce que le polythéisme n'étant qu'un ramas de ridiculités, l'écrivain assure que le sénat ne raisonnoit point en imbécile en les adoptant.

Blasphématoires, par la comparaison qu'on ose faire des chœurs des anges avec les dieux secondaires des païens.

Voilà ce que pourroit dire la Sorbonne; mais on entend de toute part les sectateurs, admirateurs, panégyristes, enthousiastes de Voltaire, s'écrier unanimement: Quelle ridiculité! quelle présomption! quelle distance de la Sorbonne tout entière au grand Voltaire!

IX.

« J'ai souvent cherché ce qui pouvoit déter-
» miner tant d'écrivains modernes[1] à déployer
» cette haine contre le christianisme: quelques-
» uns m'ont répondu que les écrits des nouveaux
» apologistes de la religion les avoient indignés;
» que si ces apologistes avoient écrit avec la mo-
» dération que leur cause devoit leur inspirer,
» on n'auroit pas pensé à s'élever contre eux;
» mais que leur bile donnoit de la bile, que leur
» colère faisoit naître la colère, et que le mé-
» pris qu'ils affectoient pour les philosophes
» excitoit le mépris. »

Quoi, M. de Voltaire! ces philosophes, ces

[1] Philosophie de l'hist., tome 32, p. 309.

hommes que vous donnez pour les instructeurs
et les précepteurs du genre humain sont sujets
à la colère, aux emportemens de la haine, à
l'échauffement de la bile? cela ne fait guère
l'honneur à cette philosophie que vous vantez
tant! Vos gens sont bien éloignés d'être des
Socrate; et il paroît qu'ils ne valent pas mieux
pour la morale que pour le raisonnement; mais
laissons cela, et venons à l'examen de votre
belle pensée!

Il y a environ soixante ans, M. de Voltaire,
que les blasphèmes de l'Epître à Uranie ont fait
frémir tout le monde chrétien; il y en a plus de
quarante que dans les Lettres sur les Anglais
on tourne en dérision les dogmes les plus essentiels du christianisme; il y a plus de trente ans
que paroît le ramas des plus horribles calomnies
contre la religion chrétienne et contre l'Eglise
catholique, dans l'ouvrage qui a pour titre Essai
sur l'histoire générale. Quelle multitude d'autres ouvrages dans le même genre ne pourrions-
nous pas citer, et qui sont répandus depuis quarante et cinquante ans? Et il n'y a encore que
vingt ans qu'ont commencé à paroître les écrits
des nouveaux apologistes de la religion.

Quelle logique, M. de Voltaire! Vous raisonnez comme le loup dans la fable du loup et de
l'agneau. Vous donnez le nom de philosophes à
tous ces écrivains qui depuis cinquante ans déploient toute leur haine contre le christianisme;
et par-là vous confirmez bien la pensée de ceux
qui ont dit que les mots de philosophe et d'impie ne signifioient aujourd'hui qu'une même
chose.

Vous passez pour être le chef et le modèle des philosophes ; ce nom vous est extrêmement cher. Oh ! pour l'honneur de la philosophie, raisonnez un peu mieux que vous ne faites, et ne dites plus que la bile, la colère, l'indignation de vos philosophes ont été excitées par la vue de ces ouvrages qui n'ont paru que vingt et trente ans après l'exaltation de cette bile et les transports de cette colère.

X.

« De quel droit Joïadas fait-il massacrer
» Athalie dans la plus extrême vieillesse ?
» Car il est dit dans le quatrième livre des Rois [1]
» que Jéhu égorgea quarante-deux frères d'O-
» chosias, et que cet Ochosias étoit le cadet de
» tous ses frères. A ce compte Athalie devoit
» avoir cent six ans quand le prêtre Joïadas la
» fit assassiner. »

Voici une enfilade de propos et de contes absurdes qui feront peut-être rire. Nous nous contenterons de les représenter.

Voltaire dit qu'Athalie étoit dans la plus extrême vieillesse, lorsqu'elle ne pouvoit avoir guère plus de cinquante ans. Les dames de cet âge seroient bien fâchées qu'on les fît déjà passer pour décrépites.

Il dit qu'Athalie avoit eu quarante-trois fils. Il falloit donc qu'elle se fût mise de bonne heure à faire des enfans, et qu'elle les fît au moins par demi-douzaine à la fois.

[1] Philosophie de l'hist., t. 18, p. 96.

Enfin il la fait âgée de cent six ans lorsqu'elle fut tuée par ordre de Joïadas. A ce compte elle devoit avoir au moins trente ou quarante ans de plus que son propre père Achab. En voici la preuve.

Achab épousa Jézabel la première année de son règne, il régna vingt-deux ans. Le règne de son fils Joram, qui étoit frère d'Athalie, fut de douze ans. Ce fut la septième année depuis la mort de Joram, que le petit Joas fut proclamé roi, et qu'Athalie, aïeule de Joas, fut punie de l'horrible boucherie qu'elle avoit faite de tous les princes du sang royal. Il n'y avoit donc alors que quarante-deux ans au plus qu'Achab avoit épousé Jézabel. Qu'on suppose vingt ou trente ans à Achab lorsqu'il monta sur le trône et qu'il se maria; il se trouvera toujours, selon ce compte, qu'Athalie fille d'Achab et de Jézabel (à la supposer âgée de cent six ans), devoit avoir au moins trente ou quarante ans de plus que son propre père.

Nous ne dirons rien sur les quarante-deux rères d'Ochosias. On sait que dans le style des Orientaux on donnoit le nom de frères aux cousins; mais nous prierons M. de Voltaire d'apprendre à un peu mieux calculer.

XI.

Pourquoi M. de Voltaire se contredit-il si souvent dans ce déluge de brochures, de volumes, d'éditions, dont il nous inonde continuellement? On pourroit bien en apporter des milliers de raisons; mais elles peuvent cependant se réduire à deux principales, et qui sont, le peu de cas qu'il fait de ses lecteurs, aux dépens desquels il s'amuse et qu'il abuse; et le variable de son esprit, toujours sans principes pour le fixer.

Il ne parle, il n'écrit, que selon que son imagination est montée ou démontée, à tel jour, à telle heure, à tel moment. Dès lors on ne doit pas être surpris de toutes ces contradictions et contrariétés de sentimens et de décisions. En voici quelques exemples pour amuser un lecteur.

Ici il appelle l'auteur du Système de la nature [1] « un philosophe éloquent et méthodi- » que; et il trouve quelques-uns de ses argu- » mens d'une grande force. » Là, il le traite de « déclamateur [2] qui se répète sans cesse, et » d'homme qui est un très-grand ignorant en » physique; » et il dit que « son livre est diffus » incorrect, ennuyeux, stérile en bons raison- » nemens, pernicieux par les conséquences. [3] »

Ici, faisant l'homme qui pense, il dit : « Je » suis réduit à ne savoir presque pas un mot [4] » de ce qui s'est passé sur le globe que j'habite, » avant le court espace de trente siècles. » Là, et c'est dans la même brochure, il affirme que « le » gouvernement chinois montroit aux hommes, » il y a fort au delà de quatre mille ans, que la » superstition est non-seulement inutile, mais » nuisible à la religion. »

Ici, dans son très-malhonnête discours sur les

---

[1] Philosophie de l'histoire, tome 34, page 99. — [2] Ibid., tome 22, p. 54. — [3] Ibid., tome 34, p. 225. — [4] Ibid., tome 28, page 190.

Welches, il représente les Français comme une nation qui n'a jamais rien produit par elle-même, qui a tout emprunté de ses voisins, et qui est fort au-dessous de toutes les autres nations de l'Europe. Là, dans sa défense du siècle de Louis XIV, il représente la nation française comme le plus digne objet de l'admiration et de l'émulation de l'Europe entière, et comme la plus féconde en grands hommes et en génies admirables dans tous les genres.

Ici il vous dit que le comte de Stair, ambassadeur d'Angleterre,[1] avoit bravé Louis XIV. Là, il emploie plus d'une page pour prouver que tout ce qu'on a écrit sur cette prétendue bravade est très-faux.[2]

Ici il prononce que « le saint siége n'a pas be- » soin de titres équivoques,[3] et que le temps lui » a donné des droits aussi réels sur ses états » que les autres souverains de l'Europe en ont sur » les leurs. » Là, il traite les papes d'usurpateurs odieux ; c'est tout le sujet de la frénétique déclamation contre l'Eglise romaine, et qu'il a intitulée *les Droits des hommes*.[4]

Ici, en parlant de l'Esprit des Lois, il dit : « Il n'y a guère d'ouvrages où il y ait plus d'es- » prit, plus d'idées profondes,[5] plus de choses » hardies, et où l'on trouve plus à s'instruire, soit » en approuvant ses décisions, soit en les com- » battant. » Là il vous dit: « Ce livre est un laby- » rinthe sans fil ;[6] il n'y a aucune méthode ; l'au- » teur mêle souvent le vrai avec le faux, en

---

[1] Philosophie de l'histoire, tome 8, page 272. — [2] Ibid., p. 263. — [3] Ibid., tome 2, p. 10. — [4] Ibid., t. 30, p. 72. — [5] Siècle de Louis XIV. — [6] Dial. Grotius, Montesquieu.

» physique, en morale, en histoire; il sautille
» plus qu'il ne marche, il s'amuse plus qu'il
» n'éclaire, il satirise plus qu'il ne juge. Je dé-
» sirois connoître les lois sous lesquelles nos
» pères ont vécu, et je n'ai rencontré souvent
» que de l'esprit, des railleries, des imaginations,
» des erreurs. »

On défie tous les écrivains de donner de M. de Voltaire un portrait plus ressemblant que celui qu'il donne ici lui-même dans ce dernier texte pour le vrai portrait de Montesquieu.

XII.

Lorsque M. de Voltaire fait le métaphysicien, il nous dit des choses admirables. Voici ce qu'il nous apprend dans le chapitre second de la Philosophie de Newton : « L'espace est un être
» dont l'existence suit nécessairement de Dieu
» même, car l'Être infini est en tout lieu; donc
» tout lieu existe; cet espace existe nécessaire-
» ment, parce que Dieu existe nécessairement;
» c'est un mode et une propriété de Dieu. L'es-
» pace pur, le vide existe donc, et il existe né-
» cessairement. »

Oh! les belles conséquences à tirer des méditations et des dogmatiques assertions de ce profond métaphysicien! En voici quelques-unes que nous présentons au lecteur, il pourra en tirer une infinité d'autres à sa volonté.

Si l'espace est un être qui existe nécessairement, l'espace est donc un être incréé, comme Dieu même. Mais si cet être est le vide, cet être n'est rien, parce que le vide n'est rien.

On pourra donc conclure qu'un être incréé, le vide et le rien sont une même chose.

Ensuite, si cet être n'est rien, comment peut-il être un mode, une propriété, un attribut de Dieu ? Quel est l'homme de bon sens qui osât dire que le rien est un attribut de la Divinité?

Enfin si cet espace est immense comme Dieu, il est donc infini, il est donc éternel comme Dieu : il existoit donc avant la création du monde ; il n'est donc pas distingué de Dieu ; c'est Dieu même.

Il y a dix-huit cents ans que le plus grand philosophe qu'aient eu les Romains disoit qu'il n'y avoit rien de si absurde qui n'ait été soutenu par quelque philosophe. Voltaire cite lui-même cette sentence de Cicéron,[1] et il nous fournit en même temps une nouvelle preuve de la vérité que Cicéron annonçoit.

XIII.

Les pensées de Voltaire sur les miracles sont bien dignes d'être remarquées. Il prétend que Dieu avec sa toute-puissance ne pourroit jamais venir à bout de faire un miracle ; et voici comment il raisonne :

« On ne peut regarder un miracle que comme une contravention aux lois éternelles de la nature.[2] Il ne paroît pas possible que Dieu dérange son propre ouvrage. On sait que tout est lié dans l'univers par des chaînes que rien ne peut rompre. On sait que Dieu étant im-

---

[1] Œuvres, tome 26, p. 73, Philos. de l'hist. — [2] Ibid., tome 1ᵉʳ, p. 131.

»muable, ses lois le sont aussi. Une roue de la
»grande machine ne peut s'arrêter sans que la
»nature entière ne soit dérangée.»

Ce n'est là qu'un échantillon des raisonnemens que fait cet homme pour nous prouver que le Créateur, l'arbitre et le maître de toute la nature ne pourroit pas suspendre ou arrêter un seul moment une des lois par lesquelles il lui a plu de gouverner la nature. Cette manière de raisonner peut prêter à mille observations et réflexions amusantes. En voici quelques-unes :

« Le miracle est une contravention aux lois
» de la nature.»

Où est-ce que cet homme va prendre son terme ridicule de contravention ? Une contravention est le délit d'un sujet contre des ordonnances du roi, du lieutenant de police, etc. Dieu peut-il tomber dans quelque contravention ? Peut-il contrevenir à quelque ordre d'un être qui lui soit supérieur ? Que veut-il dire ensuite par ces grands mots : lois éternelles ? Dieu a fixé volontairement et dans le temps, les lois par lesquelles il a voulu que la nature fût constamment gouvernée ; et il est toujours au-dessus de toutes ces lois.

« Il ne paroît pas possible que Dieu dérange
» son propre ouvrage.» Que deux hommes, dont l'un sait nager et l'autre ne le sait pas, tombent dans la mer ; que l'un par son adresse et sa force se sauve à la nage, et que l'autre soit sauvé par un secours miraculeux, il n'y a pas plus de dérangement à l'ouvrage de Dieu dans le second cas que dans le premier.

Ce qu'ajoute le raisonneur, « que tout est lié

» dans l'univers par des chaînes que rien ne peut
» rompre, » ne présente que des mots vides de
sens.

« Une roue ne peut pas s'arrêter sans que la
» nature entière soit dérangée. » Mais cet homme-ci connoît-il assez l'étendue de la toute-puissance de Dieu, pour pouvoir assurer que si
une roue s'arrêtoit, Dieu n'auroit aucun moyen
d'y suppléer? Quelle pitié de voir un petit être,
qui ne connoît pas seulement le mécanisme par
lequel il fait mouvoir son doigt, décider si fièrement sur ce que Dieu peut ou ne peut pas
faire dans le gouvernement de l'univers !

XIV.

« La nature étant partout la même, les hom-
» mes ont dû nécessairement adopter les mêmes
» erreurs.[1] Parmi les animaux, le serpent dut
» leur paroître doué d'une intelligence supé-
» rieure, parce que, voyant muer quelquefois sa
» peau, ils durent croire qu'il rajeunissoit. Il
» pouvoit donc en changeant de peau se main-
» tenir toujours dans sa jeunesse. Il étoit donc
» immortel : aussi fut-il en Egypte, en Grèce,
» le symbole de l'immortalité. Le serpent fai-
» soit du mal ; mais comme il avoit quelque
» chose de divin, il n'y avoit qu'un Dieu qui pût
» enseigner à le détruire. »

Si l'on vouloit fournir des exemples de raisonnemens singuliers, ou plutôt de déraisonnemens frappans, on ne pourroit pas en trouver

---

[1] Philosophie de l'hist., tome 1er, p. 21.

qui fussent plus remarquables que ceux qu'on nous présente ici.

Et d'abord les belles gloses à faire sur cette grave sentence par laquelle commence le discoureur ! « La nature étant partout la même, » les hommes ont dû nécessairement adopter » les mêmes vérités et les mêmes erreurs dans » les choses qui tombent le plus sous les sens. »

Le beau champ pour les critiques et censeurs ! Il falloit conclure tout le contraire, diront d'abord les uns, parce que, comme l'expérience le prouve continuellement, il n'y a rien de plus varié, et souvent même de plus opposé parmi les hommes que la manière de penser et de juger sur les mêmes objets, ou d'être affecté des mêmes objets; et c'est de là qu'est venue cette manière de parler, reçue de tout le monde : autant de têtes, autant de sentimens différens: *tot capita, tot sensus !*

Si la sentence étoit vraie, diront les autres, erreurs, vérités, usages, manière de penser, on verroit la même chose depuis le pays des sauvages samoïèdes, jusqu'à celui des mous et efféminés Indiens, et depuis la Chine jusqu'à l'océan Atlantique, et l'on auroit vu cette uniformité dès le commencement du monde, parce que dès le commencement du monde la nature a toujours été la même. On ne réfute pas une pareille sentence; un coup d'œil suffit pour en apercevoir l'absurdité.

D'ailleurs que répondroit ce raisonneur, si on ne lui opposoit l'exemple frappant de la seule Egypte? Ici on se prosternoit devant le bouc, et on assommoit le bœuf; là, on adoroit le bœuf et on mangeoit le bouc. Le chat, la cigogne, le serpent, avoient aussi leurs amis et leurs ennemis, leurs adorateurs et leurs exterminateurs.... Mais voyons les autres parties de ce beau texte.

« Le serpent dut paroître aux hommes doué » d'une intelligence supérieure, etc. »

Mais si les hommes ont dû regarder le serpent comme doué d'une intelligence supérieure et comme immortel parce qu'il change quelquefois de peau, ils ont dû regarder aussi comme doués d'une intelligence supérieure et comme immortels tous les genres d'animaux qui muent; les oiseaux qui changent de plumes, les chats qui se donnent chaque année une nouvelle fourrure, et quantité d'autres animaux susceptibles de pareils changemens.

Ce grand philosophe, mêlant ensuite les erreurs de faits avec les erreurs de raisonnemens, dit qu'en Egypte et en Grèce le serpent fut le symbole de l'immortalité. Mais c'est ignorer les premiers élémens des symboles égyptiens. Les Egyptiens représentoient la Divinité par la plus parfaite des figures qui est le cercle; et comme dans la langue chaldéenne le même mot signifioit ou la vie ou le serpent, le cercle uni avec un ou avec deux serpens, ou formé par un serpent, représentoit Dieu comme auteur de la vie; mais le serpent n'étoit point employé comme le symbole de l'immortalité.

Enfin on ne comprend pas comment celui qui se pique si fort de bien raisonner, et qui accuse si facilement tant d'excellens écrivains d'être de mauvais raisonneurs, a pu terminer ces belles observations comme il les termine : « il n'y avoit qu'un Dieu qui pût enseigner à » détruire le serpent, parce que le serpent avoit » quelque chose de divin. »

Cela étant, les peuples devoient regarder comme des divinités bien puissantes les cigognes d'Egypte, nommées Ibis, qui faisoient une si cruelle guerre aux serpens; on devoit égaler aux dieux, ou regarder comme des dieux bien puissans, ces peuples d'Afrique, nommés Psilles, qui craignoient si peu les serpens, et qui les exterminoient avec tant de succès et de facilité.

Lecteurs, qu'est-ce qu'on doit le plus admirer ici, ou la profonde et vaste érudition de M. de Voltaire, ou la justesse et la force de ses raisonnemens ?

XV.

M. de Voltaire a voulu passer, et veut toujours se donner pour l'homme universel, pour historien, physicien, moraliste, métaphysicien; et dans tous ces différens genres on lui trouve toujours la même manière de raisonner. On pourra en juger par ce que nous allons dire encore de Voltaire physicien.

« La lumière, c'est le feu.[1] Ce feu nous est » dardé en tout sens du point rayonnant : c'est » ce qui fait qu'il est aperçu de tous les côtés. » Le soleil qui nous darde cette matière lumi-

[1] Philosophie de Newton, p. 1re, ch. 2.

» neuse, en fournit éternellement sans paroître
» s'épuiser. »

Quelques philosophes ont pensé que la lumière étoit une espèce de feu ; d'autres ont pensé que c'étoit un élément totalement différent du feu, mais qu'il mettoit l'élément du feu en activité ; les uns et les autres conviennent unanimement qu'il y a dans la nature d'autres espèces de feu que celui qu'on supposeroit venir du soleil. Mais M. de Voltaire, bien supérieur à tout ce qu'il y a jamais eu de philosophes et de physiciens, déclare qu'il n'y a point d'autre feu dans la nature que la lumière ; que ce feu est la substance même du soleil ; que qui dit lumière, dit feu ; que qui dit feu, dit lumière, et que c'est absoment une même chose.

Ainsi, selon ce nouveau système, on pourra assurer qu'il est des montagnes dont les entrailles sont toutes pleines de lumière, telles que les montagnes de Plombières, de la Motte, de Barrège, d'Aix, d'où il sort des eaux bouillantes et presque brûlantes ; ce qui ne peut pas se faire sans un grand feu, ou, ce qui est la même chose, sans une grande lumière. Ainsi on pourra assurer qu'il est des endroits sous terre où il roule des tourbillons immenses de lumière, qui s'échappent ensuite par les volcans, tels que ceux du Vésuve et du mont Etna. Ainsi on pourra assurer que le sang du bouquetin est tout de lumière, parce que ce sang paroît être tout de feu, et que l'on ne connoît rien de plus chaud. On peut affirmer tout cela sans crainte, dès que M. de Voltaire a décidé que la lumière et le feu n'étoient qu'une même chose.

« Ce feu nous est dardé en tout sens ; il s'é-
» lance du soleil jusqu'à nous et jusqu'à Sa-
» turne, avec une rapidité qui épouvante l'ima-
» gination. »

Mais voici ce qui doit bien plus encore épouvanter l'imagination. Le soleil n'est qu'un point par rapport à la sphère qu'il remplit tout entière de sa substance, de sa lumière et de ses feux. Cette sphère a pour rayon la distance de Saturne au soleil ; son diamètre est par conséquent de six cent millions de lieues ; sa circonférence, d'un milliard huit cent millions de lieues. Qu'on juge des milliards et milliards de lieues que contient la capacité de la sphère. N'importe, le soleil la remplit tout entière de sa substance ; c'est M. de Voltaire qui l'a dit.

« Le soleil qui nous darde cette matière en
» fournit éternellement sans paroître s'épuiser.[1] »

Voici encore un mystère nouveau ; mais M. de Voltaire n'en est pas épouvanté. Sa pénétration profonde lui fournit des solutions heureuses pour les plus grandes difficultés. « Ce soleil, dit-il, perd toujours un peu de sa
» substance,[2] et seroit dans la suite des temps
» réduit à rien, si les comètes, qui tombent de
» temps en temps dans sa sphère, ne servoient
» pas à réparer ses pertes. »

Mais par malheur pour M. de Voltaire, il n'y a ni démonstration mathématique, ni fait, ni expérience par où l'on apprenne que les comètes vont sauter et se plonger dans le soleil pour réparer ses pertes. Tous les astronomes sont

---

[1] Phil. de Newton, p. 240. — [2] Ibid., p. 185.

bien éloignés de le penser; ils démontrent même le contraire; et ce qui surprendra encore plus, c'est que M. de Voltaire nous dit lui-même qu'en matière de philosophie, « on doit douter sur » tout ce qui n'est pas du ressort des mathéma- » tiques et de l'expérience. » Ainsi c'est lui-même qui a la bonté de nous avertir de ne rien croire de tout ce qu'il nous débite ici !

XVI.

« La lumière nous arrive du soleil en près de » huit minutes, d'une étoile du dragon en six » années et plus d'un mois; et si les étoiles fixes » six fois moins grandes, sont six fois plus éloi- » gnées de nous, elles nous envoient leurs rayons » en plus de trente-six années et demie. »

En écoutant la doctrine de ce grand astronome, calculateur et physicien, on pourra affirmer en toute sûreté qu'Adam a été bien des années sur la terre sans savoir qu'il y eût des étoiles au ciel; c'est ce que pourroit d'abord dire un railleur de la belle doctrine. La lumière des étoiles qui sont le plus près de nous est plus de six ans en marche avant qu'elle arrive jusqu'à nous; celle des étoiles six fois plus petites encore, étant supposées par-là même six fois plus éloignées, seroit en marche pendant près de trente-sept ans; et si l'on en suppose de plus petites et de plus éloignées encore, quand est-ce qu'on auroit commencé de les apercevoir?

Le grand astronome a oublié de nous instruire de la manière dont on parviendroit à connoître la parallaxe de ces étoiles, qui seroient supposées six fois plus éloignées que celle du dragon, afin d'en fixer sûrement la distance.

Il a également oublié de nous dire si tous ces rayons lumineux, partis en différens temps des différentes étoiles, ne sont point exposés à se détourner mutuellement, à se dévoyer, à rencontrer des obstacles à une marche constante et uniforme.

Il ne nous a rien appris sur la nature des milieux que parcourent ces rayons lorsqu'ils sont encore à des milliards de lieues de distance.

Tout cela pourroit bien faire suspecter un peu les systèmes qu'il nous débite avec tant d'emphase et de confiance; mais tout le monde sait que l'emphase est bien plus de son goût qu'une scrupuleuse exactitude dans la manière de raisonner.

XVII.

Après avoir jeté quelques observations sur la manière de raisonner de M. de Voltaire, on pourroit bien en jeter aussi quelques-unes sur sa manière de s'exprimer, et sur ce qui concerne la correction du style et la pureté du langage dans ses écrits. Il a traité sur cet article plusieurs de nos grands écrivains avec une hauteur et une aigreur qui révolte; et cependant il seroit facile de faire voir qu'il donne lui-même dans des fautes incomparablement plus grossières et plus impardonnables que celles qu'il leur reproche.

Et peut-on en effet supporter, peut-on passer à un homme qui se pique de savoir sa langue, qui est membre de l'académie française, qui affecte toujours le ton d'oracle, peut-on lui passer ces expressions singulières : « tuer un livre, écraser un livre, dire du verbiage ? » C'est cependant là du Voltaire; et c'est ainsi qu'il s'exprime dans l'épître au roi de Danemarck :[1]

Un livre est-il mauvais, rien ne peut l'excuser ;
Est-il bon, tous les rois ne peuvent l'*écraser*....
Tu peux bien empêcher tes malades de vivre ;
Tu peux les tuer tous, mais non pas un bon livre.

L'autre expression,[2] il l'emploie en annonçant, avec ce ton si fier et si haut qui lui est ordinaire, « que les écoles ne disent que du » verbiage. »

Regardera-t-on comme dignes d'un académicien ces expressions toutes neuves : « orga-
» niser les astres ; être éclairé par les ténèbres ;
» le sentiment des couleurs ? » C'est cependant encore là du pur Voltaire. « Soupçonnerons-
» nous, dit-il,[3] que Dieu qui a si bien organisé
» tous les astres, n'a pu bien organiser tous les
» hommes ? » O Dieu ! dit-il ailleurs, « il faut
» que tu m'instruises, car je ne suis éclairé ni
» par les ténèbres des autres hommes, ni par
» les miennes.[4] » Après cela il vous fait la plus indécente et la plus dégoûtante description du corps d'une femme; et il ajoute : « Cette des-
» cription n'est pas dans le goût de Tibulle.

---

[1] Œuvres, t. 22. — [2] Ibid., t. 24, p. 112. — [3] Ibid., t. 30, p. 48. — [4] Ibid., t. 27, p. 377.

» D'accord, ma bonne ; mais je ne suis pas en
» humeur de te dire des galanteries. » Enfin
quelle manière de parler, *le sentiment des couleurs ?*[1] Ne sait-on pas que le sentiment n'est
que dans la puissance qui sent, et non pas dans
les corps qui, en ébranlant nos fibres, ne sont
que l'occasion du sentiment ?

M. de Voltaire aime le singulier, il se plaît
à donner du singulier, et l'on s'amuse en retrouvant très-souvent dans ses écrits ce singulier, soit pour la pensée, soit pour l'expression.

Ainsi l'on s'amuse en voyant les efforts qu'il
fait pour donner de magnifiques idées de Dieu
qu'il appelle tantôt l'*Artisan éternel*, parce que
cette expression et cette comparaison lui paroissent être tout ce qu'on peut imaginer de plus
noble et de plus divin, et tantôt *le Dieu de tous
les globes*. C'est ainsi qu'il s'exprime dans cette
enfilade de blasphèmes qu'il a intitulée *le Sermon des cinquante*.

Ainsi l'on s'amuse en lui voyant donner le
nom de *journée navale* à ce qu'un écrivain correct appelleroit un combat ou bataille navale.
C'est ainsi qu'il s'exprime en parlant du combat
de Toulon de 1744. On s'amuse en voyant son
idée de réforme, d'appeler le mois d'août le
mois auguste, comme il fait dans son précis du
siècle de Louis XV. On s'amuse en lisant dans
ses Mélanges, « que Dieu a soin des globes rou-
» lans autour de leurs soleils dans les plaines de
» l'Être.[2] » On est dans l'admiration, de la belle
découverte qu'il a faite de ces *plaines de l'Être*;

---

[1] Œuvres, t. 27, p. 379. — [2] Ibid., t. 29, p. 368.

plaines dont aucun auteur raisonnable n'avoit encore eu aucune connoissance. Je me suis amusé de bien d'autres textes aussi remarquables que ceux-ci ; mais il seroit trop long de les tous transcrire, et de les tous rapporter.

O Crébillon ! ô Rousseau ! ô La Fontaine ! ô écrivains illustres du siècle de Louis XIV ! ô vous ! que Voltaire a si souvent traités de barbares, d'écrivains qui corrompoient notre langue, venez vous instruire auprès de Voltaire ; venez lui rendre hommage avec extase ; venez reconnoître et admirer la correction de son style, la délicatesse de son goût, la finesse de ses pensées, la justesse et la force de ses raisonnemens, la pureté de son langage et de ses expressions.

On trouvera encore un grand nombre de ces raisonnemens louches et absurdes de Voltaire dans le chapitre de *la Tolérance*, troisième observation, etc.

CHAPITRE V.

Du jugement que porte Voltaire sur les auteurs qui ont paru avant lui.

M. DE VOLTAIRE se donne fort modestement pour l'homme de toutes les connoissances et de tous les talens ; et avec cette universalité de connoissances et de talens qu'il s'attribue, il se croit en droit de juger souverainement tous les auteurs, poëtes, historiens, orateurs, philosophes, écrivains, en quelque genre que ce soit. Mais trouve-t-on dans ses jugemens ce ton d'honnêteté et de décence ? y trouve-t-on cette sagesse et cette équité que recommande si bien Horace, quand il dit : « Lorsque je trouverai de grandes beautés dans une pièce, je ne la condamnerai pas pour quelques légers défauts qu'on pourroit y remarquer, et qui auroient échappé par cette inattention et cette foiblesse qui est si naturelle à l'homme. »

Verum ubi plura nitent in carmine, non ego paucis
Offendar maculis, quas aut incuria fudit,
Aut humana parum cavit natura.....

M. de Voltaire se seroit fait beaucoup d'honneur s'il eût suivi ces conseils d'Horace ; mais au lieu de marquer cette considération et d'avoir ces égards si justes pour nos grands auteurs, il semble qu'il ne se soit proposé autre chose que de faire voir que ce n'est que faute de goût et de lumières qu'on a si fort admiré les Corneille, les Racine, les Rousseau, les La Fontaine, les Descartes, et tant d'autres écrivains fameux du beau siècle de Louis XIV. Il voudroit faire entendre que si on y trouve de très-belles choses, on y en trouve encore plus de foibles et de défectueuses ; que c'est rendre un vrai service aux lettres et au public, que d'apprendre à juger plus sainement de tous ces auteurs, et que c'est à lui, Voltaire, qu'on aura cette obligation.

Cette manière de traiter nos plus grands hommes a généralement révolté ; c'est une basse jalousie, ont dit les uns; c'est un orgueil impardonnable ont dit les autres : ceux-ci ont prétendu qu'il ne s'efforçoit tant de rabaisser les grands hommes, que pour paroître lui seul grand homme; ceux-là, qu'il vouloit s'élever au-dessus de tous les auteurs comme Louis XIV à la place des Victoires est élevé au-dessus des nations vaincues et abattues. Cette manière de juger a été généralement regardée comme trop fière et en même temps comme très-injuste: c'est ce qui a été assez bien développé dans quelques entretiens auxquels j'ai été présent, et dont je vais rendre un compte fidèle; ils sont sous les noms d'Eudoxe, d'Ariste et d'Eugène. On a emprunté ces noms afin de rapporter avec plus de liberté tout ce qui s'y est dit.

PREMIER ENTRETIEN.

Sur la manière dont Voltaire juge les poëtes français.

Eudoxe étoit dans sa bibliothèque à lire le Cinna de Corneille, dans la belle édition de Rouen, *in-folio*, lorsqu'Ariste et Eugène y entrèrent. Dès qu'il les aperçoit, il laisse sa lecture, il leur va au-devant; on s'embrasse, on fait quelques tours de bibliothèque; et Ariste, jetant les yeux sur le Corneille : Voilà une très-belle édition, dit-il à Eudoxe; mais ces *in-folio* sont incommodes, j'aime mieux les *in-douze* ou les *in-octavo*, parce qu'ou peut les avoir partout et les lire partout; mais n'avez-vous point été tenté de mettre à côté de votre Corneille le beau commentaire qu'a donné Voltaire sur ses pièces ?

EUDOXE.

J'aurois pu en être tenté, comme on seroit tenté de mettre Zoïle à côté d'Homère.

EUGÈNE.

La pensée est plaisante : le nom d'Homère annonce un grand homme, un génie extraordinaire, le plus grand des poëtes ; le nom de Zoïle annonce un censeur odieux, qui se montre toujours comme offensé de la gloire des grands hommes, et qui ne cherche qu'à les mordre.

EUDOXE.

Vous avez parfaitement bien saisi ma pensée : j'ai toujours rendu aux talens de Voltaire la justice qu'ils méritent, et je dirai toujours que dans les critiques qu'il fait à tout propos du grand Corneille, il n'y a ni honnêteté, ni prudence, ni équité.

ARISTE.

Je vois bien que vous n'êtes point pour le commentaire de Voltaire ; mais ce qu'il reprend dans le grand Corneille, n'est-il pas véritablement répréhensible et digne de critique ? N'a-t-on pas cessé pendant quelque temps de remettre ses pièces au théâtre ? et le mot de Boileau, *après l'Agésilas, hélas ! etc.*, n'annonce-t-il pas qu'on ne retrouveroit plus le grand Corneille dans ses dernières tragédies ?

EUDOXE.

Cher Ariste, tous les grands hommes ont eu leur aurore qui annonçoit ce qu'ils devoient être ; leur midi, où ils ont paru dans tout leur éclat, et leur couchant, où ils n'ont plus donné la même lumière et n'ont plus été animés de la même chaleur.

Quoi qu'en dise Voltaire, Corneille sera toujours le grand Corneille ; il sera toujours regardé comme le créateur du théâtre français, comme le génie extraordinaire qui ayant trouvé ce théâtre informe, l'a porté à la perfection où nous le voyons aujourd'hui, autant par les pièces admirables qu'il a données, que par les excellentes règles qu'il a si bien développées. Ce fut l'éclat de ses succès, de sa réputation et de sa gloire, qui échauffa l'âme des poëtes qui ont vécu avec lui ou après lui, et peut-être n'aurions-nous pas eu un Racine, un Crébillon, un Voltaire, si nous n'avions pas eu un Corneille. Un homme est-il donc excusable, lorsque, sous prétexte de commenter les pièces de Corneille, il ne s'étudie qu'à affoiblir l'estime qu'on a toujours eue pour ce grand homme, qu'à éplucher, avec une petitesse maligne et méprisable, ses vers, ses pensées, ses expressions, et qu'il affecte de dire qu'il a de belles scènes dans quelques-unes de ses pièces, sans en approuver véritablement aucune ?

EUGÈNE.

J'ai lu quelque chose de ce beau commentaire où Corneille est beaucoup repris et fort peu loué. J'en ai été révolté ; mais j'ai trouvé Voltaire bien mal-avisé de s'appesantir si fort sur le grand Corneille, tandis qu'il donne lui-même bien plus de prise à ses censeurs. Trouvera-t-on dans le créateur du théâtre français des choses aussi répréhensibles, aussi plates qu'on en trouve dans Voltaire ? Depuis sa foible pièce de l'Orphelin de la Chine jusqu'à ses dernières tragédies, a-t-il donné quelque chose où il n'y ait infiniment à reprendre et à blâmer ?

Il est souvent très-maladroit dans le dénoûment de ses pièces. Dans l'Orphelin de la Chine, Gengis, le plus Tartare de tous les Tartares, passe tout d'un coup, on ne sait comment, de la plus épouvantable férocité à la plus tendre et à la plus généreuse humanité. Aussi la princesse Idamé, qui n'attendoit plus que la mort, dit-elle à Gengis :

Ciel ! que viens-je d'entendre ! hélas ! puis-je le croire !

Dans la tragédie de Zaïre, dont on trouve le sujet et tout le détail dans les Lettres de madame de Gomez, l'amant se tue comme un sot, parce que Zaïre ne veut pas se faire mahométane.

Dans la tragédie de Catilina, qui est moins une action qu'une enfilade de harangues de sénateurs opinans ; César, dans le dernier acte, disparoît un instant et reparoît ; et c'est dans cet instant qu'il court à l'armée, qu'il enfonce les légions de Catilina, qu'il voit périr ce chef des conjurés sur un tas de morts et de mourans, qu'il sauve Rome épouvantée, et qu'il vient rendre compte lui-même de ses exploits.

La course de César à l'armée, la bataille, le retour au sénat, ne durent que le temps qu'il faut pour réciter quarante vers.

ARISTE.

Je n'ai jamais prétendu dire que les pièces de Voltaire fussent sans défauts; mais il faut convenir qu'il a de grands talens.

EUDOXE.

Hé bien! monsieur, voilà ce que Voltaire devoit dire lui-même de Corneille.

EUGÈNE.

S'il prenoit fantaisie à quelqu'un de faire un commentaire sur les pièces de Voltaire, tel que celui qu'il a osé faire sur celles de Corneille, comment Voltaire devroit-il s'attendre à être traité? Que ne diroit-on pas sur son Tancrède, qui n'est presque partout qu'une prose rimée, et une prose encore très-plate.

ARISTE.

Qu'osez-vous dire, Eugène? A-t-on jamais refusé à M. de Voltaire d'être un grand poëte et un excellent écrivain?

EUGÈNE.

Hé bien! soyez vous-même ici le juge. Voici du Tancrède. «Dans le dernier conseil, un dé-
» cret juste et sage, dans les mains d'Orbassan [1]

[1] Acte 1er, scène 1re.

» remit son héritage, pour confondre à jamais
» nos ennemis cachés, à ce nom de Tancrède en
» secret attachés. Du vaillant Orbassan c'est le
» juste partage, sa dot, sa récompense. Oui,
» nous y souscrivons, tel est mon sentiment. »
Est-ce là de la poésie?

« C'est elle (Aménaïde, amante de Tan-
» crède), c'est elle qu'au séjour des forfaits
» conduisent des soldats?[1] Cette honte m'indigne
» autant qu'elle m'offense. Laissez-moi lui par-
» ler. » Est-ce là de la poésie?

« Ce qui mé désespère, ce qui creuse ma
» tombe,[2] et ce qui, chez les morts, avec plus
» d'amertume encor, me fait descendre, c'est
» qu'elle aime son crime, et qu'elle est sans re-
» mords? » Est-ce là de la poésie?

« Vous, si vous m'en croyez, dérobez à vos
» yeux un spectacle funeste, insupportable,
» horrible à nos sens effrayés..... O justice su-
» prême, toi qui vois le passé, le présent, l'a-
» venir, tu lis seule en mon cœur, toi seule es
» équitable. » Est-ce là de la poésie? La moitié au
moins de cette belle pièce est du même style!

ARISTE.

Oh! vous allez trier quelques vers, quelques
paroles en différens endroits. Est-ce ainsi qu'on
doit juger?

EUDOXE.

Et c'est ainsi que Voltaire juge le grand Corneille!

---

[1] Acte 2, scène 4. — [2] Acte 3, scène 4.

EUGÈNE.

Outre cela, quel jargon d'appeler les empereurs grecs *les Césars de Byzance?* A-t-on jamais appelé les empereurs romains les Césars de Rome? Quel jargon d'appeler une prison *le séjour des forfaits?* enfin quel spectacle ridicule de voir Tancrède qui est blessé à mort, qui a perdu presque tout son sang, qui n'a plus qu'un souffle de vie, réciter encore une quinzaine de vers galans, et expirer au dernier vers! Est-ce là la marche de la nature?

ARISTE.

Je conviens que toutes vos observations sont justes; mais quoiqu'on représente quelquefois Tancrède, je ne mettrai pas cette pièce au nombre de celles qui font la gloire de M. de Voltaire.

EUDOXE.

Je crois que vous n'y mettrez non plus aucune de celles qu'il a faites depuis une quinzaine d'années, et qui remplissent deux ou trois volumes de l'édition de 1773. Si l'on sent la vieillesse de Corneille dans ses dernières pièces, ne sent-on pas la décrépitude dans les dernières de Voltaire?

EUGÈNE.

Malgré cette décrépitude, sa jalousie n'en est pas moins vive contre tous les poëtes qui se sont fait une grande réputation. Dans sa gothique épître à M. d'Alembert, il traite Crébil-

lon de barbare ; il dit que la tragédie d'Atrée
« est un énorme galimatias,[1] un assemblage de
» paroles vagues, oiseuses, qui ne disent rien,
» qui sont insupportables à quiconque a la plus
» légère connoissance du théâtre et de la lan-
» gue. »

EUDOXE.

Si ce jugement vous paroît inique, je crois
que vous trouverez du ridicule dans celui qu'il
porte sur un endroit d'une autre pièce du même
auteur. C'est la description d'une tempête. La
voici, telle que Crébillon la met dans la bouche
de l'acteur :

La mer en un moment se mutine et s'élance ;
L'air mugit, le jour fuit, une épaisse vapeur
Couvre d'un voile affreux les vagues en fureur ;
La foudre éclairant seule une nuit si profonde,
A sillons redoublés ouvre le ciel et l'onde,
Et comme un tourbillon embrassant nos vaisseaux,
Semble en sources de feu bouillonner sur les eaux ;
Les vagues quelquefois nous portent sur leurs cimes,
Nous font couler après en de vastes abîmes,
Où les éclairs pressés pénétrant avec nous,
Dans des gouffres de feux semblent nous plonger tous ;
Le pilote effrayé, que la flamme environne,
Aux rochers qu'il fuyoit lui-même s'abandonne ;
A travers les écueils notre vaisseau poussé,
Se brise, et nage enfin sur les eaux dispersé.

Dans cette description, qui présente si vivement les horreurs d'une tempête, Voltaire ne
trouve pas un mot, une expression qu'il ne re-
prenne et ne condamne. Mais on ne peut pas
mieux venger Crébillon qu'en mettant à côté
de ses vers ceux de Voltaire sur le même sujet.

[1] Œuvres, t. 22, p. 20.

Voici comme ce censeur si difficile peint lui-même une tempête :

L'astre brillant du jour à l'instant s'obscurcit ;
L'air siffle, le ciel gronde,[1] et l'onde au loin mugit ;
Les vents sont déchaînés sur les vagues émues ;
La foudre étincelante éclate dans les nues,
Et le feu des éclairs, et l'abîme des flots,
Montraient partout la mort aux pâles matelots.

En lisant ces six vers a-t-on l'imagination frappée? sent-on l'horreur des tempêtes? qu'est-ce que ce sifflet des airs? qu'est-ce que cette vaine épithète *d'émues* pour des vagues sur lesquelles les vents sont déchaînés ? qu'est-ce que tous ces mots : éclate, éclairs, étincelante, qui ne présentent jamais que la même image? quelle harmonie dans ce demi-vers, *et l'onde au loin mugit !*

Que cette description est foible pour un poëme épique, où tout doit être traité en grand et avec force ! quelle différence du chantre d'Énée au chantre de Henri IV ! Virgile vous peint-il son héros battu par la tempête ; tout est image, tout vous remue l'âme, la frappe : vous voyez, vous entendez, vous frissonnez.

Venti, velut agmine facto,
Qua data porta, ruunt, et terras turbine perflant.
Incubuere mari, totumque a sedibus imis
Una Eurusque Notusque ruunt, creberque procellis
Africus ; et vastos tollunt ad sidera fluctus.
Insequitur clamorque virum, stridorque rudentum.
Eripiunt subito nubes cœlumque diemque
Teucrorum ex oculis : ponto nox incubat atra.
Intonuere poli, et crebris micat ignibus æther :
Præsentemque viris intentant omnia mortem.

[1] Henriade, chant 1er.

ARISTE.

Je vois bien qu'il y a un peu de malignité à placer la description de M. de Voltaire entre celles de Virgile et de Crébillon.

EUDOXE.

Ce n'est pas malignité, c'est sagesse; c'est pour mieux faire sentir l'injustice de Voltaire, lorsqu'il s'appesantit si fort sur les auteurs qu'il regarde comme ses rivaux.

ARISTE.

Il est cependant des auteurs qu'il traite fort honnêtement, et dont il paroît estimer les talens. Campistron en est un exemple.

EUDOXE.

C'est qu'il ne fait pas à Campistron l'honneur de le mettre au nombre des rivaux.

ARISTE.

Mais Racine, ne le met-il pas au-dessus de tous les tragiques anciens et modernes? Voyez ce qu'il en dit dans son article sur l'art dramatique.

EUGÈNE.

Voyez ce qu'il en dit, et vous y trouverez sûrement bien plus de critiques que de louanges. Iphigénie est la seule pièce dont il n'ait pas osé dire du mal. Il estime beaucoup celle d'Athalie, mais il s'enflamme contre le personnage du grand-prêtre Joïada. Pour les autres pièces, il dit toujours qu'il y trouve des beautés ; mais il ajoute toujours tout ce que les ennemis et les censeurs de Racine y ont trouvé à reprendre.

EUDOXE.

L'esprit caustique et jaloux fut toujours l'esprit de Voltaire. Cependant il s'est vu trop entraîné par l'admiration générale qu'on a eue pour Racine, pour ne pas joindre quelquefois son suffrage à celui des autres ; mais il a été en même temps trop dominé par cet esprit jaloux, pour ne pas chercher toujours à blâmer.

EUGÈNE.

Et cette jalousie il la montre très-souvent tout à découvert, sans ménagement, sans pudeur ; et il n'y manque jamais, surtout lorsqu'il parle du plus parfait de nos poëtes lyriques, le fameux Jean-Baptiste Rousseau.

EUDOXE.

Cette haine de Voltaire pour le célèbre Rousseau, et cet acharnement à le déchirer et à le déprimer n'ont rien qui doive vous surprendre ; Rousseau se l'étoit bien attiré. D'abord Voltaire lui ayant communiqué à Bruxelles son infernale épître à Uranie, Rousseau, bien loin d'y applaudir, s'efforça par les plus fortes raisons de le détourner de ce genre d'écrire, et de lui faire condamner l'épître au feu. Voltaire ne répondit à ces sages avis que par des écrits outrageans qu'il fit peu de temps après contre Rousseau. Ensuite Voltaire ayant donné son Alzire, on en envoya un exemplaire à Rousseau en lui demandant son jugement sur cette pièce ; il ne put se dispenser de donner ce jugement. Il trouva dans cette pièce des choses excellentes, il en trouva aussi de répréhensibles. Le jugement de Rousseau piqua jusqu'au vif Voltaire, qui, pour se venger, déchira en toute occasion son censeur. En 1736 parut l'épître de Rousseau à M. Racine. Le poëte y combat avec énergie et avec force les systèmes insensés des mécréans, des philosophes, des libertins de nos jours, et dont Voltaire est le grand oracle. Celui-ci n'a rien omis pour décréditer un illustre écrivain, dont les sentimens sont si purs et si contraires aux siens. Enfin Rousseau a passé pour le plus parfait des poëtes lyriques ; il a toujours respecté la religion ; il n'a jamais rien eu à se reprocher que quelques épigrammes trop libres, et qu'il n'a jamais fait imprimer. Jouissant d'une réputation aussi brillante, et étant rempli de sentimens aussi chrétiens, pouvoit-il ne pas avoir pour implacable ennemi le plus jaloux de tous les hommes et le plus grand adversaire de la religion ?

ARISTE.

Oh ! c'est là une chose que je ne passe point à M. de Voltaire. Il faut convenir que dans toute notre poésie nous n'avons rien qui soit comparable pour l'harmonie aux cantates de Rousseau ; que dans ses odes sacrées il est le plus digne interprète des sublimes sentimens et pensées de David; que dans les autres poésies lyriques on trouve tantôt les grâces les plus naturelles, comme dans ses odes à une veuve, etc.; tantôt l'énergie la plus vive, comme dans l'ode sur la mort du prince de Conti, l'ode sur la fortune, etc.; que dans ses épîtres, outre beaucoup de pensées très-ingénieuses, on remarque souvent des décisions sur le goût, dignes de Boileau. Mais il faut convenir aussi que Voltaire a raison de reprendre dans Rousseau la plupart des choses qu'il y reprend.

EUGÈNE.

Et vous, Ariste, vous devez convenir aussi qu'on a raison de reprendre dans Voltaire ce qu'on y reprend. Trouverez-vous jamais dans Rousseau des vers aussi durs, aussi plats, aussi pitoyables que ceux-ci?

> De ce bourbier vos pas seront tirés,[1]
> Dit Tonfignant, votre dur cas me touche.
> Tenez, prenez mes cantiques sacrés,
> Sacrés ils sont, car personne n'y touche.....
> Manquant de tout dans mon chagrin poignant,
> J'allai trouver Le Franc de Tonfignant,
> Ainsi que moi natif de Montauban.

Que direz-vous de ces vers si coulans, si harmonieux, et surtout de celui-ci: *Votre dur cas me touche?* Et que direz-vous de ceux par lesquels Minerve s'annonce elle-même dans l'ode pindarique de Voltaire?

> C'est par moi que l'on peut connaître
> Le monde antique et le nouveau;

[1] Tome 22, p. 105.

> Je suis la fille du grand Être,
> Et je naquis de son cerveau ;
> Je dictai l'Encyclopédie,
> Cet ouvrage qui n'est pas court,
> A d'Alembert que j'étudie,
> A mon Diderot, à Jaucourt.

Dans ces vers ne reconnoissez-vous pas un digne rival de Pindare? N'y a-t-il pas là de quoi immortaliser les fameux encyclopédistes et leur zélé panégyriste? Et ce vers nasillard, que les rieurs ont si souvent répété :

> Non, il n'est rien que Nanine n'honore.

Et celui-ci :

> Nanine, non, j'en mourrai de douleur,
> Nanine, non, je n'aurai pas ce cœur.

EUDOXE.

Oh! si vous voulez du ridicule le plus complet en fait de poésie, vous n'avez qu'à vous amuser à lire la belle épître au roi de la Chine. Voici comment Voltaire parle à ce monarque :

> Reçois mon compliment, charmant roi de la Chine,
> Ton trône est donc placé sur la double colline.
> On sait dans l'Occident que, malgré mes travers,
> J'ai toujours fort aimé les rois qui font des vers.
> David même me plut, quoiqu'à dire sans feinte,
> Il prône trop souvent sa triste cité sainte....
> Frédéric a plus d'art, il connaît mieux son monde,
> Il est plus varié, sa veine est plus féconde ;
> Il a lu son Horace, il l'imite ; et vraiment
> Ta majesté chinoise en devrait faire autant.

Messieurs, sa majesté chinoise ne devroit-elle pas envoyer une célèbre ambassade au vieux Voltaire pour lui marquer sa reconnoissance de ses bons conseils, de ses conseils si intéressans et si noblement exprimés? Et si cette majesté chinoise a autant d'esprit que Voltaire lui en donne, avec quel enchantement lira-t-elle ces vers qui suivent :

Qui n'aime pas les vers a l'esprit sec et lourd.....
Je me flatte, grand roi, que tes sujets heureux
Ne sont point opprimés sous ce joug odieux ....
Monarque au nez camus des fertiles rivages
Peuplés à ce qu'on dit de fripons et de sages.....
Grand roi, de qui les vers et l'esprit sont si doux,
Crois-moi, reste à Pékin, ne viens jamais chez nous !

O Rousseau ! ô Crébillon ! ô La Fontaine ! etc., que le jaloux et décrépit Arouet vous venge bien lui-même de toutes les bordées qu'il a si souvent lâchées contre vous !

EUGÈNE.

Et Boileau, qui n'a pas été mieux traité, n'est-il pas aussi bien vengé que les autres par l'épître qui lui est adressée par Voltaire lui-même, et qui lui fait ces beaux complimens :

Boileau, correct auteur de quelques bons écrits,
Zoïle de Quinaut, et flatteur de Louis,
Mais oracle du goût dans cet art difficile
Où s'égayait Horace, où travaillait Virgile ;
Dans la cour du Palais je naquis ton voisin,
De ton siècle brillant mes yeux ont vu la fin.
Chez ton neveu Dongeois je passai mon enfance,
Bon bourgeois qui se crut un homme d'importance.
Je veux t'écrire un mot sur tes sots ennemis,
A l'hôtel Rambouillet contre toi réunis.

Avec quelle satisfaction les caustiques répéteront-ils ces vers harmonieux : *Boileau, correct auteur de quelques bons écrits !* Ne retrouveront-ils pas le vrai style et les grâces de la poésie dans ces beaux vers ? « Je vis le jardinier » de ta maison d'Auteuil, qui chez toi pour ri-

» mer planta le chèvrefeuil..... Pour Sirven op-
» primé je demande justice. Je l'obtiendrai sans
» doute..... J'embrasserai Quinaut, en dusses-
» tu crever..... Dépêche-toi, curé de mon ha-
» meau, viens de ton eau bénite asperger mon
» cerveau ! »

Voltaire, en parlant des dernières pièces de Boileau, les appelle, *d'un père sans vigueur avortons malheureux.* Mais quel nom faudra-t-il donner aux dernières de Voltaire ?

EUDOXE.

Permettez-moi deux mots d'observation sur les vers que vous venez de rapporter. Voltaire reproche à Boileau d'avoir été flatteur de Louis XIV. En vérité, donner le titre de flatteur à Boileau, cela sied-il à Voltaire, lui qui est si empressé à se prosterner devant tous les hommes de crédit et d'autorité ; lui qui ne leur rend jamais d'autres hommages que ceux qui sont dictés par l'intérêt ou par la vanité; lui qu'on a vu encenser les hommes les plus détestables, et les plus ennemis de la vertu ?

Il veut ensuite rabaisser Boileau en le présentant comme un petit bourgeois. Boileau étoit fils d'un greffier, et il l'avouoit. Voltaire est le fils d'un procureur, selon M. de la Beaumelle, et il ne veut pas qu'on le lui dise ! Le nom d'Arouet est aussi bourgeois que celui de Boileau; et personne n'ignore que ce nom fictice de Voltaire n'est que l'anagramme de celui d'Arouet.

Enfin il dit à Boileau qu'il veut lui écrire un

mot sur ses sots ennemis; et après lui avoir donné bien des coups de pattes, il n'est plus occupé qu'à se vanter lui-même, qu'à faire la description de sa descente aux enfers, comme étant bien sûr d'y trouver sa place. Il finit par dire que cette épître est son testament, et il fait voir par l'affoiblissement de son esprit qu'il est bien temps qu'il le fasse.

EUGÈNE.

Nous aurions bien des choses à dire encore sur la manière dont il traite beaucoup d'autres poëtes, sur les jugemens méprisans qu'il porte de l'inimitable La Fontaine dont il ne trouve que soixante ou quatre-vingts fables dignes de son suffrage; sur le chercheur d'esprit et froid versificateur La Motte-Houdard, qu'il élève beaucoup au-dessus de celui que toute la nation reconnoît pour le premier et le plus parfait de nos poëtes lyriques. Mais il est temps d'aller prendre l'air; Ariste fut bien aise que l'entretien finît.

SECOND ENTRETIEN.

Sur les philosophes français.

Les mêmes amis s'étant rassemblés quelques jours après chez Eudoxe, ils furent très-charmés d'y trouver M. l'abbé D***, très-connu par son goût pour les sciences et pour la belle littérature. La manière dont Voltaire traite les grands hommes de la nation, fut encore la matière de leur entretien. Eudoxe l'ouvrit par cette pensée singulière, et qui fit impression sur toute la compagnie.

Parmi les traits qui caractérisent Voltaire, et qui conviendront bien dans son épitaphe, qu'on ne manque pas celui-ci : *L'ennemi jaloux de tous les grands hommes de sa nation.* Descartes a été pour la philosophie ce que Corneille a été pour le théâtre, et comme Corneille, il a été l'objet des poursuites et de la malignité continuelle de Voltaire; et ce n'est qu'avec indignation qu'on peut lire ce qu'il dit de ce grand génie dans son Siècle de Louis XIV et dans ses Mélanges, à l'article *Descartes et Newton.*

EUGÈNE.

Il est vrai qu'on ne peut pas maltraiter davantage, ni insulter plus indignement un grand homme, que Voltaire maltraite et insulte Descartes. Il vous dit hardiment que « toute sa » physique est tombée, parce qu'elle n'est fon- » dée ni sur la géométrie, ni sur l'expérience; » que cette philosophie chimérique est toute » d'erreurs; qu'il se trompe sur la nature de » l'âme, sur les lois du mouvement, sur la na- » ture de la lumière; qu'il pousse ses erreurs » métaphysiques jusqu'à prétendre que deux et » deux ne font quatre que parce que Dieu l'a » voulu ainsi. » Il dit enfin « que le sort de Des- » cartes, en physique, a été celui de Ronsard » en poésie. » Peut-on prendre un ton plus méprisant en parlant d'un des plus beaux génies qui aient paru dans l'univers, et en particulier du plus grand philosophe qu'ait eu la France?

L'ABBÉ.

Messieurs, Voltaire en parlant ainsi ne fait pas grand tort à Descartes, il ne fait que montrer par-là sa jalousie et même son ignorance. Il dit que cette philosophie est chimérique et toute d'erreurs, et c'est cette philosophie chimérique qui nous a appris comment il falloit procéder pour expliquer les phénomènes de la nature ! Il a erré dans quelques détails, il est vrai ; mais quel est le philosophe qui ait toujours trouvé la vérité ? Newton, l'oracle de Voltaire, n'a-t-il pas erré sur la cause physique du ressort des corps, sur leur dureté, sur les phénomènes des tubes capillaires, sur l'électricité ? Descartes, ajoute-t-on, a erré sur la nature de l'âme ; mais il a dit que la pensée étoit essentielle à cette substance ; il a donc plus approché de la vérité que ceux qui osent dire comme Voltaire qu'on ne sait pas si Dieu ne pourroit pas donner la faculté de penser à la matière. Descartes s'est trompé sur les lois du mouvement ; mais les lois fondamentales du mouvement données par Descartes ont été adoptées par Newton. Il s'est trompé sur la nature de la lumière ; mais on voit dans sa dioptrique qu'il connoissoit aussi bien les effets de la lumière, et qu'il en rendoit compte aussi bien qu'on pourroit le faire aujourd'hui. Voltaire affirme que Descartes dit que deux et deux ne font quatre que parce que Dieu l'a voulu ainsi ; mais en voulant jeter du ridicule sur Descartes, c'est sur lui-même que ce ridicule rejaillit, parce qu'il n'y a rien de plus ridicule que d'attribuer une pareille absurdité à un aussi grand homme. Descartes a été la brillante aurore de la philosophie; et c'est à la lueur de cette brillante aurore que tous les philosophes qui sont venus après lui ont marché.

ARISTE.

Vous ne présentez Voltaire que comme l'ennemi de Descartes, et cependant il est souvent son zélé panégyriste. Ne dit-il pas qu'*il fut le plus grand mathématicien de son temps?* [1]

L'ABBÉ.

Et n'ajoute-t-il pas aussitôt qu'*il fut le philosophe qui connut le moins la nature?*

ARISTE.

Ne le présente-t-il pas comme « un homme » né avec une imagination brillante et forte, qui » ne put se cacher dans ses ouvrages philoso- » phiques, où l'on voit à tout moment des com- » paraisons ingénieuses et brillantes? »

L'ABBÉ.

Mais après avoir dit que *la nature en avoit presque fait un poëte,* n'a-t-il pas l'honnêteté d'ajouter qu'*il fit des vers que, pour l'honneur de sa mémoire, on n'a pas fait imprimer.* [2] Voilà votre Voltaire : il ne parle de l'imagination

---

[1] Siècle de Louis XIV. — [2] Phil. de l'hist., tome 27.

de Descartes que pour lui donner ensuite du ridicule !

ARISTE.

Mais peut-on faire un plus bel éloge de Descartes, que de dire « que les persécutions qu'il » essuya supposoient un très-grand mérite et » une réputation éclatante, et qu'il avoit en » effet l'un et l'autre ! »

L'ABBÉ.

Mais peut-on prendre un ton plus méprisant que de dire de Descartes que « ses ouvrages » sont devenus inutiles, qu'ils fourmillent d'er- » reurs, que sa philosophie n'est qu'un roman ? » Comment accorder ce très-grand mérite d'un auteur avec l'inutilité de ses ouvrages et les erreurs dont ils fourmillent? Quel nom faut-il donner à cette manière de juger ?

EUDOXE.

Voltaire, dans un autre écrivain, appelleroit cela un bavardage méprisable, et il auroit raison.

EUGÈNE.

Pour moi, je n'ai jamais fait beaucoup d'attention à tout ce que dit Voltaire contre Descartes, mais je me suis quelquefois amusé à rechercher quelles pouvoient être les raisons pour lesquelles il s'efforce tant de décréditer ce grand homme qui fait tant d'honneur à notre nation, et je crois en avoir trouvé quelques-unes.

D'abord Voltaire a voulu faire le petit Newton : il a eu l'ambition de se faire regarder comme le philosophe de la France. Pour cela, il falloit faire évanouir toute la considération et l'estime que l'Europe entière a depuis un siècle et demi pour Descartes. Il se donne donc adroitement lui-même pour celui qui a désabusé la France des chimères de la philosophie cartésienne ; il prétend l'avoir fait par son ouvrage des Élémens de la philosophie de Newton : c'est là qu'il se vante avec sa modestie ordinaire, « d'être le premier en France qui ex- » pliqua les découvertes du philosophe anglais.[1] »

Mais à peine cet ouvrage eut-il paru, que plusieurs physiciens et mathématiciens firent leurs observations sur les erreurs et les bévues dont il fourmille. Le petit Newton en fut très-mortifié : il eut vite recours à M. de Maupertuis comme à un guide sûr pour ramener un pauvre égaré. « J'apprends, lui dit-il dans sa lettre du » 22 mai 1738, qu'on réimprime mon maudit » ouvrage. J'ai déjà corrigé les fautes de l'édi- » teur sur la lumière ; mais si vous vouliez con- » sacrer deux heures à me corriger les miennes » sur la lumière et sur la pesanteur, vous me » rendriez un service dont je ne perdrois ja- » mais le souvenir. Je m'adresse à vous pour » n'être point noyé. On ne vous supplie point » de perdre beaucoup de temps ; et d'ailleurs » est-ce le perdre que de catéchiser son disci- » ple ? Mon cœur me dit que je vous aimerai » toute ma vie autant que je vous admirerai. »

---

[1] Philosophie de l'hist., p. 4.

Ce cœur, avec le temps, a fait voir qu'il manquoit bien de mémoire; mais, par cette humble requête, vous pouvez juger de l'homme qui veut se donner pour le philosophe de la France !

L'ABBÉ.

Je crois bien comme vous que la jalousie et l'orgueil, ces deux ressorts ordinaires de la conduite de Voltaire, entrent pour beaucoup dans tout ce qu'il dit contre Descartes; mais il est une autre raison qui sûrement n'y influe pas moins que celle que vous venez d'exposer. Voltaire et Descartes ne se ressemblent nullement dans la manière de penser sur la religion, ses dogmes et la morale : ils sont même aussi différens l'un de l'autre sur tous ces points, que les ténèbres le sont de la lumière.

Descartes parle toujours de la religion comme un homme intimement convaincu, comme un homme qui n'y voit rien que d'intéressant, d'auguste et de consolant. On ne trouvera rien de mieux pensé et de plus admirable que ce qu'il dit dans ses Lettres métaphysiques relatives à la religion, et surtout dans celles où il traite du souverain bien et de la manière de bien juger des choses : il y parle presque toujours comme un homme inspiré par le ciel.

Descartes, dans sa dernière maladie, se montra comme un vrai héros chrétien, par la patience dans les douleurs, par la résignation aux ordres du ciel, par la fermeté de sa foi, la vivacité de sa confiance en Dieu, et les expressions ardentes de son amour pour Dieu. Ainsi on peut dire de lui qu'il a été aussi grand par les vertus chrétiennes que par les lumières dont il a éclairé l'univers ; et que la manière dont il a toujours pensé et écrit, est la condamnation la plus forte et la plus flétrissante de la manière dont a toujours pensé et écrit Voltaire ; et que conclure de là ? C'est que la haine de Voltaire pour Descartes vient des mêmes raisons que celle que les esprits de ténèbres ont pour tous ceux qui aiment, respectent et soutiennent la religion.

EUGÈNE.

Monsieur, je vous crois bien fondé dans tout ce que vous dites ; mais, à la vivacité avec laquelle vous vous exprimez, il paroît que vous êtes bien aise de venger tous ces écrivains sur lesquels Voltaire a répandu très-libéralement tout ce qui lui est venu dans la cervelle, d'injures, de sarcasmes et même d'horreurs.

L'ABBÉ.

Oh ! non, je ne prétends point les venger ; ils le sont assez par le personnage que joue Voltaire. Il n'a jamais pu dissimuler sa vive sensibilité : il a toujours annoncé lui-même combien il se sentoit piqué ; et par-là il a très-bien fait connoître lui-même combien les censures et les critiques qui ont été faites de ses écrits sont justes, puisqu'il n'a jamais pu y répondre que par des injures.

EUDOXE.

Et moi, sans parler ni de ces censures ni de

s injures, je ne ferai, pour remettre Descartes à la place qu'il mérite, que ce qu'a fait Voltaire pour la lui ôter, c'est-à-dire que je mettrai en parallèle Descartes et Newton.

Il faut convenir d'abord que ces deux grands hommes doivent être mis l'un et l'autre parmi les génies extraordinaires, tels qu'il en paroît très-rarement, et avouer que toute l'Europe savante leur a aujourd'hui les plus grandes obligations. L'un nous a tracé une route toute nouvelle pour chercher la vérité, et pour découvrir sûrement la vérité. C'est à Descartes qu'on est redevable de l'ordre, de la précision, de la clarté, qu'on a mis dans tous les ouvrages de science et de raisonnement qui ont paru depuis ce grand homme. L'autre, venu dans un siècle déjà très-éclairé, ne commença sa carrière qu'après que Descartes eut fini la sienne ; et marchant toujours avec le double flambeau de l'expérience et du raisonnement, fit, dans une partie de la physique, les découvertes les plus brillantes, les plus intéressantes, et les mieux démontrées.

Descartes peut être regardé comme le père et le créateur de la géométrie, par la profondeur et l'étendue des vérités qu'il découvrit et qu'il développa. Newton commença par étudier la géométrie de Descartes, et ce fut avec ce secours qu'il devint ensuite le plus grand géomètre de son temps.

Descartes, par la seule force de son génie, et sans être aidé de ces instrumens qui furent bientôt après inventés et perfectionnés ; Descartes nous a appris comment on devoit procéder pour rendre compte des phénomènes de la nature. Presque tout ce qu'il a dit sur les météores, sur les fontaines, sur le tonnerre, c'est ce que disent encore aujourd'hui de plus satisfaisant les physiciens les plus éclairés. Newton, avec un grand génie et des instrumens perfectionnés, a été plus exact dans la plupart des choses qu'il a traitées; mais il n'a pas embrassé une aussi grande étendue de matières que Descartes.

Descartes, dans sa dioptrique, nous apprit les routes de la lumière, ses réflexions et réfractions, son action sur les organes de la vue, et il en tira et en démontra les conséquences les plus intéressantes pour remédier aux défauts dont ces organes sont susceptibles. Newton, en trouvant le moyen d'analyser la lumière, en fit connoître la nature, et découvrit des vérités dont personne n'avoit encore eu la moindre idée.

Ces deux grands hommes annoncèrent l'un et l'autre dès leur aurore ce qu'ils devoient être un jour. Descartes étoit encore jeune officier dans un régiment, il n'avoit pas encore vingt-deux ans lorsqu'il résolut un problème de mathématiques des plus difficiles, et qui avoit été proposé à tous les savans; en moins de deux heures Descartes le développa, l'éclaircit, le démontra. La facilité et la promptitude avec laquelle il donna la solution du problème, jeta dans l'étonnement tous les savans de la Hollande, où il étoit pour lors. Newton n'avoit que vingt-cinq ans lorsqu'il fut choisi pour professer les mathématiques à Cambridge, et qu'il inventa son télescope qui fit l'admiration de tous les savans et de tous les curieux.

Les têtes couronnées marquèrent l'estime qu'elles avoient pour ces deux hommes extraordinaires, par les honneurs qu'elles leur rendirent après leur mort. Newton mourut à Londres en 1727, et fut enterré dans les tombeaux des rois d'Angleterre; Descartes mourut à Stockholm en 1650, et la fameuse reine Christine le voulut faire enterrer dans les tombeaux des rois de Suède. C'est ce qui auroit eu lieu sans l'opposition de l'ambassadeur français, qui comprit bien que la France ne consentiroit jamais qu'un dépôt aussi précieux restât dans une terre étrangère.

Descartes fut un génie plus étendu et plus créateur; Newton fut un observateur et un calculateur plus exact et plus profond. C'est de Descartes qu'on a appris que les corps sublunaires pesoient moins à mesure qu'ils s'éloignoient plus du centre de la terre; c'est Newton qui a trouvé les principes et la mesure de ces différens degrés de pesanteur. Descartes a trop donné à ses tourbillons; Newton s'est souvent égaré en voulant tout expliquer par l'attraction. Le monde de Descartes n'est le fruit que de l'imagination, mais de l'imagination la plus forte et la plus brillante; le monde planétaire de Newton n'est que le développement des fameuses lois de Kepler, mais le développement le plus savant et le plus heureux.

Enfin, Descartes et Newton, comme le soleil, ont eu leurs taches; mais malgré leurs taches ils ont été l'un et l'autre deux soleils par les brillantes lumières qu'ils ont répandues sur l'univers. Voltaire ne montre donc que de la passion dans la manière dont il traite Descartes : mais comment doit-on écouter un homme qui ne parle que par passion ?

EUGÈNE.

Sur la pyramide que l'ambassadeur de France fit élever sur le tombeau de Descartes, on lisoit ces paroles : *Nullius antiquorum obtrectator, nemini viventium gravis.* « Il ne déclama jamais contre les anciens ; il ne fit jamais de peine à aucun des contemporains. » Cela caractérise une belle âme, une âme honnête, un homme véritablement philosophe. Voltaire aspire-t-il au même éloge ?

EUDOXE.

Nous avons vengé Descartes ; laissons là Voltaire. Quand le vertige présent sera passé, on pourra louer encore son esprit et ses talens ; mais que dira-t-on de ses qualités sociales, de l'équité de ses jugemens, de son amour pour la vérité ?

On rit du coup de patte donné avec adresse et légèreté, et l'entretien finit.

CHAPITRE VI.

De la manière dont M. de Voltaire a répondu à ses censeurs.

Jamais homme n'a porté les prétentions plus loin que l'a fait M. de Voltaire : il a voulu être non-seulement l'homme universel, mais encore l'homme unique; c'est pour cela qu'il a essayé de tous les genres, et qu'il s'est exercé dans tous les genres. Histoire, philosophie, romans, finances, théologie, religion, il a voulu essayer de tout; et une multitude innombrable d'excellens écrivains, philosophes, théologiens, littérateurs, ont trouvé à le reprendre en tout.

Toutes ces critiques et ces censures ont été justes, sages, modérées : tout le public, tous les gens de lettres, excepté quelques associés de la secte philosophique, les ont goûtées et y ont applaudi. Le fier Voltaire a paru d'abord les mépriser; mais il a changé ensuite de sentiment; il a cru y trouver une nouvelle matière à ses triomphes et à sa gloire, par la manière dont il sauroit humilier ces censeurs téméraires, les confondre et les écraser. Pour mettre le lecteur à même de juger des succès de M. de Voltaire dans ses défenses, et de la gloire immortelle qu'il s'est acquise par ses victoires et ses triomphes, nous allons lui faire part de quelques lettres écrites sur ce sujet par un académicien, qui, dans ses jugemens, paroît allier assez heureusement le sel avec la raison.

PREMIÈRE LETTRE.

Sur les réponses qu'a faites M. de Voltaire à ses censeurs.

Il semble que M. de Voltaire, enivré de l'encens qu'on lui prodiguoit, et extasié des hommages qu'on lui rendoit de toutes parts, ne pensoit pas qu'il pût y avoir au monde quelqu'un d'assez hardi pour entreprendre d'examiner ses ouvrages, et encore moins pour les censurer : aussi a-t-il été fort étonné et ensuite très-indigné lorsqu'au milieu du concert de ces acclamations et de ces louanges qu'il goûtoit délicieusement, il a entendu quelques voix discordantes qui s'élevoient, et qui ne s'accordoient nullement avec des panégyristes si zélés. Il a été bien plus étonné et bien plus indigné encore, lorsqu'il a appris que dans le public on disoit hardiment : Voltaire, avec tout son esprit, juge quelquefois assez mal, et décide assez mal; souvent il se trompe, et trompe ceux qui se fient à lui; souvent ce qu'il vous débite avec le plus d'assurance n'est que fausseté et mensonge; enfin il est bien rare qu'on retrouve dans ses écrits, ses maximes et ses pensées, les sentimens honnêtes de l'homme social, de l'homme de mœurs, de l'homme de religion;

s'il mérite de la considération par ses talens, il mérite bien autant de censure par l'abus qu'il en a fait.

M. de Voltaire a eu soin de nous instruire lui-même de l'impression que des discours si hardis et des critiques si peu respectueuses ont faite sur lui. Comme l'orgueilleux Aman étoit moins flatté de voir tous les peuples de l'empire se prosterner devant lui, qu'il n'étoit indigné de voir le sage Mardochée refuser de plier le genou ; ainsi M. de Voltaire a paru infiniment moins touché des hommages qu'il recevoit d'une part, qu'il n'a été piqué des censures qu'il a essuyées de l'autre. Il a voulu se venger avec éclat : cet éclat a intéressé et amusé le public. On a vu avec plaisir, et dans le plus grand détail, tous les genres de ridicules où peut donner un homme qui n'est pas assez maître de lui-même pour dissimuler sa colère et pour cacher son excessive sensibilité.

Le premier trait de cette colère ridicule, laquelle n'est pas aussi redoutable que celle d'Achille, mérite d'être remarqué. M. de Voltaire dit, avec le ton le plus fier et la hauteur la plus imposante, les injures les mieux choisies à ceux qui ont eu la charité de l'avertir de ses fautes et de ses erreurs : il les traite *de pédans, de petits-collets sans bénéfices,*[1] *de précepteurs chassés, de polissons, de gredins, etc., etc.* Ce n'est là qu'un échantillon de la manière dont il accoutre ceux qui ont osé le remontrer lorsqu'il en avoit le plus de besoin. Et comme on

---

[1] Honnêtetés littéraires.

disoit du Nestor des Grecs, qu'il couloit de ses lèvres une éloquence plus douce que le miel; ainsi on peut dire qu'une éloquence plus mâle que celle de tous les crocheteurs, coule toujours des lèvres de ce Nestor des philosophes de nos jours.

Cette manière de répondre aux remontrances peut bien amuser, mais elle n'est guère propre à convaincre; elle peut faire rire un certain public qui ne s'intéresse ni pour les agresseurs ni pour les tenans, mais elle ne sera pas du goût du public qui est honnête et qui cherche le vrai : elle donneroit beau jeu à un critique malin, qui ne manqueroit pas de dire au nouveau Nestor :

« Monsieur, il ne s'agit pas entre vos cen-
» seurs et vous de savoir s'ils sont des pédans,
» des polissons, et si vous êtes aussi bon gentil-
» homme que M. Jourdain; si eux sont sans
» bénéfices, et si vous êtes bien riche : ce dont
» il s'agit entre eux et vous, est de savoir s'ils
» ont raison, et si vous avez tort. Ils vous di-
» sent que vos écrits fourmillent d'absurdités,
» de faussetés, de grossièretés : il faudroit leur
» faire voir, à eux et à tout le public, que ces
» écrits n'inspirent que des sentimens d'honnê-
» teté et de décence, et que leur auteur ne
» craint rien tant que de s'éloigner de la vérité.
» Ils prétendent que ces écrits sont remplis
» d'impiétés, de blasphèmes et de calomnies :
» il faudroit leur montrer qu'on y apprend à
» respecter sincèrement la religion et les mœurs;
» vous eussiez démonté tous vos censeurs si
» vous eussiez pris ce ton avec eux. Les injures
» que vous répandez si libéralement prouvent

»bien que êtes piqué; elles ne prouvent pas que
» vous ayez raison. Vos cris font rire bien des
» gens, et leur font dire avec malignité : Vol-
» taire est démonté, déconcerté, il ne sait plus
» où il en est. Il en est même qui osent citer
» à cette occasion la fable de l'ours qui a ren-
» versé une ruche d'abeilles. » Voilà ce qu'un
critique malin pourroit dire.

L'on est d'autant plus autorisé à penser et
à parler ainsi, que dans toutes ces déclamations et saillies de M. de Voltaire on trouve
toutes les platitudes grossières que le langage
des halles et des marchés pourroit fournir.
Qu'on en juge par ces échantillons :

Monseigneur l'archevêque de Vienne, auparavant évêque du Puy, a représenté dans une
excellente instruction pastorale toute l'horreur
des principes, et tous les écarts de la prétendue
philosophie des incrédules; monseigneur l'archevêque d'Auch a fait sur le même sujet un
mandement plein de force et de feu; et Voltaire
dit à M. du Puy qu'il a fait une *pastorale* qui
ne vaut pas les *pastorales de Fontenelle;* [1] et
à M. d'Auch, qu'*il a signé un mandement de
son nom J. F.* [2] Quel est le polisson, le cro-
cheteur qui n'eût pas assez d'esprit pour s'exprimer aussi délicatement et aussi honnêtement?

On dit encore avec la même élégance à ces
prélats : « Ah! messieurs, vos troupeaux d'Auch
» et du Velay ne se mêlent ni de vers ni de phi-
» losophie; ils ne savent pas plus que vous ce

---

[1] Honnêtetés littéraires, p. 16. — [2] Ibid., p. 138.

» que c'est qu'un poëte et qu'un orateur : parlez
» le langage de vos brebis. Vous voulez passer
» pour beaux esprits; on vous juge, comme on
» jugeoit la Motte et Terrasson, dans un café.¹ »
Quelles pensées! quelles expressions pour un
membre de l'académie française!

Le savant et judicieux auteur des Trois siècles
de la littérature française, M. Sabatier, n'a pas
eu le don de plaire à Voltaire; il ne lui a pas
donné beaucoup d'encens, parce qu'il voit que
cet auteur a grand soin de ne pas se l'épargner
à lui-même. M. de Voltaire croit qu'on lui a
manqué, et il s'en venge en appelant ce savant
écrivain savetier ou savatier,² et en lui disant
qu'il auroit mieux fait d'être perruquier comme
son père : cette vengeance n'est-elle pas noble
et ingénieuse?

Quelques Juifs portugais font une très-humble remontrance à M. de Voltaire sur la manière
dure et méprisante dont il a traité leur nation
dans tous ses ouvrages. La lettre de remontrance n'étoit pas écrite par des Juifs; c'étoit
une ruse, et la ruse fut parfaitement bien conduite : Voltaire ne s'en aperçoit pas, il donne
dans le panneau; il répond à ces prétendus Juifs,
et leur promet de mettre quelques cartons dans
ses nouvelles éditions. Ceux-ci, encouragés par
le succès de leur première lettre, lui écrivent
de nouveau; ils lui démontrent très-clairement
et très-honnêtement qu'il sera obligé de cartonner tout ce qu'il a dit de la nation juive et
des livres qu'elle conserve depuis tant de siècles,

---

¹ Honnêtetés littéraires, p. 136. — ² Mélanges.

parce que dans tout ce qu'il en dit il n'y a pas un mot qui s'accorde avec la vérité. C'est M. l'abbé Guénée qui est l'auteur de cette ruse adroite et ingénieuse. M. de Voltaire, piqué de s'être laissé surprendre comme un oison, dit « que l'abbé Guénée est un ignorant secrétaire » de synagogue, un malhonnête homme, un » homme de mauvaise foi. » C'est tout ce qu'il a su répondre aux triomphantes démonstrations de son censeur.

M. Clément envisage comme un scandale intolérable la manière dont tous les grands auteurs du siècle de Louis XIV sont traités dans les écrits de Voltaire. Les jugemens qui sont portés sur leurs ouvrages ne lui paroissent dictés que par la jalousie; il ne les regarde que comme des blasphèmes en matière de littérature, et il prouve très-bien en même temps que ce censeur si jaloux est lui-même très-inférieur à ceux qu'il affecte toujours de rabaisser : c'est là le sujet des lettres de M. Clément. On peut bien juger combien de pareilles discussions doivent déplaire à un homme qui se donne pour l'oracle dans tous les genres de littérature. Aussi M. de Voltaire n'a-t-il répondu que comme un homme qui est le plus vivement piqué, et entièrement hors des gonds : il met le dissertateur au rang *de la plus vile canaille;*[1] il le traite de *pédant subalterne*, de *sous-maître de pension*, d'*impudent écolier*. Que cette vengeance est digne d'une grande âme ! mais qu'elle apprête à rire aux dépens du vindicatif démonté !

[1] Philosophie de l'hist., t. 22, p. 26.

Il a trouvé de même que M. de La Beaumelle lui avoit manqué de respect pour avoir prétendu et prouvé que lui Voltaire n'étoit pas infaillible, pour avoir relevé beaucoup d'erreurs capitales et de fausses anecdotes dans ses ouvrages historiques, pour avoir fait remarquer de grands défauts dans plusieurs de ses pièces de poésie, pour s'être amusé à observer dans ses écrits beaucoup de raisonnemens louches, très-peu concluans, et quelquefois même ridicules. M. de Voltaire, qui n'aime pas beaucoup la vérité, et qui aime encore bien moins qu'on lui dise à lui-même ses vérités, compare M. de La Beaumelle *à un gueux échappé des Petites-Maisons*,[1] et lui jette ensuite au nez tout ce que le langage des halles a de plus grossier, de plus brutal et de plus bas; de sorte que c'est Voltaire lui-même qu'on prendroit ici pour *l'échappé des Petites-Maisons*. Un écrivain peut-il plaider sa cause d'une manière plus honnête, plus sage et plus convaincante que M. de Voltaire plaide ici la sienne?

Dans le mandement que donna M. d'Auch pour garantir son diocèse de la contagion philosophique, le grand général des philosophes y est peint avec des traits d'une force et d'une vérité qui frappent. Voltaire, désespéré d'être présenté au public sous des traits aussi désavantageux, et en même temps aussi vrais, ne se possède plus. Il passe par-dessus toutes les bienséances, il répand des torrens d'injures grossières contre le prélat dans un affreux libelle que cet honnête écrivain a appelé *les Honnêtetés littéraires*.

[1] Philosophie de l'histoire, t. 34, p. 55.

Un officier des troupes du roi, neveu de M. d'Auch, se trouve à Paris lorsque le libelle se répand; il est indigné de la manière dont il voit traité l'archevêque son parent; il lui échappe de dire qu'il ira couper les oreilles à Voltaire. Voltaire est bientôt instruit du courroux de l'officier; il craint pour lui, il écrit aussitôt à un des plus puissans seigneurs de la cour pour implorer sa protection contre le vengeur de l'archevêque. Le seigneur parle à l'officier avec autorité; il lui fait donner parole qu'il se contentera de mépriser ce qu'a écrit le vieux de la Montagne; et pour rassurer entièrement Voltaire, il lui fait, dit-on, un billet, où, en le comparant à une vieille marmotte, il lui dit de se tranquilliser, et que l'officier a sacrifié tous ses ressentimens.

Voilà des anecdotes que M. de Voltaire ne nous auroit pas apprises lui-même, et dont le public n'est pas fâché d'être instruit.

Mais ce n'est encore là que le préparatif du ridicule que se donne M. de Voltaire dans cette affaire. Il s'est avisé de mettre dans son libelle une lettre qu'il donne pour avoir été écrite par la famille de M. d'Auch à ce prélat, pour lui faire sentir combien il est coupable d'avoir manqué à un homme comme M. de Voltaire. Dans cette lettre le prélat est représenté comme un homme foible, un petit génie, un ingrat, un imprudent, qui ne doit point se mêler d'écrire, et encore moins d'adopter les fanatiques écrits des autres: il y est traité d'homme qui déshonoreroit l'épiscopat, si l'épiscopat pouvoit être déshonoré. Voltaire au contraire y est représenté comme un ancien officier du roi, un seigneur rempli de générosité, une belle âme, une grande âme, et à qui toute la famille du prélat a les plus grandes obligations.

Une semblable lettre seroit certainement la réparation la plus éclatante que M. de Voltaire pût désirer ; mais il y a eu des paris de cent et de deux cents contre un que la lettre étoit supposée, ou qu'elle avoit été fabriquée chez Voltaire ; et il n'y a eu personne qui ait osé parier contre. Tout le monde a cru y reconnoître l'esprit et la manière de penser de Voltaire. Quelques personnes ont remarqué qu'elle étoit sans date ni de temps ni de lieu. Ceux-ci ont dit qu'il n'étoit pas probable que dans la respectable famille des Montillet il y ait eu une âme assez basse pour rechercher à ce prix les bonnes grâces de Voltaire ; ceux-là, qu'on sait bien que les pièces qu'il emploie dans ses écrits ne sont pas toujours assez authentiques pour faire foi, et que son porte-feuille n'est rien moins que le dépositaire de la vérité ; et tous sont convenus que Voltaire n'a pas trop fait usage de son esprit et de son jugement, en recourant à un semblable moyen pour se venger du mandement de monseigneur l'archevêque d'Auch.

Ce public a encore remarqué qu'à entendre M. de Voltaire on diroit qu'il y ait une distance infinie entre lui et ses censeurs, et qu'il est assez grand seigneur pour dédaigner et pour marcher sur le ventre à tout le monde ; et ce public toujours malin, qui ne cherche qu'à rire, qui s'amuse de tout, s'est avisé d'aller fouiller jusque dans les registres des paroisses; et il y trouve que Jean-Marie Arouet est né à Paris, que son père étoit procureur; et il lui présente à lui-même son extrait baptistaire, ne doutant pas qu'il ne se fâche contre cette pièce comme son grand héros l'apostat Julien fut fâché autrefois d'avoir été baptisé.

Ce public s'amuse aussi du relief que veut se donner Voltaire, en se disant ancien officier du roi; et il se plaint de ce que, malgré ce beau titre, il ne laisse pas d'être réduit à un bannissement humiliant, puisqu'il est obligé de se tenir éloigné de cent lieues de Paris. N'est-il pas bien dur à un homme qui porte les prétentions aussi loin que le fait M. de Voltaire, d'être obligé d'essuyer de pareilles remontrances?

Je m'étois proposé d'entrer dans plusieurs autres détails sur la manière dont M. de Voltaire a répondu à ses critiques et à ses censeurs; je m'en tiendrai cependant aujourd'hui à l'échantillon que je vous ai présenté.

Je m'aperçois que ma lettre est déjà trop longue, et je crains de vous ennuyer comme M. de Voltaire ennuie quelquefois son lecteur, en se débattant contre ses censeurs, et en répétant toujours ses insipides propos contre eux. Ses plaintes, ses cris, je dirois presque ses hurlemens, que prouvent-ils, qu'annoncent-ils? On le comprend d'abord : c'est que les plaies que ces littérateurs, ces critiques, ces censeurs ont faites à M. de Voltaire sont bien profondes et bien douloureuses, puisqu'elles n'ont point encore cessé de saigner.

Je suis, etc.

SECONDE LETTRE

Ecrite à l'occasion de la brochure que M. de Voltaire a intitulée : Les Honnêtetés littéraires.

Vous me demandez mon sentiment sur les Honnêtetés littéraires, c'est-à-dire sur un libelle le plus grossier et le plus maussade qu'on ait encore vu, et où l'honnêteté et la décence sont blessées à un point que les honnêtes gens ne peuvent pas en lire une page sans indignation. Je ne crois pas que personne ose jamais s'en avouer l'auteur.

Cependant vous m'assurez qu'il est de M. de Voltaire, vous me dites que ceux qui l'ont lu l'attribuent à M. de Voltaire; vous allez même plus loin, et vous prétendez qu'on ne peut pas y méconnoître M. de Voltaire, soit à ce ton fier et absolu qu'il a coutume de prendre quand il s'agit de juger des écrits ou des écrivains de son siècle, soit à ce mépris qu'il montre toujours pour ceux qui osent penser différemment de lui, soit enfin à cette vive sensibilité qui le saisit, à cette bile amère qu'il exhale lorsque quelqu'un a la hardiesse de censurer, de reprendre, de condamner la moindre chose dans ses écrits.

Je connois assez M. de Voltaire; je conviendrai avec vous qu'il est très-persuadé que le public n'est pas fait pour le juger, mais pour l'admirer; je sais bien ce qu'il pense de ses talens. Je n'ai jamais oublié qu'il osa dire au roi de Prusse : Sire, nous avons l'un et l'autre notre empire; vous êtes roi des hommes, et moi je le suis des beaux esprits. J'avouerai même qu'avec des talens aussi brillans qu'en a M. de Voltaire, un certain ton de vanité ne doit pas surprendre; que ce défaut est en quelque manière pardonnable, et qu'on pourroit bien avoir l'indulgence de le lui passer : mais dans les Honnêtetés littéraires, qu'on devroit bien plutôt appeler les Grossièretés littéraires, je ne vois rien qu'on puisse attribuer à ce grand écrivain, quelque piqué qu'on le suppose des critiques faites de ses ouvrages; et voici les raisons que j'ai de penser ainsi :

M. de Voltaire est de l'Académie française; il a passé les plus beaux jours de sa vie dans les cours et auprès des monarques; il nous instruit lui-même des titres et des honneurs dont il est décoré; il nous parle sans cesse de ses châteaux, de ses terres, des paroisses qui ne reconnoissent point d'autres seigneurs que lui; il s'est plaint mille fois avec amertume de ce qu'on lui attribuoit des ouvrages indignes de l'homme de goût, de l'honnête homme, de l'homme vertueux. Un homme comme lui pourroit-il être l'auteur d'un libelle aussi méprisable et aussi propre à le déshonorer? Si vous l'en croyez capable, quelle idée abominable auriez-vous de M. de Voltaire?

Pourrai-je croire qu'un homme de cour, et qui sait si bien ce qui est dû au rang et à la dignité, à la naissance et aux talens, se soit laissé aller à des emportemens aussi indécens contre ce qu'il y a de plus respectable dans le clergé, contre des archevêques et des évêques, contre des écrivains estimés dans toute l'Europe; qu'il se soit permis tous ces excès d'outrages et d'injures atroces dont on s'efforce de les accabler? Qui auroit mieux senti que M. de Voltaire combien de pareils excès doivent révolter tout le public, et déshonorer leur auteur?

Pourrai-je croire qu'un homme de goût comme M. de Voltaire ait voulu copier les gentillesses et imiter le style de Garassus quand il parle au poëte Théophile; qu'il ait trouvé bon de prendre le beau langage de quaker qui tutoie tout le monde; qu'oubliant tout ce qui s'appelle décence, honnêteté, bienséance, il prodigue les termes de polissons, de gredins, de crocheteurs, etc., à des écrivains universellement estimés?

Pourrai-je croire que ce soit un membre de l'Académie française qui, en parlant à un écrivain qui est considéré, lui dit : « Sers de monture à Balaam;[1] parle, j'y consens; mais ne fais pas le panégyrique de Samuel qui hacha en morceaux le roi Agag, parce qu'il étoit trop gras : ce n'étoit pas là une raison. Vois-tu, j'aime les rois, je les respecte, je ne veux pas qu'on les mette en hachis; et les parlemens pensent comme moi, entends-tu? Crois-tu donner du crédit à ta théologie en faisant le marin? Tu te trompes sur terre et sur mer;

---

[1] Honnêtetés, page 85.

» et tu l'applaudis, parce que tes fautes sont en
» deux volumes; tu crèves de vanité, parce
» qu'on te fait l'honneur de te répondre. » Si
l'on demandoit au public si c'est à un membre
de l'Académie française, ou à un petit polisson,
qu'il faut attribuer ce beau style et ces belles
pensées, qu'est-ce que ce public décideroit?

Pourrai-je croire qu'un homme dont le nom
est si célèbre et la réputation si brillante, ait
voulu jouer un aussi gros jeu, et qu'en donnant
ses Honnêtetés littéraires il ait voulu s'exposer
à être publiquement convaincu que les titres de
calomniateur, d'ignorant, de menteur, d'impudent, etc., lui sont et lui seront désormais
dûment et légitimement acquis? Les beaux titres, monsieur, pour joindre à ceux de M. de
Voltaire, d'académicien, de seigneur de Ferney, d'historiographe de France, de gentilhomme de la chambre du roi, de chambellan
du roi de Prusse!

En vérité, je ne comprends pas comment on
ose et comment on peut attribuer cet écrit à
M. de Voltaire : aussi ne douté-je pas un moment qu'il ne se récrie contre l'outrage : il
n'est point d'honnête homme qui ne s'en tînt
offensé, et qui ne prît toutes les voies pour
s'en défendre et s'en justifier.

Je ne vois pas, monsieur, ce que vous pourriez opposer à mes observations; cependant,
si vous persistez encore à croire M. de Voltaire
auteur de ce libelle, il faudra nécessairement
que vous avouiez l'une de ces deux choses : ou
que la passion l'a entièrement aveuglé et mis
hors de lui-même, ou que la décrépitude de

l'âge entraînant celle du génie, il ne reste plus du grand Voltaire que son ombre ; mais ombre aussi digne aujourd'hui de risée et de mépris que l'homme le fut autrefois d'applaudissement et d'admiration.

Mais comme dans cette brochure singulière, de qui qu'elle soit, le vrai ou le faux Voltaire prétend repousser une partie des attaques des censeurs, un écrivain qui ne paroît pas le redouter beaucoup a fait sur ce sujet les observations les plus intéressantes ; elles ont été imprimées à Lyon en 1767 : c'est la réponse la plus honnête qu'on puisse faire à un homme qui ne s'entend nullement en honnêteté. Je suis sûr qu'elles vous feront le plus grand plaisir, et que vous me saurez un gré infini de vous les avoir communiquées. Amusez-vous-en.

Je suis, etc.

OBSERVATIONS

SUR

LES HONNÊTETÉS LITTÉRAIRES.

I.

C'est principalement à l'auteur du livre des Erreurs de Voltaire qu'en veut l'auteur des Honnêtetés.[1] Voici comme il parle : « Tu as tort quand tu critiques, tu as plus tort encore quand tu dis des injures dignes de ton éducation, et tort encore peut-être quand tu espères qu'on ne te punira pas. »

Et vous, M. de Voltaire, lui réplique, en riant, le censeur, voudriez-vous qu'on jugeât de votre éducation par le style de vos honnêtetés ?

Vous dites d'un ton fier et menaçant : *Tu as tort, tu as tort !* mais pour vous, monsieur, vous ne pouvez jamais avoir tort ; ainsi vous n'avez point tort quand vous espérez qu'on ne vous punira pas, malgré les lois renouvelées depuis peu contre les auteurs des libelles : on ne requerra point cependant contre vous. La vertu pardonne les injures, et la sagesse les méprise.

II.

« Vois-tu, j'aime les rois,[2] je les respecte...

---

[1] Honnêtetés, p. 96, édition de 1767. — Ibid., p. 83.

» et les parlemens pensent comme moi, en-
» tends-tu ? »

Et quels rois aimez-vous et respectez-vous? demandera tout le public. Est-ce Charlemagne, que vous traitez de brigand, de conquérant barbare, de père incestueux ? est-ce saint Louis, que vous représentez comme un prince qui ne connoissoit ni la justice ni la raison? est-ce Louis XI, dont vous faites le plus cruel de tous les tyrans? est-ce Louis XIII, dont vous faites un assassin dès les premières années de son règne ? est-ce Louis XIV, dont vous faites un maître absolu et despotique?

Heureusement votre censeur a déjà assez bien relevé vos propos séditieux et insultans pour les rois, dans sa réponse à vos Éclaircissemens.[1] Il a démontré assez bien que les maximes que vous débitez ne sont propres qu'à irriter et à soulever les peuples contre les monarchies et contre les monarques. On ne rapporte pas ce que vous avez dit des Constantin, des Théodose, des Othon; on n'ajoute pas ce que vous avez dit et écrit contre des princes actuellement régnans, auxquels vous deviez être attaché par la reconnoissance ou par les liens les plus sacrés; on est seulement surpris que vous osiez dire : *Vois-tu, j'aime les rois et je les respecte.*

Prétendez-vous exciter les parlemens contre votre censeur, en disant : « Les parlemens pen-
» sent comme moi? » On vous répondra qu'en disant que les parlemens pensent comme vous,

---

[1] Voyez les Erreurs, tome 2.

ous les outragez, et que s'ils vous pardonnent, ce n'est que par compassion pour un vieillard décrépit, proscrit et exilé.

III.

« As-tu gagné les mille écus que tu voulois escamoter à M. de Voltaire par ton libraire Fez ?¹ Car Nonotte se mit en tête, il y a quatre ans, de gagner quelque argent, en vendant à un libraire d'Avignon une critique des œuvres de Voltaire ; mais, aimant encore mieux l'argent que la vérité, il fit proposer à M. de Voltaire de lui vendre pour mille écus son édition. »

Monsieur l'auteur des Honnêtetés, personne n'ignore que le désintéressement fut toujours la vertu favorite de M. de Voltaire.

Le libraire Jorre est prêt de l'attester par serment, et de lui en délivrer un certificat des plus authentiques *. Mille personnes pourront lui donner encore des attestations de la même force et de la même valeur.

Mais comment ne vous apercevez-vous pas des bévues que vos reproches renferment ? Vous dites que M. l'abbé Nonnotte, aimant mieux l'ar-

¹ Honnêtetés, p. 76.
* Le sieur Jorre, imprimeur et libraire à Rouen, acheta chèrement un manuscrit de Voltaire, et le paya sur-le-champ. Celui-ci alla aussitôt trouver un autre libraire, et lui vendit un manuscrit semblable. Jorre, informé du tour que lui joue Voltaire, le fait assigner : le procès s'instruit ; Voltaire sent le danger qu'il court ; il s'adressa à des gens de crédit et d'autorité pour forcer Jorre à un accommodement qui eut lieu en effet, et qui déroba Voltaire à un arrêt flétrissant sans sauver son honneur.

gent que la vérité, fit proposer à M. de Voltaire de lui vendre la critique qui avoit été faite de ses œuvres. Vous avouez donc que cette critique fait connoître la vérité?

Vous ajoutez que M. Nonnotte a vendu son manuscrit à Fez, et qu'il a voulu vendre l'édition à M. de Voltaire; mais si le manuscrit a été vendu à Fez, il étoit à lui, et M. Nonnotte n'avoit plus rien à y prétendre. Comment seroit sifflé à l'audience l'avocat qui raisonneroit pour sa partie comme vous raisonnez pour la vôtre?

IV.

« Petit Nonnotte,[1] rabâcheras-tu toujours tes
» contes de la légion thébaine, et du petit Ro-
» manus, dont on ne peut arrêter le caquet, dès
» qu'on lui eut coupé la langue? Faut-il t'appren-
» dre qu'il n'y a jamais eu de légion thébaine;
» que nous avons les noms de toutes les légions
» dans la notice de l'empire, et qu'il n'y est nul-
» lement question des Thébains? »

Mais, ou vous connoissez la notice de l'empire, ou vous ne la connoissez pas : si vous ne la connoissez pas, pourquoi en parlez-vous? si vous la connoissez, pourquoi la tronquez-vous?

Vous prétendez en imposer par ce ton hardi que vous prenez; mais que résulte-t-il de cette hardiesse? L'humiliation pour vous, et une conviction ou d'ignorance ou de mauvaise foi. Lisez cette notice à la page 63 : vous verrez qu'il y a eu deux légions thébaines, que ces

[1] Honnêtetés, page 81.

deux légions furent créées par les empereurs Dioclétien et Maximien, qu'elles eurent leur quartier dans la Thrace, qu'elles étoient sous le commandement d'un maître de la milice, pour me servir des expressions romaines. Voici le texte de Pancirole, sous le titre :

Legiones additæ a Severo Augusto usque ad Constantinum.

Legiones addit. à Dioclétiano et Maximiano.
- III. Diocletiana Thæbeorum XXI, comitatensibus sub magistro militum per Thracias.
- Maximiana Thæbeorum XXI, comitatensibus sub magistro militum per Thracias.

Après cela, que vous avez bonne grâce de traiter M. l'abbé Nonnotte de rabâcheur, de faiseur de contes, et de lui dire avec votre ton suffisant et dédaigneux : faut-il l'apprendre ?

Il n'est pas nécessaire de revenir sur le martyre de saint Romain. La vérité des actes de ce martyre, et la fausseté des fables que M. de Voltaire a bâties, sont également démontrées au chapitre troisième du premier tome des Erreurs.

V.

« Tu fais le savant, Nonnotte ; tu dis, à propos de théologie, que l'amiral Drack a découvert la terre d'Yesso. Apprends que Drack n'alla jamais au Japon, encore moins à la terre d'Yesso; apprends qu'il mourut en 1596 en allant à Porto-Bello. »

Hé ! que fait ici votre théologie ? A quel propos parlez-vous de théologie? Vous êtes tombé dans une erreur grossière, en parlant de la distance du Japon en Amérique. Vous supposez que cette distance est de douze cents lieues. On vous a démontré votre erreur; on vous a prouvé que cette distance étoit de huit cents lieues au plus; on vous a fait voir que cet intervalle n'étoit pas tout de mers, comme vous l'affirmez; mais qu'il étoit rempli par beaucoup d'îles et de terres, entre autres par la terre d'Yesso; et c'est sur cette dernière circonstance que vous dites fièrement à votre censeur : *apprends, apprends*. Ne seroit-il pas en droit de vous dire à vous-même, mais d'un ton bien plus assuré : *Voltaire, apprends, apprends.*

Mais ce sera avec un ton plus honnête qu'il vous dira : Apprenez, M. de Voltaire,[1] apprenez de l'historien de la reine Elisabeth que Drack partit d'Angleterre en 1577; qu'il passa le détroit de Magellan, remonta dans la mer du Sud, découvrit en passant la terre d'Yesso, continua sa route du côté du Japon, acheva de faire le tour du monde, et demeura trois ans dans ce voyage.

Apprenez de George Hornius l'accueil qui fut fait à cet amiral à sa descente sur ces côtes en 1579, le nom de Nouvelle-Albion que Drack donna à cette contrée, le rapport qu'il en fit à la reine Elisabeth, et les raisons qui empêchèrent les Anglais de profiter de cette découverte. Consultez le grand atlas de Blaeu, les histoires des voyages, les plus savans géographes, et dé-

[1] Camden.

fendez vos erreurs anciennes et nouvelles ; prouvez, contre tous ces auteurs, que ce sont des Hollandais qui ont donné le nom de Nouvelle-Angleterre à la terre d'Yesso !

M. de Voltaire, qu'on a bonne grâce de dire à autrui, *apprends, apprends*, quand on est soi-même si fort dans le cas d'être remontré !

VI.

« Voyons si tu entends mieux la théologie
» que la marine. L'auteur de l'Histoire générale
» a dit que, selon saint Thomas, il est permis
» aux séculiers de confesser dans les cas urgens ;
» que ce n'est pas tout-à-fait un sacrement, mais
» que c'est comme un sacrement. Le jésuite To-
» let a dit dans son livre d'instruction sacerdo-
» tale, *liv.* 1, *ch.* 16, que ni femme ni laïque
» ne peuvent absoudre sans privilége : *Nec fœ-*
» *mina nec laïcus possunt absolvere sine pri-*
» *vilegio.* Le pape peut donc permettre aux filles
» de confesser. »

Oh ! pour le coup, M. de Voltaire, c'en est trop. Votre personnage n'est plus soutenable ; on ne sait plus comment vous définir. Vous avouez, vous niez, vous rétractez, vous tournez et vous retournez comme la girouette, etc.

Dans votre Histoire générale, vous affirmez en termes exprès que les femmes avoient le pouvoir de confesser. Il étoit permis, dites-vous dans le chapitre onzième, de se confesser à un laïque et même à une femme, et cette permission dura long-temps. Ici vous sentez votre faute, sans pouvoir ni l'avouer ni la soutenir. Vous vous réduisez à des cas urgens, à des confessions qui ne sont pas tout-à-fait sacrement, mais comme sacrement. Vous traduisez le texte de saint Thomas, comme un homme qui ne l'entend ni ne le comprend ; vous ajoutez encore à ce que porte ce texte ; ensuite vous concluez : *Donc le pape peut permettre aux filles de confesser.*

O vanité, vanité, que tu fais dire de sottises à des hommes même dans qui on ne peut pas s'empêcher de reconnoître beaucoup d'esprit !

Ce n'est pas tout : vous falsifiez un texte du cardinal Tolet, ou plutôt vous fabriquez un texte, que vous attribuez ensuite à ce cardinal qui fut si chéri et si estimé d'Henri IV ; et en voulant calomnier ce grand homme, vous montrez la plus parfaite ignorance sur des choses que vous ne devez pas savoir, mais sur lesquelles vous devriez avoir au moins la prudence de vous taire.

Vous citez hardiment le chapitre seizième de l'Instruction sacerdotale de Tolet ; et dans ce chapitre on ne trouve pas un mot de ce que vous dites ou de ce que vous faites dire à ce cardinal. Il falloit au moins citer le chapitre dix. Mais qu'y auriez-vous gagné ? Dans ce chapitre il est parlé de la levée des censures. Il est bien dit qu'un laïque peut être délégué par le pape, pour lever l'excommunication, et absoudre de l'excommunication ; mais, 1° il n'est point parlé de confession ni d'absolution des péchés ; 2° il n'y est point parlé de femmes ni de filles. Il y a donc ici une double erreur : la première est de prendre la levée des censures pour l'absolution des péchés ; la seconde est d'affirmer qu'il y est fait mention des femmes, lorsqu'il n'en est nullement parlé. Le texte du cardinal ne porte que ces paroles : *non potest laïcus absolvere nisi ex privilegio*. Le public malin, qui ne ménage personne, se contentera-t-il de traiter cela d'erreur ?

Enfin, pour vous instruire sur ce que vous ignorez, on vous dira que la censure est une peine qui suppose le crime, et qui est infligée pour le crime par le juge ecclésiastique. Le juge peut la lever, ou par lui-même, ou par un délégué à qui on donne la commission. Le caractère et la puissance sacerdotale ne sont point nécessaires pour cela. Mais quand il s'agit du crime qui rend l'âme coupable aux yeux de Dieu, il n'y a que le prêtre qui puisse en absoudre, parce qu'il n'y a que lui qui en ait le pouvoir. Ce pouvoir, on ne le reçoit et on ne peut le recevoir que dans l'ordination.

Dites maintenant, tant qu'il vous plaira, M. de Voltaire, que les femmes et les filles ont eu le pouvoir de confesser ; que Tolet l'enseigne dans son livre de l'Instruction sacerdotale ; que le pape peut le leur donner : ce que l'on conclura de toutes vos belles affirmations, c'est que vous êtes un homme aussi judicieux, aussi instruit, aussi vrai que vous êtes honnête, poli et modéré.

VII.

« Il me prend envie de t'instruire sur l'his-

» toire de la Pucelle d'Orléans ; j'aime cette
» Pucelle, et bien d'autres l'aiment aussi.... Je
» tirerai les faits des auteurs contemporains,
» des actes du procès de Jeanne d'Arc, etc. »

Votre envie est assez plaisante, M. de Voltaire. Vous voulez instruire, sur l'histoire de cette Pucelle que vous aimez, un homme qui vous a déjà donné d'assez bonnes leçons sur ce point d'histoire. Au lieu d'entreprendre d'instruire les autres, n'auriez-vous pas dû commencer pas vous instruire vous-même?

Vous osez citer, dans vos fatras de dissertations, M. Villaret; et devriez-vous seulement nommer cet écrivain, qui détruit si bien tout ce que vous avancez? Vous traitez cette fille extraordinaire d'idiote hardie,[1] d'héroïne de village. Mais voyez la manière dont la traite Villaret.

« On ne peut pas, dit-il, sans se rendre cou-
» pable d'injustice et d'ingratitude, lui contes-
» ter un des premiers rangs parmi les héros de
» notre nation. Les Français doivent éternelle-
» ment chérir et respecter sa mémoire. L'obs-
» curité de son origine donne un nouveau lustre
» à la noblesse, à la dignité de son courage. Son
» zèle pour le rétablissement du souverain lé-
» gitime, son amour pour sa patrie, enflammè-
» rent son imagination : elle se crut réellement
» inspirée ; les effets seuls distinguent le fana-
» tisme, de l'enthousiasme vertueux. Jeanne
» d'Arc, née Française, fut le premier mobile
» du salut de la France. Elle mourut à l'âge de
» dix-neuf ans. »

Lisez les quarante pages où M. Villaret traite

[1] Philosophie de l'hist., tome 15, p. 76.

de la mort de la Pucelle, lisez dans le tome XIV ce qu'il dit de son arrivée auprès du roi, et de ses entrevues avec ce prince ; et vous y trouverez la réfutation de toutes les fables que vous osez débiter.

Lisez le sage et judicieux historien M. le président Hénault, qui ne se met guère en peine de la fausse délicatesse de notre siècle, ni de la présomption philosophique ; et apprenez de lui à toucher les morceaux historiques avec sagacité, noblesse et vérité. Voici comment il s'exprime :

« Jeanne d'Arc, native de Domremy, proche
» Vaucouleurs, vient trouver le roi à Chinon,
» et lui dit qu'elle est envoyée de Dieu pour
» faire lever le siége d'Orléans, et ensuite le
» faire sacrer à Reims. C'étoit là les deux points
» de sa mission. Du Bellay-Langey fut le pre-
» mier qui s'avisa de jeter des doutes sur le
» merveilleux de l'histoire de la Pucelle. »

Notez que du Bellay-Langey vivoit plus de cent ans après la Pucelle d'Orléans.

Vous dites que *vous tirerez les faits des auteurs contemporains*, et vous n'en citez pas un seul, vous n'auriez même garde de les citer, puisqu'ils condamnent tout le travestissement que vous faites de cette fameuse héroïne. Un mot de Monstrelet, et les beaux raisonnemens de M. Rapin de Toyras, dans son histoire d'Angleterre, voilà ce qui fait tout le fondement de votre brillante dissertation. Mais vous deviez observer que Monstrelet, qui ne dit cependant qu'un mot contre la vérité de l'histoire de la Pucelle, étoit, comme le remarque Bayle, un partisan outré des Bourguignons et des Anglais, et que M. Rapin de Toyras étant un réfugié, il avoit intérêt à ne pas trop faire valoir le merveilleux de la Pucelle. Voilà d'abord comment vous tirez les faits des auteurs contemporains.

Vous voulez ensuite vous autoriser des actes du procès de Jeanne d'Arc, et vous ne parlez que d'après le même Rapin de Toyras, lequel n'avoit sous les yeux que des actes informes, qui portent avec eux les preuves de falsification. Si vous vouliez parler d'actes, il falloit demander la communication des actes authentiques qui sont dans la bibliothèque du roi. Peut-être vous l'auroit-on accordée ; vous auriez été en état de juger, vous auriez peut-être moins erré.

Vous voulez faire l'homme érudit ; vous enfilez un grand nombre de noms d'auteurs que vous citez comme vos garans, et vous donnez par-là la preuve la plus évidente que vous ne les avez pas lus ; car plusieurs de ceux que vous citez, comme Paul Jove, Gaguin, etc., vous condamnent hautement.

Enfin, vous ramassez mille pauvres raisons, tirées la plupart du plaidoyer de Rapin contre la Pucelle, et vous insultez, par ce moyen, le clergé et la nation. Cela peut bien satisfaire ces petits esprits qui s'évaporent en paroles, et qui croient valoir beaucoup parce que, selon le ton que vous avez mis à la mode, ils insultent hardiment les siècles passés. Mais, pour toute réponse, je vous renvoie à l'auteur des Annales de Flandre[1], qui écrivoit peu de temps après le règne de Charles VII. Cet historien n'étoit ni

---

[1] Meyeri. ann. I, page 16.

Anglais ni Français; il ne doit être suspect à aucun des deux partis. Voici son texte :

« Le trente mai, fut brûlée à Rouen, dans la place du vieux marché, Jeanne la Pucelle. Il n'y eut point d'autre cause de sa mort que la haine des Anglais. Pierre Cauchon, Anglais d'origine et évêque de Beauvais, la fit livrer à la mort, par complaisance pour le duc de Bedford, régent du royaume. On ne voulut lui donner ni avocat ni conseil. Simple et sans lettres, l'évêque et ses collègues lui tendirent toute sorte de piéges, par des interrogations captieuses sur la foi catholique ; mais ce fut en vain : la pureté de la foi et la sagesse caractérisèrent toujours toutes ses réponses. Quoiqu'on eût fait courir le bruit qu'elle étoit sorcière et magicienne, on ne put cependant en donner aucune preuve. L'évêque avoit pour assesseur, Gilles, abbé de Fécamp, Nicolas, abbé de Jumiéges, Pierre, prieur de Longueville. L'inquisiteur de la foi en France, Jean le Maître, ne voulut pas se trouver à la procédure ; il dit que sa conscience s'y opposoit. Nicolas Rollin et l'université de Paris ne montrèrent pas la même probité. Le duc de Bedford écrivit au duc de Bourgogne une lettre qui n'étoit remplie que de mensonges, après la mort de la Pucelle. Il lui dit qu'elle n'avoit jamais voulu reconnoître aucune autorité sur la terre que celle de Dieu ; qu'elle avoit avoué, avant sa mort, qu'elle avoit été trompée par les esprits qui lui avoient apparu, et qui lui avoient promis de la délivrer.

» Ainsi périt la libératrice de la France. Por-

» senna en usa d'une manière bien plus noble
» et bien plus généreuse envers Clélie. Les cen-
» dres de la Pucelle furent jetées dans la Seine ;
» et depuis cette horrible exécution les Anglais
» ne remportèrent plus aucune victoire sur les
» Français. »

Je ferai encore une petite remarque de peu de conséquence. La Pucelle, dites-vous, n'étoit qu'une idiote hardie, une héroïne de village ; mais n'est-il pas étonnant qu'un homme qui sait sa langue ne fasse pas attention que ces deux termes, idiote et hardie, ne sont pas faits pour être mis ensemble, et qu'ils présentent des idées aussi opposées que le jour et la nuit ?

VIII.

« Tu continues à canoniser l'action du cen-
» turion Marcel, qui jeta son ceinturon, son
» épée, sa baguette à la tête de sa troupe, et
» dit qu'il ne falloit pas servir son empereur.
» Mon ami, prends garde, le ministre de la
» guerre veut que le service se fasse ; ton Mar-
» cel est de mauvais exemple.[1] »

Votre censeur remarque d'abord qu'il n'est écrit nulle part que saint Marcel ait jeté à la tête de ses soldats sa baguette, son ceinturon et son épée ; il trouve ensuite que vous faites des menaces risibles, que vous défigurez les faits, et que vous ne pouvez pas réussir à avoir de votre côté la moindre apparence de raison. N'auriez-vous donc pas mieux fait de vous taire ?

---

[1] *Honnêtetés*, page 80.

Saint Marcel, officier dans les troupes romaines, déclare à son général qu'il aime mieux renoncer au service et à la vie même que de renoncer à Jésus-Christ; et pour cela vous le traitez de séditieux, vous dites que c'est un homme de mauvais exemple : vous n'auriez donc pas donné vous-même un exemple tel que celui-là.

Vous ajoutez que Marcel déclara qu'il ne faut pas servir son empereur, et cet officier ne dit pas un mot de cela ; il déclare seulement que si le service de Dieu ne peut pas s'accorder avec celui de l'empereur, il renoncera plutôt à celui de l'empereur qu'à celui de Dieu. Croyez-vous que Marcel auroit mieux fait s'il eût sacrifié aux idoles ? Cette obéissance auroit-elle été plus digne de vos louanges ?

M. de Voltaire, pourquoi en voulez-vous tant à ce généreux martyr ? pourquoi en voulez-vous tant à ceux qui regardent Dieu comme le premier de tous les maîtres, et le maître des empereurs mêmes et des rois ? Monsieur, si vous ne voulez pas qu'on regarde avec horreur les maximes que vous débitez, soyez plus circonspect !

IX.

« Hé bien ! parleras-tu encore des bigames
» et des trigames de la première race ? Lis ton
» Daniel, quoiqu'il soit bien sec ; lis la page 110
» du premier volume ; lis, lis, et tu trouveras
» que le grand Théodebert épousa la belle Deu-
» térie, quoique la belle Deutérie eût un mari
» et que Théodebert eût une femme, et que

» cette femme s'appeloit Visigarde. Tu verras
» que Théodebert imitoit en cette bigamerie ou
» bigamie, son oncle Clotaire. »

Hé bien ! parlerez-vous encore des bigames et des trigames de la première race ? Lisez, M. de Voltaire, lisez l'article IX de la réponse à vos Éclaircissemens, vous y trouverez les leçons les plus sûres et les vérités les mieux démontrées.

Vous aviez accusé du crime de bigamie les rois Gontran, Chérebert, Sigebert, Chilpéric, etc.; votre censeur vous a donné les preuves du contraire, et il l'a fait avec toute l'évidence et la politesse qu'on peut désirer de l'homme honnête et de l'homme instruit. On vous répondra encore sur le même ton pour les rois Théodebert et Clotaire.

Apprenez d'abord de votre exact et judicieux censeur qu'on n'est pas bigame pour avoir plusieurs femmes en même temps, et que cela dépend du titre sous lequel ces femmes seroient avec un homme, c'est-à-dire d'épouses ou de maîtresses. Sans cela il faudroit donner le nom de bigames à tous ceux qui manquent à la foi conjugale, et à bien des hommes mêmes qui ne seroient pas mariés; mais ce seroit alors abuser des termes, et un homme qui sait sa langue éviteroit cet abus.

Apprenez qu'aucune loi civile ou ecclésiastique, ni chez les chrétiens ni chez les Romains, n'a jamais autorisé la bigamie, et qu'aucun exemple ne l'a jamais fait regarder comme tolérée. Ce qui a été contre la loi a toujours été réputé désordre, déréglement; et la bigamie a toujours été regardée comme infamie. Ne deviez-vous pas faire attention à ce fameux rescrit de Dioclétien ? « C'est une chose connue » de tout le monde que personne de ceux qui » vivent sous les lois romaines ne peut avoir » deux femmes à la fois : » *Neminem qui sub ditione sit romani nominis binas uxores habere posse vulgo patet.*

Apprenez enfin que les exemples que vous citez encore de Théodebert et de Clotaire ne peuvent rien pour votre lubrique sentiment. Ces princes furent des adultères et non pas des bigames. On vous défie de prouver qu'il y ait eu aucune cérémonie civile ou ecclésiastique de mariages. Ils n'étoient donc pas mariés ; ils n'étoient donc pas bigames.

Vous renvoyez votre censeur à Daniel ; hé bien ! il vous renverra vous-même à cet historien. Daniel vous dira que Théodebert alla assiéger un château où s'étoit renfermée Deutérie, qu'elle en sortit, alla au-devant de ce prince, se rendit aussitôt la maîtresse de son vainqueur ; que le bouillant Théodebert n'imita pas la continence du sage Scipion, et qu'il passa quelques années avec cette Deutérie ; et c'est là ce que vous donnez pour exemple de bigamie. Oh ! M. de Voltaire, on ne peut pas mieux raisonner, on ne peut pas mieux choisir les exemples, ni prouver d'une manière plus invincible ce qu'on a avancé !

L'exemple de Clotaire est aussi heureux que celui de votre grand Théodebert. On sait que Clotaire fut un des plus méchans princes qui aient jamais régné. Mauvais fils, père cruel et inhumain, oncle perfide et barbare, il ne connut ni lois ni devoirs; il n'y eut rien de sacré pour lui; il abusa de son autorité; il employa toute sorte de moyens pour satisfaire son ambition et assouvir ses passions. On ne doit pas être surpris qu'il ait été ouvertement adultère et incestueux. M. de Voltaire, choisissez mieux une autre fois les exemples que vous voudrez citer; ou, pour mieux dire, reconnoissez vos erreurs, respectez la vérité; ou au moins, pour votre honneur, sachez vous taire!

X.

« Ne t'enfonce plus dans la discussion de la
» donation de Pepin.[1] Doute, mon ami, doute;
» et jusqu'à ce qu'on t'ait montré l'original de
» la donation de Ravenne, doute, dis-je. Sais-tu
» bien que Ravenne, en ce temps-là, étoit une
» place plus considérable que Rome? »

Oh! monsieur, que vous auriez eu de sujets de douter, si vous aviez attendu qu'on vous montrât les titres originaux de tout ce que vous débitez dans vos histoires! Dans le cas dont il s'agit ici, ni vous ni votre censeur vous ne pouvez douter: il ne peut pas douter de la fameuse donation de Pepin, puisqu'il la trouve dans tous les historiens contemporains; et vous, vous ne pouvez pas douter de vos erreurs sur ce point, puisqu'elles vous ont été si clairement démontrées.

Sais-tu bien, ajoutez vous (car je ne veux

[1] Honnêtetés, p. 81.

pas vous dire grossièrement, ajoutes-tu), sais-tu bien que Ravenne étoit une place plus considérable que Rome ? Je n'aurois pas cru qu'on pût dire : Rome est une place considérable, Paris est une place considérable, Londres est une place considérable ; je croyois que le mot de place, pour signifier une ville, ne s'employoit que relativement aux fortifications et aux opérations militaires : mais vous avez été reçu à l'académie française, vous devez en savoir plus que les autres. Revenons à votre objection.

Vous êtes le premier, monsieur, qui ayez osé faire ce parallèle de Rome avec Ravenne, et, ce qui est encore plus hardi, donner la préférence à Ravenne sur Rome. Il faudra donc croire, sur votre autorité, que cette ville de Ravenne, qui fut la résidence de quelques rois ostrogoths, l'emportoit sur Rome, qui fut la résidence des maîtres du monde, qui conservoit encore alors presque toute cette magnificence dont cinquante empereurs l'avoient enrichie, et dont aucune ville de l'univers n'a jamais approché. M. de Voltaire, votre autorité court ici un grand risque.

XI.

« Que tu es ignorant ! te dis-je.¹ Tu ne sais
» pas que le bourg de Livron, en Dauphiné,
» étoit une ville du temps de la ligue ; qu'elle
» fut détruite comme tant d'autres petites villes;
» et quand on t'a prouvé qu'elle fut assiégée

¹ Honnêtetés, p. 96.

» par Henri III, tu réponds que tu voulois
» parler de l'état où Livron est aujourd'hui, et
» non de celui où elle étoit alors. Tu excuses
» ton ignorance par une nouvelle erreur. Ce
» n'étoit pas Montbrun qui commandoit, c'étoit
» Roësses, comme le dit M. de Thou. »

Eh quoi! vous revenez encore à votre bicoque de Livron! Vous vous tournez de tout côté, pour faire croire que vous avez pris votre censeur en défaut; vous lui faites dire ce qui ne lui est pas seulement venu dans la pensée; vous le renvoyez à M. de Thou.

Hé bien, il vous y renvoie lui-même, afin que vous appreniez que Roësses fut tué pendant le siége, et qu'il fut succédé par La Hire; que Montbrun étoit alors commandant pour le parti huguenot dans le Dauphiné, et qu'il couroit tout le Dauphiné. Il n'est donc pas surprenant qu'il ait fait au roi, qui vouloit qu'on lui remît cette place, la belle réponse que votre censeur rapporte d'après un auteur aussi instruit que celui qu'il a cité. Où est donc la nouvelle erreur par laquelle vous prétendez qu'il excuse son ignorance? Est-il possible que vous vous opiniâtriez toujours à vouloir avoir raison, et que vous ne puissiez jamais y réussir!

XII.

« Il n'y a point de couvent en France où les
» religieux aient deux cent mille livres de rente!
» Il est vrai que les pauvres moines n'ont rien;
» mais les abbés réguliers ou irréguliers de Cî-
» teaux et de Clairvaux les ont, ces deux cent

» mille livres. L'abbé de Cîteaux a commencé
» un bâtiment dont l'architecte m'a montré le
» devis; il monte à dix-sept cent mille livres. »

M. de Voltaire, vous vous donnez la liberté de tout dire, et vous mettez vos censeurs dans la nécessité de tout reprendre. Où avez-vous donc appris que les abbayes de Cîteaux et de Clairvaux avoient ces deux cent mille livres de rente; que c'étoient des abbés réguliers ou irréguliers, comme vous le dites ingénieusement, qui possèdent ces revenus immenses; que le devis du bâtiment de Cîteaux monte à dix-sept cent mille livres? Où avez-vous puisé toutes ces anecdotes?

Hé bien, quoique la vérité soit la chose du monde à laquelle vous vous intéressez le moins, on est cependant bien aise de vous la présenter; vous en ferez ensuite l'usage qu'il vous plaira.

Apprenez donc que l'abbaye de Cîteaux, non-seulement ne possède pas les deux cent mille livres de rente que vous dites, mais qu'elle n'en a tout au plus que la moitié; c'est ce qui est démontré par la taxe des décimes, qui n'est portée qu'à onze ou douze mille livres pour cette maison. On sait que par les règlemens faits, il y a une douzaine d'années, par le clergé de France, la taxe des abbayes est quelquefois du cinquième ou du sixième des revenus; rarement cette taxe descendra-t-elle au huitième, et les abbayes régulières ne sont pas les plus ménagées.

Apprenez que M. de Cîteaux ne jouit de rien en particulier; que tout le revenu est en commun; qu'il est administré par des officiers qui lui en rendent compte en présence des plus graves personnages de l'abbaye.

Apprenez que, sur environ cent mille livres de rente dont jouit cette célèbre et immense abbaye, il faut fournir au paiement des décimes, à l'entretien des fermes, de la communauté, de M. l'abbé, et à plusieurs dépenses relatives au gouvernement général de l'ordre de Cîteaux.

Apprenez que votre architecte qui vous a montré le devis, lequel monte à dix-sept cent mille livres, n'est qu'un aventurier, puisqu'il prétend savoir ce qu'on ignore à Cîteaux même.

Il est vrai que M. l'abbé, dans la nécessité de relever plusieurs bâtimens, a fait dresser un plan général qui comprend toute l'abbaye; cela montre de la sagesse dans ses vues.

Il en a déjà fait exécuter une partie qui a coûté deux cent soixante mille livres; cela fait voir son activité et son attention pour le bien commun.

Il a tiré cette somme de la vente d'un quart de réserve, accordé par le conseil à l'abbaye, pour relever les bâtimens : voilà quelles ont été ses ressources.

Il a ensuite discontinué de bâtir, c'est qu'à présent les ressources sont épuisées pour continuer; il faudra attendre que les petits filets d'arbres que la terre commence à nourrir soient changés en arbres vigoureux, et donnent une nouvelle forêt.

Ainsi, monsieur, n'espérez pas de voir achever ces bâtimens, à moins que votre générosité et votre respect pour MM. de Cîteaux ne vous sortent à leur faire présent de quatre à cinq cent mille livres. Avec cette somme, qui n'est pas cependant celle de votre calcul ou du calcul de votre architecte, car c'est ici la même chose, MM. de Cîteaux seroient bien sûrs de mettre la dernière main à l'exécution de leur plan général, et ils s'engageroient bien, par reconnoissance, à dire pour vous quelques messes de *requiem*.

En attendant, ne dites plus, pour votre honneur, que vous avez vu; ne calculez plus, n'affirmez plus; car tout cela est travail, propos et temps perdus.

XIII.

« Confesse ta fille, dites-vous à votre cen» seur; confesse cette vieille fille imbécile que » tu gouvernes despotiquement; confesse-toi à » elle, etc. »

A cette occasion de confession, je vous ferai part de ce qui arriva dans une compagnie où je me trouvai. On y parla beaucoup de vous; et dans la suite de la conversation, on vint aussi à parler de cette hardiesse libertine qui paroît dans tous vos écrits, et de la frayeur sur l'avenir qui vous saisit, dit-on, dès que vous vous sentez un peu incommodé. « Voltaire craint le diable, dit quelqu'un de la compagnie; dès qu'il est malade, il n'y a jamais assez de confesseurs pour le rassurer et le consoler. » Un ecclésiastique qui se trouvoit là se mit à rire de tous ces propos, qui lui paroissoient peu raisonnés. « Hé bien, lui dit quelqu'un, si

Voltaire étoit malade, que vous fussiez sur les lieux, et qu'on vînt vous prier de l'aller confesser, le refuseriez-vous ? « Non certainement, répondit l'ecclésiastique; je m'y transporterois aussitôt; je connois et je sens trop bien à quoi le zèle m'obligeroit alors. Mais la première chose que j'exigerois de ce vieux pécheur, ce seroit la réparation des scandales qu'il a donnés; ce seroit une amende honorable à la religion, qu'il outrage depuis plus de soixante ans; à l'église chrétienne, à laquelle il a voué la haine la plus implacable; à toute la société civile, dont il est, par ses écrits, le plus dangereux séducteur. J'exigerois que cette amende honorable se fît en présence d'une compagnie nombreuse, de personnes publiques, de gens de considération, qui fussent priées et engagées de l'attester, et d'en donner la connoissance à toute l'Europe. »

On fut surpris de ce ton de vigueur; on voyoit l'embarras où se trouveroit le pauvre malheureux de faire une pareille démarche; on blâmoit cet excès de sévérité. « Mais, ajouta cet ecclésiastique éclairé, ou Voltaire sent tout le mal qu'il a fait, ou il ne le sent pas. S'il le sent, il en sera effrayé, et comprendra la nécessité de la démarche; s'il ne le sent pas, et qu'il refuse de se soumettre, il n'est pas dans la disposition requise pour être réconcilié avec Dieu. Ici, chacun a son devoir, le confesseur et le pécheur. »

M. de Voltaire, vous êtes le doyen des philosophes, c'est-à-dire de ces beaux esprits à qui la religion pèse extrêmement. Hâtez vous

e faire l'amende honorable ; vous êtes plus
u'octogénaire, le temps presse.*

XIV.

« D'où vient que tant de petits auteurs atta-
quent les premiers hommes de la littérature
avec une fureur si folle ?¹ Ce n'est pas certainement pour rendre service à la religion qu'ils
crient partout que les premiers philosophes
du siècle, les plus grands poëtes et orateurs,
les plus exacts historiens, ne croient pas à la
religion catholique, apostolique et romaine,
contre laquelle les portes de l'enfer ne pré-
vaudront jamais. On sent bien que les portes
de l'enfer prévaudroient, s'il étoit vrai que
tout ce qu'il y a de plus éclairé dans l'Europe
déteste en secret cette religion. »

Avec cet entortillement affecté de propos,
dont tout le monde ne pénètre pas d'abord le
sens et le but, vous voulez, M. de Voltaire,
vous donner le plaisir de dire ce que vous avez
dans l'âme ; mais vous ne voulez pas cependant
vous trop expliquer. Vous vous montrez, vous
vous cachez, vous vous découvrez, vous vous
déguisez ; vous voulez vous faire entendre à une
certaine espèce de lecteurs, vous voulez pouvoir vous défendre devant d'autres ; et par-là
vous faites au mieux votre véritable person-

---

* L'avis étoit bon, il étoit pressant, l'homme n'en a pas
profité ; et la main de Dieu semble l'avoir conduit dans la
capitale pour donner, par tout ce qui a accompagné et suivi
sa mort, le spectacle le plus instructif et le plus effrayant.

¹ Honnêtetés, p. 131.

nage, et vous peignez au mieux l'orgueil qui caractérise les philosophes de nos jours. Mais entrons dans l'examen de ce que vous dites, ou de ce que vous avez voulu dire; allons à découvert. Qu'entendez-vous par ces petits auteurs que vous traitez, à la page suivante, de petits-collets sans bénéfices, de précepteurs chassés, d'argumentans en théologie, etc. ?

Quoi ! parce qu'un écrivain seroit sans bénéfices, seroit-ce une preuve qu'il n'est qu'un petit auteur ? Seroit-il par-là même incapable de bien écrire, de bien raisonner, de bien servir la religion ? Hé ! voyez les ouvrages qui ont pour titres : *Les Erreurs de Voltaire*, *le Dictionnaire philosophique de la religion*; l'auteur est un petit-collet sans bénéfices, il n'a pas seulement une obole de revenu de bien d'église; et cependant quel empressement n'a-t-on pas eu en France pour ses ouvrages ! quel empressement les nations étrangères n'ont-elles pas montré à les avoir dans leur langue naturelle ? Ils sont traduits en italien, en allemand, en polonais; et combien les éditions françaises n'ont-elles pas été multipliées !

Vous mettez encore parmi ces petits auteurs à qui vous en voulez, des *précepteurs chassés* : mais on connoît un très-fameux écrivain qui a été chassé des cours de Bruxelles, de Prusse, de Lorraine, de France et de plusieurs autres lieux; le rélégueriez-vous pour cela au rang des petits auteurs ? Croiriez-vous que le reproche fondé ou mal fondé d'avoir été chassé fût suffisant pour mettre cet homme au rang des petits auteurs ?

Encore une fois, qu'entendez-vous par ces petits auteurs que vous affectez de mépriser si fort? mais on le voit sans que vous le disiez : ce sont les défenseurs de la foi et des mœurs. Cependant ce ton si fier et si dédaigneux est-il ici bien à propos? Et que sont la plupart de ceux qui composent votre troupe philosophique, en comparaison des hommes qu'on compte parmi les défenseurs de la religion? On trouve parmi ceux-ci des princes, des cardinaux, des archevêques, des évêques, des hommes auxquels, pour le rang et la naissance, nul de ces philosophes n'oseroit se comparer, et que très-peu égaleroient pour les talens. Ce ton d'orgueil, si familier aux gens de la troupe dont vous êtes le chef, est donc aussi déplacé qu'il est indécent.

Qu'entendez-vous ensuite par *ces premiers hommes de la littérature?*[1] Vous y mettez sans doute en premier lieu cet homme qu'*une vingtaine de sciences partagent, malgré ses infirmités*. Vous le ferez suivre par tous ces écrivains hardis qui se donnent entre eux le nom de philosophes, que vous louez afin qu'ils vous louent, et qui vous louent afin que vous les louiez; car c'est là le pacte philosophique; et nous avons tous les jours de nouvelles preuves que ce pacte risible s'observe parmi vous avec la plus exacte fidélité.

Venons enfin à cette proposition singulière qui termine votre texte, et qui est la plus singulière qui ait jamais été faite; c'est que ce

---

[1] Avant-propos de la Henriade.

seroit bientôt fait du christianisme, s'il étoit vrai que les philosophes fussent les ennemis secrets de cette religion. « Les portes de l'enfer » prévaudroient, dites-vous, s'il étoit vrai que » que tout ce qu'il y a de plus éclairé en Europe » déteste en secret cette religion. »

Permettez qu'on vous le dise, M. de Voltaire, qu'il n'y eut jamais de proposition plus dépourvue de jugement que celle qui vous est là échappée. Quoi ! vous prétendez que si vos philosophes se liguoient contre le christianisme, ils viendroient à bout de le détruire ! Hé ! ignorez-vous donc qu'à la naissance de cette religion, tous les philosophes, tous les beaux esprits, toutes les puissances de la terre, s'élevèrent contre elle; que par la vertu d'en haut, la philosophie fut confondue, les puissances de la terre renversées, le paganisme vaincu, le libertinage arrêté ou obligé de se cacher?

Ignorez-vous donc ce que dit le grand apôtre des nations à l'honneur des beaux esprits et des philosophes du paganisme, auxquels les nôtres ne ressemblent que trop ? « Que vous ont » appris [1] ces sages, ces savans, ces faiseurs de » recherches? Dieu n'a-t-il pas bien fait voir » que toute leur sagesse n'étoit qu'une vanité » insensée? Mes discours parmi vous, ajoute » cet homme divin, ne se sont jamais sentis de » l'artifice de la sagesse humaine : c'est la puis- » sance de Dieu et la grâce de l'Esprit saint qui » en ont fait toute la force, parce que c'est cette » puissance divine, et non la sagesse humaine, » qui doit servir de fondement à notre foi. »

[1] 1. Cor. 2.

Ignoreriez-vous avec quelle effusion de cœur [le] divin fondateur de la religion s'écrie : « Je vous rends grâces, ô mon Père![1] de ce que vous avez caché vos sublimes vérités aux sages et à ceux qui se fient en leurs propres lumières, et de ce que vous les avez manifestées aux petits et aux humbles. »

Hé! connoissez donc enfin, monsieur, 1° combien l'esprit philosophique est opposé à [l']esprit du christianisme. 2° combien la philo[so]phie à la mode est peu propre à rendre ser[vi]ce à la religion, 3° combien est ridicule et [in]sensé l'orgueil qu'annonce votre proposition.

XV.

De tous les écrivains qui ont remarqué ou [fa]it remarquer vos erreurs, il n'en est point [à] qui vous ayez fait autant d'honneur qu'à [M.] l'abbé Nonnotte. Vous faites mention de lui [d]ans presque toutes vos brochures satiriques [e]t vindicatives. Vous lui donnez un des prin[c]ipaux personnages dans vos *Honnêtetés littéraires*. On sait que vous ne passez pas un jour [s]ans faire connoître à toute votre maison com[b]ien vous êtes affecté des belles remontrances [q]u'il vous a adressées.

Mais on remarque aussi que, dans les diffé[r]ends qu'il y a entre lui et vous, et que dans les [d]éfenses ou attaques réciproques, vous ne vous [s]ervez pas l'un et l'autre des mêmes armes. [M.] l'abbé Nonnotte vous présente de bonnes

[1] Matth. 11.

raisons; et vous, vous lui répondez par les injures les mieux choisies. Il parle de vous comme d'un homme qui a beaucoup d'esprit et beaucoup de talens, et vous le traitez d'*hébété*, de *lourd écrivain*, de *prédicateur de village*. Il vous fait ses remontrances d'un air aisé et tranquille, parce qu'il est toujours assuré de ce qu'il vous dit, et vous ripostez toujours en homme piqué et démonté. Vous lui jetez de la boue au visage; il s'essuie, et il fait ensuite comme les autres, il rit de tout votre courroux. Il est sûr que vos armes et celles de votre censeur ne sont pas de la même trempe.

Enfin vous rapportez une lettre concernant la famille et la personne de M. l'abbé Nonnotte, par laquelle vous prétendez écraser ce censeur à qui vous ne pouvez pas pardonner la hardiesse et encore moins les succès de la critique qu'il a faite de vos OEuvres; mais vous n'avez pas trop bien réussi dans vos vues. Ni toutes vos réponses, ni la lettre, soit qu'elle soit de vous ou de quelqu'un qui pense comme vous, n'ont point empêché que le livre *des Erreurs* n'ait été connu de tout le monde, et qu'il n'ait été lu et relu avec la plus grande avidité. Vous avez imaginé qu'il falloit représenter votre censeur comme un homme de rien : hé! monsieur, que Jean-Marie Arouet, dit par anagramme*

---

* Le poëte Arouet, comme l'appelle toujours madame Des Noyers, fut repris plusieurs fois, étant encore jeune, pour avoir fait des vers licencieux. Il dit, à cette occasion, qu'il avoit toujours été malheureux avec ce nom d'Arouet, qu'il vouloit le changer, et que c'étoit ce rouet à rouet qui lui portoit malheur. Il en fit donc l'anagramme en changeant

Voltère ou Voltaire, soit gentilhomme comme l'voudroit le faire-croire, et que Nonnotte soit un homme de rien comme vous le dites, qu'est-ce que cela fait au public? il voit deux hommes qui joûtent l'un contre l'autre; il juge des coups que l'un porte, il entend les cris de celui à qui les coups sont portés; il s'amuse, il se divertit, et il se met peu en peine de ce que sont Nonnotte et Arouet : il juge les combattans.

Vous annoncez que cette lettre, où M. l'abbé Nonnotte est si joliment traité, vous vient de Besançon, et d'un homme en place. Hé! qu'elle soit éclose de votre cerveau, ou qu'elle vienne d'un homme en place ou bien d'un homme déplacé, peu importe. Ce qui est certain, c'est qu'elle est bien faite pour avoir place dans vos *Honnêtetés littéraires*, où il n'y a pas plus de vérité que d'honnêteté.

Votre secrétaire ou correspondant vous dit que Jacques Nonnotte est âgé de cinquante-quatre ans; mais il faut qu'il n'ait pas bien compulsé les registres, car il se trompe et pour l'âge et pour le nom.

Il dit que M. Nonnotte composa *les Erreurs de Voltaire* à Avignon en mil sept cent cinquante-neuf. Cette année-là M. Nonnotte étoit à cent cinquante lieues d'Avignon : il prêchoit le carême à Amiens; il prêcha ensuite une octave à Versailles, et passa le reste de l'année à Paris : voilà un autre mécompte.

On relègue M. Nonnotte à Besançon à un

---

une lettre et en en ajoutant une autre; il trouva d'abord Voltère, ensuite Voltaire, et en enchérissant toujours, **M. de Voltaire** : telle fut la métamorphose du nom d'Arouet.

troisième étage. Il auroit pu répondre que l'air y est plus pur qu'au premier, mais qu'il n'a pas joui de cet avantage, ayant toujours logé dans une belle et ancienne maison, qui n'est bâtie qu'à un étage.

On passe sur beaucoup d'autres impertinences que votre secrétaire a mises dans sa lettre concernant la personne de ce censeur qui vous a démonté. On sait qu'il est d'une des plus anciennes familles de Besançon, comme il paroît par les registres publics et par les tombes de famille qui sont en plusieurs églises; et l'on juge par là que cette lettre ne peut venir que d'un homme qui est connu dans toute l'Europe par ses erreurs, et que l'on peut nommer l'homme de toutes les erreurs : nous n'allons pas plus loin.

On sait que M. de Voltaire ne prend jamais un ton plus fier que lorsqu'il est le plus dans son tort. C'est ainsi que dans son épître *le Russe à Paris*, en parlant de M. l'abbé Nonnotte, il se vante qu'il « a fait connoître ce » censeur téméraire par les ignorances dont il » l'a convaincu, et par le ridicule dont il l'a » accablé avec justes raisons. » Un jour on rapportoit ces paroles, et quelques autres encore, dans une conversation devant cet abbé; il répondit en riant : *Manet alta mente repostum.* Je n'aurois pas cru que Voltaire fût encore plus vindicatif que l'acariâtre Junon. Je lui ai fait quelques remontrances très-justes, et avec toute l'honnêteté possible, dans mon livre des *Erreurs;* et si ces remontrances ont été accompagnées de quelques légères piqûres, je n'aurois jamais cru qu'elles dussent lui faire toujours pousser des cris et des rugissemens aussi affreux.

CHAPITRE VII.

Des Mélanges de philosophie et de littérature de M. de Voltaire.

Dans la nouvelle collection complète que M. de Voltaire nous a donnée de ses OEuvres il y a quatre ans, en attendant une nouvelle collection encore plus complète, on trouve quatorze volumes de ce qu'il appelle *Mélanges de littérature, de philosophie, etc.* Les littérateurs éclairés qui ont parcouru ces volumes n'y reconnoissent presque autre chose que les écarts d'une imagination toujours sans règle, sans décence, et très-souvent sans honnêteté; ils n'y trouvent qu'une rapsodie ennuyeuse, où il répète, redit, rabâche ce qu'il a répété, redit, rabâché dans mille endroits de ses autres ouvrages; voilà ce qui fait la matière de ses quatorze volumes de Mélanges : aussi, si l'on en retranchoit tout ce qui est quinze et vingt fois dit, redit et répété, tous ces volumes seroient bientôt réduits à un très-petit nombre; mais l'auteur a eu ses raisons pour les multiplier, comme il en a toujours pour annoncer des éditions complètes, qui, de quatre en quatre ans, se trouvent toujours incomplètes.

Pour justifier l'idée que nous donnons de cette partie des OEuvres de Voltaire, nous allons présenter une liste de ces principales pièces, sur lesquelles nous ne dirons que le mot qui est nécessaire pour les caractériser.

ARTICLE PREMIER.

Mélanges de romans ou contes philosophiques.

Les principaux de ces romans ou contes philosophiques sont : *l'Ingénu, Candide, Amabed, l'Homme aux quarante écus, la Princesse de Babylone, le Blanc et le Noir, Micromégas, les Voyages de Scarmentado, la Vision de Babouc, Zadig*, etc.

L'Ingénu est une histoire iroquoise qui semble n'être faite que pour tourner en dérision les sacremens, les cérémonies et les lois de l'église catholique : les deux tiers de ce beau roman ne roulent que sur cela; le reste est un amas de traits fort indécens, tirés des chroniques scandaleuses, et qui ont été imaginés par des hommes jaloux et méchans pour amuser le public aux dépens des personnages souvent les plus respectables. Voltaire les trouvant de son goût, a cru qu'ils seroient bien dans ses Mélanges, et qu'ils amuseroient encore ceux qui ne respectent pas plus la décence que lui.

Cet Iroquois marque aussi beaucoup de mépris ou du moins très-peu d'estime pour les pièces de Corneille. Depuis cent quarante ans, ce créateur du théâtre français réunit les suffrages de la nation, on l'appelle le grand Corneille; et l'Iroquois de Voltaire n'en parle qu'avec dédain. Ou la nation a été bien aveugle de prodiguer avec tant d'effusion ses éloges pour un auteur qui seroit d'un mérite aussi mince, ou cet Iroquois est bien sot de faire tant d'efforts pour rabaisser en toute occasion un poëte pour lequel une nation aussi éclairée que la nation française a toujours montré l'estime la plus extraordinaire. Il ne faut pas demander à M. de Voltaire ce qu'il pense de ces jugemens iroquois.

Les Lettres d'Amabed sont une espèce de roman où la religion est encore plus indignement déchirée et plus cruellement outragée que dans *l'Ingénu*. On commence par y dire, sur l'authenticité et sur la divinité des livres saints, toutes ces pauvretés méprisables que les libertins peuvent bien répéter dans leur débauche, mais qui ne seroient pas capables de séduire le plus ignorant de tous les hommes, pour peu qu'il eût de bon sens. Amabed pense et écrit tout comme l'auteur du Dictionnaire philosophique portatif, et comme le prétendu milord Bolingbroke ; il représente, comme eux, les prêtres indiens comme les hommes les plus vertueux et les plus respectables, et les prêtres chrétiens comme des monstres de cruauté, d'injustice et d'impudicité. Il faut que ces prêtres chrétiens soient bien redoutables aux philosophes, puisque Voltaire et les voltairiens en disent tant de mal; mais il est vrai aussi que ces déclamations philosophiques valent les plus beaux éloges.

Amabed passe ensuite à l'histoire et à la

doctrine de Jésus-Christ, sur lesquelles il fait les gloses les plus impies. Il se transporte à Rome, et son séjour dans cette capitale lui fait dire, sur la cour romaine et sur les papes, tout ce que les satiriques les plus impudens ont jamais imaginé de plus calomnieux, de plus noir et de plus infernal.

Le Blanc et le Noir : c'est un roman qu'on peut mettre à côté des Contes des fées; il n'y a pas plus ni de conduite ni de vraisemblance : tout ce qui en fait la différence, c'est la hardiesse avec laquelle M. de Voltaire raille de quelques-uns de nos dogmes. On y remarque en effet que ce n'est qu'une dérision de ce que nous apprennent les livres saints sur le dogme des anges gardiens, et sur les tentations qu'on éprouve souvent de la part des puissances infernales. On peut juger par ce roman si Voltaire redoute beaucoup les unes, et s'il respecte beaucoup les autres.

Si l'on ne jugeoit du roman donné par Voltaire sous le nom de *Candide* que par la manière dont les aventures y sont amenées et racontées, on se contenteroit de le regarder comme un ramas d'idées absurdes, extravagantes, sans liaison, sans vraisemblance, sans jugement; et l'on pourroit croire que Voltaire étoit apparemment dans les accès d'une fièvre chaude lorsqu'il le composoit : mais en l'examinant plus attentivement on s'aperçoit bientôt que l'auteur brûloit d'un feu encore bien plus redoutable en l'écrivant; on comprend aisément que toutes les fureurs de l'impudicité couroient alors dans ses veines, et que toutes les horreurs de l'enfer remplissoient sa noire imagination.

En effet, cet horrible roman de Candide n'est qu'une suite de tableaux révoltans où l'on voit représenté tout ce que la débauche a de plus indécent et de plus brutal : on y peint, avec une impudence qui fait rougir, les actions les plus déshonnêtes; on y fait paroître des acteurs de tous les états, et surtout beaucoup de prêtres, contre lesquels on ne cesse de se déchaîner, parce que c'est parmi eux que se trouvent les plus vigoureux défenseurs de la religion et des mœurs. On diroit que l'auteur se baigne dans la joie, en représentant toutes ces horreurs. Il a donné à ce roman le titre de Candide, ou de l'Optimisme, comme s'il vouloit persuader au monde qu'il n'y a rien de mieux et rien de plus digne de l'homme que de s'abandonner aux passions les plus déshonorantes et aux plus infâmes voluptés.

Un homme ayant parcouru le roman de Candide, s'écria, avec un transport d'indignation : Diogène, vous fûtes autrefois surnommé le Cynique, parce que vous égaliez l'impudence des chiens; cédez, cédez votre titre à l'auteur de ce roman.

Les Voyages de Scarmentado. Toutes les saillies d'un voyageur satirique et méchant, qui ne court le monde que pour en dire du mal, et tout le mal que lui fournissent son imagination et sa malignité, voilà ce qu'on trouve dans les Voyages de Scarmentado. Qu'on en juge par ce premier trait :

Le voyageur écrit qu'étant arrivé à Rome

encore tout jeune, un monsignor le voulut prendre pour en faire l'objet de ses amours; qu'ensuite il plut à une dame qui étoit courtisée par deux jésuites, Poignardini et Aconiti; c'est-à-dire, l'un, l'homme du poignard; et l'autre, l'homme du poison; qu'il fut assez heureux pour éviter les coups de ces deux honnêtes hommes, et pour obtenir les faveurs de la dame. Il débite des horreurs à peu près égales sur toutes les nations de l'Europe, et principalement sur les nations catholiques.

Voilà le philosophe, le sage, le vertueux Voltaire ! Il vous proteste sans cesse qu'il n'écrit que pour inspirer la vertu et les bonnes mœurs !

La Vision de Babouc est une satire sur la ville de Paris; c'est un ramas de lieux très-communs : tout ce que les auteurs satiriques et comiques en ont dit y est assez joliment répété. Il y a long-temps qu'on a remarqué que Voltaire n'avoit pas le don de l'invention; on lui a dit à lui-même *que son imagination étoit plus propre à peindre qu'à créer*; mais il profite habilement et tacitement des inventions, des pensées et des réflexions des autres.

La Princesse de Babylone est un roman d'une nouvelle espèce. Les principaux personnages qu'on y trouve sont : un oiseau parleur qui a vécu vingt-sept mille années, et dont le père avoit vécu mille siècles; des licornes qui font cent lieues par jour dans leurs courses, et qui, dans les combats, enfilent douze hommes d'un seul coup de corne; un berger qui, d'un coup d'estramaçon, enlève la tête d'un lion, en arrache ensuite les dents, y met en place quarante diamans d'une beauté et d'une grosseur extraordinaire, et fait porter cette tête, par le bec de son petit oiseau, à la princesse de Babylone.

Si l'on ne reconnoît pas le poëte et le philosophe Voltaire à ces folies, à des absurdités aussi platement imaginées, on le reconnoît aisément et sûrement aux magnifiques éloges qu'il fait dans ce roman, des princes qui tolèrent toutes les religions, et qui mettent la politique philosophique au-dessus de la religion; on le reconnoît aisément aux horreurs dont il charge très-libéralement l'inquisition espagnole, en copiant le roman de l'inquisition de Goa; on le reconnoît enfin à la complaisance qu'il montre à dire du mal de sa nation.

Le Pot-Pourri. Cette brochure répond parfaitement bien à son titre, elle sert à grossir le nombre des volumes de Voltaire; nous n'avons pas autre chose à en dire.

Zadig est une copie des contes arabes, tirés des *Nighiaristan*. Ces contes sont très-ingénieux, et ils amusent beaucoup par la singularité des choses qui y sont présentées; tout le fond s'en trouve dans la bibliothèque orientale de d'Herbelot :[1] ils ont été aussi écrits en anglois. Voltaire est venu en troisième lieu pour les faire valoir, mais il n'a eu garde de dire qu'il n'étoit que copiste!

L'Homme aux quarante écus. Voltaire y propose un projet de réforme de l'état, et ce

---

[1] Philos. de l'hist., page 21.

projet ne consiste guère que dans la répétition de ce qui a été dit cent fois dans les brochures, que ce siècle philosophique, où l'on raisonne tant, et où l'on montre souvent si peu de raison, multiplie tous les jours sur le gouvernement, les finances et l'administration.

Le premier objet qu'il traite, c'est la population. Il remonte d'abord au principe physique de la population même, et il copie assez fidèlement la Vénus physique de M. de Maupertuis, mais il ne le cite pas. Il examine ensuite tout ce qui appartient à cette matière comme l'anatomiste le mieux instruit, ou comme l'accoucheuse la plus experte; et il dit, avec toute la légèreté et les grâces dont on est encore capable à son âge, ce que la pudeur et la décence faisoient auparavant renfermer dans des livres d'études nécessaires, et ne permettoient pas de représenter dans des brochures d'amusement : mais une jeunesse curieuse et déréglée en saura bon gré à Voltaire; ne faut-il pas que les jeunes gens sachent de tout?

Comme on embrasse beaucoup de matières dans ce projet, il n'est pas surprenant qu'on tombe dans quelques défauts de calcul et de raisonnement. L'auteur nous saura peut-être bon gré qu'en lui pardonnant, on en prévienne les lecteurs : ainsi Horace vouloit-il qu'on pardonnât à Homère. Voici quelques-unes de ces méprises :

Première méprise. Pour prouver qu'un homme peut vivre avec quarante écus de rente, on cite l'exemple du soldat qui vit avec quatre sous par jour, c'est-à-dire avec soixante-quatorze livres par année. Une telle assertion est une grosse méprise, premièrement, parce que le soldat, indépendamment de ses quatre sous, est habillé, logé, chauffé, etc., ce qui fait plus de la moitié de son entretien ; secondement, parce que, malgré ces secours, les soldats ne pourroient pas vivre, si les uns ne gagnoient pas encore quelque argent en travaillant de quelques métiers, et les autres en faisant le service pour ceux qui travaillent : ainsi l'exemple donné ne prouve nullement l'assertion. Il y a auprès de Genève un homme qui a, dit-on, au moins quatre fois quarante écus de rentes par jour, lequel jureroit bien si on le réduisoit à quarante écus de rentes par année, et qui jureroit bien plus fort encore si on lui disoit que les quatre sous du soldat peuvent lui suffire. Ah ! comment il répondroit à l'homme aux quarante écus !

Seconde méprise. Il y a une centaine d'années que le sage calculateur, M. le maréchal de Vauban, portiot à la somme d'environ deux milliards le produit de toutes les terres de France. Dans ce temps-là le marc d'argent n'étoit, pour la valeur numéraire, qu'environ la moitié de ce qu'il est aujourd'hui. Si le calculateur Voltaire, en adoptant le calcul de M. de Vauban, eût aussi bien raisonné que ce grand homme, il eût mis le produit du sol de France, en ce temps-ci, le double de ce qu'y mettoit, il y a cent ans, le maréchal, et alors l'homme aux quarante écus eût été l'homme aux quatre-vingts écus. On ne met ici le compte du produit des terres que relativement à l'augmentation de la valeur numéraire du marc d'argent. Par l'examen que nous faisons il paroît que si le maréchal de Vauban étoit un bon calculateur, l'homme aux quarante écus est un pauvre raisonneur.

Troisième méprise. On dit à l'homme aux quarante écus qu'en France il y a quatre-vingt-dix mille personnes dans les couvens, soit d'hommes, soit de filles, et qu'ils jouissent de cinquante millions de rentes, ce qui fait cinq cent cinquante livres de rentes par tête.

Il n'est rien de plus facile que de montrer à l'homme aux quarante écus, ou bien à celui qui le fait parler, qu'ils ne savent ce qu'ils disent; car dans la moitié des couvens qui sont en France on ne jouit pas de cent cinquante livres de rentes par tête, les uns ayant été ruinés par les billets, les autres ne subsistant que par des aumônes ou par de très-minces salaires, ou pour leur travail, ou pour des services rendus; cela pourroit faire tout au plus six millions. Il y a un quart des couvens où l'on n'a guère que cent écus de rente par tête, et cela pourroit faire encore six millions. Qu'on suppose encore huit à dix millions pour le reste des couvens, parmi lesquels seront comprises les riches abbayes, où les religieux n'ont que le tiers des revenus, les deux tiers étant pour MM. les abbés commendataires, on n'aura que la somme d'une vingtaine de millions de rente; mais il y a encore bien loin de là à la somme de cinquante millions, que le bon homme, mais pauvre calculateur, l'homme des quarante écus, donne pour les revenus et rentes des couvens.

Qu'on juge par-là de l'habileté et de l'intelligence de celui qui lui prête ces beaux raisonnemens !

Quatrième méprise. Voici un écart des plus singuliers, et qui caractérise le mieux nos philosophes. Ces messieurs ne prennent jamais le ton plus sentencieux que lorsque ce qu'ils prétendent nous dire est plus risible et plus ridicule ; dans leurs plus graves sentences on n'aperçoit bien souvent que des puérilités ou des absurdités, en voici un bel exemple :

« Nous sommes tous les soldats de l'Etat, dit
» le réformateur philosophe ; nous sommes tous
» à la solde de la société, nous devenons des déserteurs quand nous la quittons ; que dis-je?
» les moines sont des parricides, qui étouffent
» une postérité tout entière ; quatre-vingt-dix
» mille cloîtrés, qui nasillent du latin, pourroient donner à l'Etat chacun deux sujets ; cela
» fait cent soixante mille hommes qu'ils font
» périr dans leur germe ; au bout de cent ans
» la perte est immense, cela est démontré. »

Grand Dieu ! quelle multitude épouvantable de parricides et de déserteurs nous dénonce ici l'enthousiaste Voltaire ! D'abord il se dénonce lui-même pour le premier des parricides, puisqu'il y a plus de soixante ans qu'il fait périr des hommes dans leur germe ; nous ne prétendons pas cependant l'accuser d'avoir été trop chaste.

En suivant sa pensée, nous devons regarder comme des parricides presque tous les philosophes, qui, ayant le mariage en horreur, et s'accommodant mieux d'une volupté libertine, *étouffent une postérité tout entière;* nous devons regarder comme des parricides tous les garçons et les filles qui passent leur vie sans établissemens, quoiqu'ils soient à la solde de la société; tous les pères qui refusent de marier leurs enfans, qui *sont les soldats de l'Etat;* enfin, nous devons mettre au rang des parricides les princes et les rois qui interdisent le mariage à leurs soldats, et qui, par des raisons d'état et de politique, ne le permettent point à tant de personnes de leur famille et de leur sang.

A juger des choses par cette observation, on trouveroit peut-être en France plus de quatre ou cinq millions de parricides et de déserteurs. Voilà une matière bien plus intéressante et bien plus digne des projets de réforme de l'enthousiaste Voltaire, que quarante mille religieux et autant de religieuses qui ont plus de respect pour les oracles de Jésus-Christ que pour les remontrances de quelques philosophes; mais il est vrai qu'on ne doit pas faire plus de cas de leurs raisonnemens que de leur religion.

L'instituteur de l'homme aux quarante écus trouve cette matière si importante qu'il croit devoir y revenir une seconde fois. « On pour- » roit, dit-il, diminuer le nombre des religieux » et des religieuses en fixant le nombre des no- » vices, la patrie auroit plus d'hommes utiles » et moins de malheureux; c'est le sentiment de » tous les magistrats, c'est le vœu unanime du » public, depuis que les esprits sont éclairés. Il » faut, pour faire fleurir un royaume, le moins » de prêtres possible, et le plus d'artisans pos- » sible. »

Mais si l'homme aux quarante écus avoit un peu de bon sens, il répondroit bien vite à son instituteur qu'il ne voit là qu'un petit verbiage de grands mots, et pas l'ombre de raison; qu'il y a incontestablement plus de religieuses que de religieux, et que la plupart des pères de famille trouvent que les couvens de religieuses ne sont pas en trop grand nombre, parce qu'on n'est pas assez riche pour marier toutes les filles, et qu'il est trop difficile de les garder.

Il répondroit que parmi les magistrats il peut bien y en avoir sur le nombre quelques-uns qui pensent à la Voltaire, et qu'ils n'en sont pas plus respectables et plus estimables pour cela; que ce vœu unanime du public, qu'on annonce, est bien plus dans la tête de certains philosophes que dans celle du public éclairé; et il concluroit que toutes ces réflexions philosophiques prouvent bien que celui qui les propose ne s'entend pas plus en choses de politique qu'en choses de christianisme et de religion. Ce n'est là qu'un échantillon des méprises qui fourmillent dans ce roman philosophique.

Il faut remarquer que l'homme aux quarante écus est un pauvre paysan, qui ne sait faire autre chose que des paniers d'osier; et ce paysan devient tout à coup, et l'on ne sait comment, capable de parler de tout : il raisonne sur les finances, sur l'histoire, sur les systèmes, sur les lois, sur la critique, sur la cour de Rome, sur la tolérance. Il est vrai qu'il raisonne toujours en faiseur de paniers.

ARTICLE II.

Mélanges de philosophie, de morale et de politique.

Qu'on ne s'attende pas de trouver ici les principes d'une philosophie lumineuse, d'une morale pure, d'une politique fondée sur la justice et sur la sagesse; tout y est digne de l'auteur des romans philosophiques dont nous venons de parler.

Ce qui concerne la philosophie se réduit le plus souvent à rapporter beaucoup d'inutilités métaphysiques, à témoigner un souverain mépris pour les philosophes de sa nation, à insinuer que la vraie philosophie ne se trouve que chez les Anglois.

Sa morale ne consiste presque que dans les sermons qu'il fait en faveur de la tolérance; et si quelquefois il dit quelques mots pour certaines vertus morales, il donne ensuite des volumes entiers pour peindre le vice avec tous ses attraits.

Enfin, quand il veut parler politique, il ne fait que ramasser, dans quelques brochures sur le commerce et l'administration, différentes idées qu'il coud ensemble, et il fait aux princes et aux ministres les plus fortes exhortations pour les engager à dépouiller l'Eglise de toute sa puissance et de tous ses biens. Voilà ce que renferme cette seconde partie de Mélanges. Disons un mot des principales pièces de cette collection.

Le Philosophe ignorant. Cette pièce est

'une centaine de pages; elle ne pouvoit pas
orter un titre plus convenable, car après l'a-
oir toute lue on s'aperçoit qu'on n'y a rien
bsolument appris. Il y est dit dans un endroit :
«Aristote commence par dire que l'incrédulité
est la source de la sagesse. Descartes a délayé
cette pensée, et tous deux m'ont appris à ne
rien croire de ce qu'ils me disent. »

On n'hésitera pas à rendre au philosophe
gnorant le même témoignage qu'il rend à Des-
artes et à Aristote. Mais il faut remarquer qu'à
rendre ce mot d'*incrédulité* dans un certain
ens, c'est faire voir qu'on n'entend pas Aris-
ote et c'est calomnier Descartes.

La voix du sage et du peuple. Ce n'est
resque qu'une répétition de ce qui est dit dans
es *Pensées sur l'administration publique*. Vol-
aire se copie lui-même; il multiplie ses vo-
umes, et il rit, en s'enrichissant aux dépens
les beaux esprits qui les achètent et qui les ad-
mirent. Nous avons déjà parlé de ces pensées
sur l'administration publique, nous ne voulons
pas nous copier nous-même.

Discours aux Welches. C'est un discours
très-malhonnête, dans lequel le discoureur dit
à sa nation toutes les sottises les plus grossières.
Il prétend prouver que les François ont été jusqu'à ce siècle la nation la plus gothique, la plus
brute, la plus ignorante; qu'elle n'a jamais rien
su découvrir par elle-même ; qu'elle doit tout
aux autres nations. Les François ne doivent-ils
pas redoubler d'estime, de considération et de
reconnoissance pour celui qui leur rend un témoignage si honorable?

Entretiens, etc. Dans les *Entretiens entre Lucrèce et Possidonius*, Voltaire entreprend de prouver la nécessité d'admettre un premier Être : il falloit laisser ce soin à Clarke et à Fénelon, qui démontrent très-clairement et avec beaucoup de grâces ce que le nouveau professeur métaphysicien entreprend de nous dire après eux, avec un verbiage très-déplaisant. Les *Entretiens sur les futurs contingens* sont plus dignes d'un écrivain bouffon que d'un philosophe. Les *Entretiens chinois*, qu'on retrouve tout entiers dans le Dictionnaire philosophique portatif, ne sont que des éloges du déisme, et un ramas d'absurdités sur la nature de l'âme. On y a suffisamment répondu dans le Dictionnaire philosophique de la religion.

Défense de mon oncle. Cette pièce est une défense de la Philosophie de l'histoire ; et la Philosophie de l'histoire est un ramas de fables, d'absurdités et de mensonges employés pour outrager la religion, et pour décréditer les livres qui contiennent la révélation. Il n'est pas fort honorable de se servir de pareilles armes, mais les philosophes d'aujourd'hui n'y regardent pas de si près quand il s'agit de combattre contre le christianisme. On a démontré par plusieurs excellens ouvrages combien les attaques de Voltaire sont foibles et insuffisantes ; la *Défense de mon oncle* prouve que cet écrivain ne veut entendre à aucune réconciliation, ni avec la vérité, ni avec la religion.

La partie des Mélanges où M. de Voltaire fait le politique, est de la même force et du même ton que celle où il fait le philosophe.

Son *Entretien d'un philosophe avec un contrôleur général*, ses articles sur *Jean Law*, sur *MM. Melon et Dutot*, quantité de fragmens de lettres, où il répète mot pour mot ce qu'il a déjà dit ailleurs; tout cela est de la même force que ce que débitent les profonds politiques des cafés et des promenades de Paris : on ne doit pas tirer vanité à être l'écho de semblables discoureurs.

Mais de toutes les vues politiques de Voltaire, celle qu'il présente comme la plus grande et la plus intéressante, c'est de terrasser la puissance ecclésiastique, et d'exterminer toutes les sociétés religieuses. Il ne se pique pas de penser comme le sage et judicieux écrivain M. le président Hénault, ni comme l'auteur de l'excellent ouvrage qui a pour titre l'*Ami des hommes*; et quoiqu'on lui ait mille fois démontré la fausseté, le louche, l'absurdité de ses raisonnemens, il n'en est pas moins ardent à suivre sa pointe, il ne lâche point prise, il sait que bien des gens se tournent du côté de celui qui crie ici le plus fort.

Le président Hénault regarde comme l'effet d'une providence admirable que le pape ne soit assujetti à aucun prince, qu'il possède des états, qu'il soit parfaitement indépendant, parce que cela lui paroît absolument nécessaire au gouvernement de la religion; M. de Voltaire crie à pleine tête que c'est une chose monstrueuse qu'un pape possède des souverainetés. M. Hénault raisonne, et Voltaire déclame.

M. le marquis de Mirabeau a démontré que les sociétés religieuses étoient très-utiles à l'état, on n'a jamais rien opposé de juste à ses calculs et à ses preuves, et l'ardent déclamateur Voltaire soutient qu'elles sont très-préjudiciables à l'état ; aussi est-il inépuisable, intarissable, infatigable dans ses déclamations su[r] cet objet.

Les Droits des hommes. Le discoureur su[r] les droits des hommes déraisonne encore plu[s] fortement dans cette brochure qu'il n'a fai[t] dans ses autres écrits, et il ajoute au déraisonnement des assertions contredites par les plu[s] évidentes vérités.

Il dit que l'Évangile n'a pas donné aux pape[s] l'exarchat de Ravenne, ni l'Ombrie, ni le duché d'Urbin, ni la Pentapole, etc. Peut-o[n] faire des propositions qui montrent aussi peu de jugement ? ne peut-il pas y avoir pour les papes d'autres titres pour posséder légitimement ces provinces ? On sait bien qu'il n'est point parlé de tous ces pays-là dans l'Évangile, et les papes n'ont jamais cité l'Évangile comme le titre de leurs possessions ; mais ils peuvent toujours citer les donations de Pepin, de Charlemagne, de Charles-le-Chauve, de la princesse Mathilde, et d'autres titres authentiques, contre lesquels on ne peut pas raisonnablement réclamer ; ils pourroient citer Voltaire lui-même, qui dit que le temps a donné au saint siége, sur ses états, des titres aussi réels que les autres souverains de l'Europe en ont sur les leurs.[1]

Il dit que les papes n'ont jamais pu donner les royaumes de Naples et de Sicile aux pèlerins

---

[1] Essai sur l'hist. gén., tome 2, p. 10.

mands : mais M. Hume, dans son Histoire
ngleterre, fait voir que les gentilshommes
mands se conduisirent avec beaucoup de
itique et de sagesse; qu'ils s'appuyèrent de
rotection et du crédit des papes, dont ils
noissoient l'influence pour favoriser et assu-
leurs conquêtes, et qu'ils s'engagèrent, par
conventions très-libres et très-prudentes,
es hommages qui leur garantissoient la pos-
sion des plus belles parties de l'Italie. Plu-
rs de leurs successeurs se trouvèrent très-
n de cette garantie et de cet appui; et les
nces des maisons d'Hongrie, d'Anjou, d'A-
on, d'Autriche et de Bourbon, n'ont pas
t difficulté de le reconnoître.
Il fait ensuite une grande énumération des
rpations des papes sur plusieurs seigneurs
princes d'Italie; mais un critique éclairé, et
n versé dans la connoissance des monumens
toriques, démontreroit aisément que ces
tendues usurpations n'étoient que des re-
uvremens légitimes de ce qui avoit été enlevé
saint siége pendant les temps de troubles,
par la protection de quelques empereurs; il
ouveroit aisément que, vu les donations au-
ntiques dont nous avons parlé, il s'en faut
beaucoup que les papes soient aujourd'hui
possession de tout ce qui leur avoit été légi-
ement acquis.
Si un prince, qui auroit sur pied cent mille
mmes, et outre cela une bonne artillerie et
bons généraux, avoit des droits aussi clairs
e les papes en ont sur plusieurs contrées
Italie, il ne manqueroit pas de faire valoir

efficacement tous ces droits ; et Voltaire se gar[deroit] bien de sonner le tocsin contre ce prince comme il le fait contre les papes.

Il ajoute qu'*il rapporte les faits dans la vé[ri]té la plus exacte;* mais ces trois volumes d[e] ses Erreurs, sans parler des autres remon[s]trances qu'il a essuyées de la part de tant d[e] bons écrivains, prouvent et démontrent qu'o[n] perdroit bien son temps de s'adresser à lui pou[r] être instruit de la vérité.

ARTICLE III.

Mélanges de philosophie et de littérature.

Cette troisième partie des Mélanges est e[n] six volumes. Après l'avoir parcourue on es[t] fâché d'avoir si mal employé son temps, e[t] M. de Voltaire pense sur cela tout comme nous, car voici la déclaration qu'il nous en laisse lui-même, signée de sa main.[1]

« Ayant été obligé de relire le fatras ci-
» dessus pour diriger les éditeurs, je déclare
» avoir trouvé tout cela fort inutile. Que d[e]
» choses on écrit, qu'on voudroit bien ensuit[e]
» n'avoir pas écrites ! »

VOLTAIRE.

Comme il n'y a rien de neuf ni de bien intéressant dans cette partie, nous nous contenterons de faire quelques observations sur la nouvelle orthographe de M. de Voltaire, et sur les principes par lesquels il prétend l'autoriser.

[1] Mélanges.

Dans la moitié du volume douzième et la [mo]itié du quatorzième, il n'est traité que de [la] langue françoise, et il en est traité d'une [ma]nière véritablement digne de Voltaire. D'a[bo]rd il ne désigne sa nation que par le nom [ba]rbare et grossier de Welches, et sa langue [ma]ternelle que par le nom de langue des Wel[ch]es. Cela n'est pas assurément fort honnête, [et] il l'est d'autant moins qu'il n'y a pas la [mo]indre raison qui puisse fonder cette mal[ho]nnêteté.

« Tout ce qu'on sait, dit-il, est que les [p]euples que les Romains appeloient *Galli*, [d]ont nous avons pris le nom de Gaulois, s'ap[p]eloient Welches ; et ils substituoient toujours [u]n G au W, qui est barbare. De Welches [i]ls firent *Galli, Gallia.* »

Tout ce qu'on sait, dites-vous, M. de Vol[ta]ire..... mais d'où le sait-on ? Comment prou[v]eriez-vous que ce mot ridicule de Welches [ex]istoit il y a deux mille ans ? car il y a ce nom[br]e d'années que les Romains donnoient le nom [de] *Galli* aux peuples des pays que nous habi[to]ns. Comment prouveriez-vous que les Ro[m]ains substituoient toujours un G à l'W ou V [co]nsonne, puisque Jules-César, Tite-Live, [T]acite, en nommant quantité de nations des [G]aules et de la Germanie, dont les noms com[m]ençoient par un V consonne, n'y ajoutent [ja]mais le G dont vous parlez ? comment prou[v]eriez-vous que toute cette partie de l'Italie [q]u'on appeloit la Gaule cisalpine, et dont les [h]abitans portoient le nom de *Galli*, étoit habi[té]e par des Welches ? Que vos recherches sont justes, bien raisonnées, et bien fournies de preuves! Vous voulez faire rire, M. de Voltaire; on rit en effet, mais de qui rit-on? Vous voulez répandre du ridicule sur votre nation et sur votre langue, mais ne demandez pas sur qui ce ridicule tombe.

Après avoir fait ces heureuses observations sur les origines barbares de notre nation et de notre langue, M. de Voltaire prétend qu'il y a encore des restes de cette barbarie dans notre orthographe, et il entreprend aussi de la réformer. Il ne veut plus que ces mots, *Anglois, François, étoient, croyoient*, etc., s'écrivent comme on l'a fait jusqu'à présent; il veut qu'on écrive *Anglais, Français, croyaient, étaient*, etc. « parce que, dit-il, il ne faut pas » que dans la manière d'écrire les yeux trom- » pent les oreilles, parce que les étrangers à » qui nous enseignons notre langue sont sur- » pris et embarrassés lorsque nous orthogra- » phions d'une façon et que nous prononçons » d'une autre, parce que la meilleure méthode » est d'écrire par *a* ce qui se prononce par *a*. »

Voilà les oracles et les décisions, voilà les principes du réformateur de notre orthographe, et qui a voulu encore les soutenir de son exemple; mais il ne paroît pas ni que son exemple ait été fort puissant, ni que ses raisons aient été fort convaincantes. Pour l'exemple, il n'a été suivi que par les auteurs des placards qui annoncent les pièces qu'on doit donner à la comédie, et par quelques rimailleurs qui valent bien autant que ces auteurs de placards. Pour les raisons, elles ne seront pas goûtées par un homme judicieux, mais elles amuseroient sûrement beaucoup un censeur caustique.

En effet, que veut dire Voltaire par ces paroles : *Il ne faut pas que les yeux trompent les oreilles?* Veut-il que tous les sons semblables soient peints de la même manière ? Si cela est, il faut donc réformer tous nos pluriels; car ces mots, *il faisoit, il alloit, il se promenoit;* et ceux-ci, *ils faisoient, ils alloient, ils se promenoient,* rendent les mêmes sons; il faudroit donc les écrire de la même manière. Il en sera de même de ces mots, *père* et *pères; le danger, les dangers; la mer, les mers* : il ne faudroit donc mettre aucune différence dans la manière de les écrire, parce qu'*il ne faut pas que les yeux trompent les oreilles.*

Ensuite combien de mots sont écrits d'une manière différente, sans qu'il y ait de différence dans le son et dans la prononciation ! Les *os* et les *eaux, œil* et *orgueil, flamme* et *âme, j'aimai* et *aimé,* n'ont point de différence dans les sons, quoiqu'ils en aient beaucoup dans la manière de les écrire. En poésie ces mots riment, quoiqu'ils soient différemment écrits, parce que les sons en sont les mêmes. Ceux-ci, au contraire, *tantôt* et *sot, enfer* et *étouffer, Jupiter* et *exciter,* n'ont aucune différence dans l'écriture pour les terminaisons, et ils en ont une remarquable pour les sons.

Enfin, les diphtongues n'ont que des prononciations d'institution et d'usage, et souvent une même diphtongue a des sons différens : la diphtongue *ai* en est un exemple. On écrit de la même manière les mots *j'aimai*, *essai*, *portefaix;* et le premier se prononce en *é* fermé, comme *aimé;* le second en *è* ouvert et long, comme *accès;* et le troisième en *è* ouvert, comme *effet*. Le premier principe du réformateur de notre orthographe porte donc sur une raison fausse.

Le second principe de sa réforme est celui-ci : « Les étrangers à qui nous enseignons notre » langue sont surpris et embarrassés lorsque » nous orthographions d'une façon, et que nous » prononçons d'une autre. »

Mais ce principe n'est pas plus recevable que l'autre. Les étrangers n'ont pas attendu la réforme voltairienne pour apprendre la langue françoise; ils l'apprenoient parfaitement, et ils l'apprenoient comme l'apprennent les enfans parmi nous; ils l'apprenoient avec le secours des maîtres, et par l'usage. Les étrangers ne sont pas plus surpris de ces différences de prononciation dans notre langue, qu'ils le sont de celles qu'ils connoissent dans leurs langues maternelles; or, les langues allemande et angloise en ont pour le moins autant que la nôtre.

D'ailleurs, dans quel embarras le réformateur ne met-il pas ces étrangers, lorsqu'il écrit, *ils étaient?* car comment distingueront-ils si ce mot *étaient* vient du verbe *étayer*, ou s'il vient du verbe *être?* On demandera encore au poëte Voltaire si ce mot *étaient* fait une rime masculine ou une rime féminine : s'il vient d'*étayer*, la rime est féminine, s'il vient d'*être*, elle est masculine; et cependant c'est la même manière d'écrire; ensuite, puisque la diphtongue *ai* se prononce tantôt en *é* fermé, tantôt en *è* ouvert, tantôt longue, tantôt brève, comment les étrangers, en lisant *Anglais, Français*, distingueront-ils s'il faut prononcer *Anglés, Francés*, ou *Anglès, Francès?*

Enfin, dans la conversation on prononce ordinairement les mots *croyons, croie*, d'une manière assez douce, comme si la première syllabe étoit un *è* ouvert. Au lieu d'écrire *croyons, croie*, il faudroit, selon les nouveaux principes, écrire, *crayons, craie;* alors comment les étrangers pourroient-ils distinguer ces mots, de ceux de *crayons* à dessiner, et de *craie* à marquer? Mais en voilà assez pour faire juger des beaux principes du réformateur. Il a voulu donner dans la singularité, et il est resté avec la singularité. Il n'a pas la satisfaction d'avoir fait aucun imitateur parmi les écrivains de réputation.

Laissons donc la réforme de l'orthographe voltairienne aux auteurs des placards de la comédie, et aux autres écrivains de la même considération.*

---

* M. l'abbé d'Agay, chanoine de l'église de Besançon, abbé commendataire de l'abbaye royale de Sorèze, membre de plusieurs académies, a fait les observations les plus justes et les plus judicieuses contre cette orthographe voltairienne : il en envoya une partie à M. de Voltaire lui-même ; celui-ci lui fit répondre, par un secrétaire, que ses infirmités ne lui avoient pas permis de lire ces observations, dont il feroit beaucoup de cas. C'est le tour qu'il jugea le plus convenable à prendre vis-à-vis d'un homme d'esprit, de qualité, et dont le ton réunit toujours la raison et l'honnêteté.

CHAPITRE VIII.

De la manière de penser de M. de Voltaire sur les vertus et sur les mœurs.

Comme on pourroit faire un cours complet d'études de toutes les vertus avec les ouvrages philosophiques de Cicéron, ainsi avec la collection des Œuvres de Voltaire on pourroit faire un cours complet d'études de tous les vices. Qu'on les parcoure, ces Œuvres : on y trouvera le plus grand détail d'instructions et de leçons sur ces sept péchés que nous appelons dans nos catéchismes les sept péchés capitaux, parce qu'ils sont la source de tous les déréglemens par lesquels l'homme peut se déshonorer lui-même, et devenir funeste et nuisible à la société.

Dans la bande de ces vices ou péchés capitaux on donne la première place à l'*orgueil*, parce que c'est celui qui rend l'homme le plus déraisonnable, le plus intraitable, le plus insupportable. Deux mille ans avant la naissance de Voltaire, Théophraste disoit : *De tout ce qui est au monde, l'orgueilleux n'estime que soi.* Théophraste avoit-il le don de prophétie ? lisoit-il dans l'avenir ? On nous dira peut-être que nous avons tout dit par ce seul mot, et que nous ne devons pas aller plus loin.

Nous n'irons pas plus loin en effet et nous

nous contenterons de dire qu'en se nourrissant de la lecture des Œuvres de Voltaire on y apprendra très-aisément à devenir orgueilleux. C'est là en effet qu'on reconnoîtra toutes les différentes manières dont l'orgueil se produit, tantôt par le ton fier et absolu avec lequel l'orgueilleux décide de tout, tantôt par l'adresse avec laquelle il tâche de rabaisser ceux dont il est jaloux, tantôt par la vivacité de ses ressentimens contre quiconque trouve à reprendre et à censurer dans ses écrits, tantôt par l'indépendance qu'il affecte en s'élevant au-dessus de toute autorité civile et religieuse, et en prétendant que sa raison et ses lumières suffisent à tout.

Ce ton si fier et si tranchant est celui qui domine dans les écrits de Voltaire. Ce ton plaît infiniment à une jeunesse pétulante et inconsidérée. Il multiplie extrêmement parmi nous les orgueilleux ridicules. Quelque borné que l'on soit, on se croit un être pensant, un homme d'importance, quand on a su se donner le même ton. Qu'on juge, par ce qui se voit aujourd'hui en France, combien ont été efficaces les instructions que Voltaire a données !

Ces leçons d'orgueil, on les trouve non-seulement dans les écrits, mais jusque dans les ameublemens de Voltaire. Voici ce que m'écrivoit, il y a peu de temps, un homme très-respectable et très-estimable, qui venoit de passer par Ferney : «Parmi les raretés du château, » j'ai observé un tableau qui a environ six pieds » de largeur sur quatre de hauteur, et qui ras- » semble en petit toutes les preuves de la sotte

» vanité de cet homme singulier en tout. On
» voit dans ce tableau deux grandes princesses
» qui quittent leurs couronnes pour mieux mar-
» quer leur considération pour M. de Voltaire,
» qui se présente à elles avec sa Henriade à la
» main. Plusieurs auteurs célèbres sont foulés
» par ses pieds. L'abbé Nonnotte y paroît dans
» un coin du tableau, avec cette inscription sur
» la poitrine : *Erreurs de Nonnotte*. Je tournai
» mentalement la devise, et la jetai par la phy-
» sionomie de cet orgueilleux. » Il est des hommes
qui inspirent le respect et l'amour pour la vertu,
par leurs maximes et par leurs exemples ; il en
est d'autres qui se piquent de faire la même
chose pour le vice, et qui ordinairement réus-
sissent mieux que les premiers.

L'Envie est la fille aînée de l'Orgueil. Ovide
fait de l'Envie une description dans laquelle tout
est digne d'être remarqué. L'Envie, dit-il, est
un vieux squelette pâle et tout décharné. Elle
a toujours le regard oblique, les dents couvertes
de rouille, le cœur plein de fiel, et la langue
arrosée de poison. Elle ne rit jamais, si ce n'est
des malheurs qu'elle voit arriver aux autres.
Rien, au contraire, ne l'afflige davantage que
leurs heureux succès ; elle ne peut pas les voir
sans sécher de dépit. En cherchant à mordre
elle reçoit aussi de terribles coups de dents, et
devient elle-même, et pour elle-même, son supplice et son bourreau.

Pallor in ore sedet ; macies in corpore toto :
Nusquam recta acies, livent rubigine dentes :
Pectora felle virent : lingua est suffusa veneno :
Risus abest, nisi quem visi movere dolores,

Sed videt ingratos, intabescitque videndo
Successus hominum : carpitque et carpitur una,
Suppliciumque suum est.

Après avoir vu le portrait du vieux squelette peint par l'auteur des Métamorphoses, qu'on vienne à Voltaire. Qu'on présente un seul de ses volumes où l'on ne trouve pas l'envie distillant son fiel; qu'on nomme un ouvrage de philosophie, de littérature ou d'histoire, de quelque auteur qu'il soit, qu'il ne se soit pas efforcé de déprimer : exceptons cependant quelques Anglois, qu'il n'élève excessivement que pour rabaisser ses compatriotes. Qu'on cite un écrivain illustre dont il n'ait pas été jaloux, et qu'il n'ait pas cherché à mordre. Le mérite et la gloire d'autrui lui blessent toujours les yeux. *Intabescitque videndo.*

A l'occasion de cette envie et jalousie, je rapporterai une anecdote qui vient bien à ce sujet. Un savant de Genève, M. H***, homme de beaucoup d'esprit, étant un jour chez Voltaire, la conversation tomba sur la dernière collection complète de ses œuvres. Le savant genevois disoit son sentiment avec beaucoup de liberté : il approuvoit et il blâmoit, il louoit et il censuroit selon le mérite des pièces. Voltaire étoit modeste, parce qu'il craint autant les hommes fermes et décidés, qu'il aime et qu'il méprise les vils adulateurs qui rampent devant lui. La conversation se soutenant toujours sur le même ton : Il faut avouer, lui dit M. ***, que jamais personne n'a été aussi constamment appliqué que vous à déchirer la religion chrétienne et les chrétiens; vous n'en dites jamais la raison, mais je la vois, je la devine, et bien d'autres la voient et la devinent comme moi. Que voulez-vous dire, que voulez-vous dire? répond Voltaire tout ému. C'est, reprend le savant genevois, que vous êtes jaloux de Jésus-Christ, et que vous voudriez vous faire un aussi grand nom en renversant sa religion, qu'il se l'est fait en l'établissant. Le vieux Voltaire fut atterré du mot, il rougit de honte, il pâlit de colère; cependant il fut sage, il se tut. Son embarras et son silence firent juger au savant genevois qu'il avoit deviné juste.

La *Colère* est un transport de violence dans l'âme, qui la fait passer sur tout ce que dictent la raison, l'honnêteté et l'humanité; qui entraîne à toute sorte de méchancetés et de brutalités, et à qui rien ne coûte, fourberies, mensonges, calomnies, dès qu'il s'agit de se satisfaire et de se venger. Aussi celui qui se livre à l'impétuosité de sa colère se fait toujours abhorrer, haïr et détester dans toutes les sociétés. C'est à ce redoutable vice, à cette horrible disposition de l'âme, que les écrits de Voltaire instruiront et formeront bien les lecteurs. Qu'on parcoure ses *Honnêtetés littéraires*, ses *Eclaircissemens sur un libelle*, ses pièces contre les Desfontaines, les Fréron, les Larcher, les Clément, les La Beaumelle, les Sabatier, et ces épîtres qu'il a faites dans sa décrépitude, et qui attestent si fortement sa décrépitude : c'est là qu'on verra toutes les manières dont le ressentiment, la colère, la vengeance, peuvent se produire, s'exprimer, s'exercer. Il est vrai que toutes ces pièces portent avec elles leur antidote, par l'horreur et le mépris qu'elles inspirent à toutes les âmes honnêtes pour celui qui en est l'auteur.

Pour *la Luxure*, on peut dire que c'est en cela que Voltaire paroît le plus grand de tous les docteurs et de tous les maîtres. Les Ovide, les La Fontaine disparoissent devant lui. Il est vrai qu'il n'a pas la légèreté et la délicatesse de ces deux poëtes, mais il les surpasse infiniment par la hardiesse des images et des expressions. Ceux-là ont entrepris malheureusement de peindre la galanterie et les sentimens de la galanterie; celui-ci a montré crûment et à découvert toutes les infamies de la débauche; aussi en trouvera-t-on une suite de tableaux les plus lubriques dans la Pucelle d'Orléans, dans Candide, etc. On verra dans ses histoires les actions de débauches et d'impudicités représentées sans aucun de ces voiles que la pudeur exige; on les verra calomnieusement multipliées, et souvent excusées; ce qui ne sert qu'à affoiblir l'horreur du vice dans les cœurs. On reconnoîtra dans ses pièces fugitives une douce complaisance à peindre les attraits du vice et à en inspirer le goût, on y trouvera même des complimens flatteurs faits à des seigneurs et à des dames sur leur libertinage et leur débauche.

Comme Horace disoit du visage de certaines femmes: *Vultus lubricus aspici;* ainsi peut-on dire avec plus de raison encore des OEuvres de Voltaire: *Scripta lubrica perlegi.* C'est le jugement le plus modéré et le plus doux qu'on puisse en porter.

L'Avarice est une ardeur insatiable d'amasser, d'entasser, de s'enrichir. On la met aussi parmi les *péchés capitaux*, parce qu'elle est une source de toute sorte de vices, et même des vices les plus bas. Les injustices de toute espèce, la dureté, l'usure, l'inhumanité, sont les compagnes ordinaires de l'avarice. Il est des gens qui prétendent que sur cet article Voltaire en a fortement pour son compte. Mais comme il n'a point fait de brochures sur cette matière, et que ce n'est que ses écrits que nous jugeons, et non pas sa personne, nous n'en ferons pas ici mention. Passons à un autre objet.

La Flatterie est presque toujours une ressource heureuse pour ceux qui n'ont aucun sentiment d'honneur; elle caractérise toujours une âme basse, fausse et intéressée. On trouve des flatteurs à qui il n'en coûte rien d'encenser tous les vices, d'approuver toutes les passions, de prodiguer les plus grands éloges aux plus minces sujets, de rendre aux vices les plus odieux et aux actions les plus honteuses les mêmes honneurs qu'on rendroit aux plus belles vertus. Pour peu qu'on connoisse le monde on conviendra que c'est là le vrai caractère du flatteur, et si l'on parcourt la collection voltairienne on y trouvera des modèles de flatterie dans tous les genres.

Il est vrai que souvent il s'est dédit, contredit, rétracté, et qu'il a parlé avec un souverain mépris de ceux même à qui il avoit auparavant donné des louanges excessives. Mais ces variations ne doivent point surprendre, on sait qu'elles ne sont venues que des changemens de circonstances et d'intérêt; nous n'en citerons point ici d'exemples, parce que les plus remarquables regardent des têtes qu'on est toujours obligé de respecter.

Nous ajouterons que ni les princes ni les peuples ne doivent pas lui savoir beaucoup de gré des maximes qu'il répand dans ses écrits relativement aux gouvernemens et à la politique. Tantôt il excuse le despotisme avec une bassesse rampante, comme dans son épître au roi de Danemarck,[1] et autres épîtres contenues dans le même volume; tantôt il félicite les Anglois d'avoir noyé le pouvoir despotique dans des mers de sang, il assure que toutes les demandes des anabaptistes révoltés étoient très-justes, il approuve avec les plus grands éloges les rebelles les plus odieux et les plus funestes rébellions. Ainsi il s'exprime tantôt comme un lâche et servile adulateur, ennemi des peuples; tantôt comme un séditieux emporté, et le plus violent ennemi des rois.

Qu'on juge, par le raccourci que nous venons de présenter, des beaux effets que doit nécessairement produire la lecture des écrits de Voltaire; qu'on juge si elle formera bien à ces belles vertus qui font la sûreté et la douceur de la société, la modestie, le respect pour la vérité, le courage à arrêter les ressentimens, enfin cette honnêteté qui rend un homme aimable et bien venu dans toutes les compagnies, et sur qui on peut toujours compter.

On peut regarder la modestie comme une vertu qui est bien aimable par elle-même, et comme un lustre qui embellit et qui met dans le plus beau jour les autres vertus. C'est prin-

[1] Œuvres, tome 22.

cipalement quand elle est unie avec les grâces de la jeunesse qu'elle est plus charmante. Mais il y a long-temps qu'on a remarqué que les philosophes n'ont point mis la modestie au rang des vertus, et qu'elle n'est point du tout dans le goût philosophique.

Le courage à arrêter les ressentimens marque une âme forte et généreuse, laquelle est toujours assurée du suffrage de quiconque se connoît en vertus ; mais la foiblesse à écouter les ressentimens et à s'y livrer ne manque jamais de déshonorer et de flétrir. Dans la galerie de Chantilly, où est peinte l'histoire du grand Condé, il y a un tableau d'une composition très-ingénieuse. Dans le haut du tableau, on voit une Renommée, qui annonce les grandes actions par lesquelles se signala ce prince, lorsqu'ayant quitté le service de Louis XIV il fut mis à la tête des armées d'Espagne. Plus bas est le génie de l'histoire, qui, ayant en main un gros volume de hauts faits du même prince, en déchire les feuillets où il est parlé de ce qu'il fit lorsqu'il commandoit ces armées étrangères.

Ah ! si M. de Voltaire déchiroit tout ce qu'il a écrit en se livrant à des ressentimens qui l'ont déshonoré, quelle multitude, je ne dis pas de feuillets, mais de brochures et de volumes n'auroit-il pas à déchirer !

On sait que les âmes honnêtes se font toujours un plaisir de rendre justice au mérite d'autrui, que l'amour de la vérité est toujours dans leurs cœurs et repose sur leurs lèvres, qu'elles portent partout un ton d'honnêteté et de décence qui leur concilient tous les cœurs.

Mais quels jugemens ces belles âmes porteront-elles de tous les excès opposés à ces douces vertus, et qu'on remarque dans tous les écrits de l'auteur? Elles plaindront un écrivain qui se déshonore avec les plus beaux talens; elles plaindront une jeunesse inconsidérée, qui, en goûtant de semblables lectures, perdra tous les sentimens et les principes des vertus; elles plaindront la société, qui sera privée par-là de tout ce qui fait ses agrémens, sa douceur et sa sûreté. Tels sont les beaux fruits qu'a déjà produits et que produira toujours la lecture des OEuvres de Voltaire.

Je sais que ses enthousiastes admirateurs, les gens de la secte philosophique, diront qu'on trouve dans mille endroits de ses OEuvres de tendres exhortations à la vertu; qu'il fait surtout connoître tout le prix de la tolérance et de la bienfaisance, ces vertus si dignes de l'humanité, et qui font tant d'honneur à l'humanité. Mais que peut-on conclure de tous ces propos? C'est que ces messieurs connoissent assez combien la vertu rend les hommes recommandables, pour avoir encore la vanité de vouloir passer pour vertueux. Mais sont-ils assez adroits pour donner le change? Tout le monde ne voit-il pas assez que la tolérance, qu'ils sollicitent et qu'ils prêchent avec tant de zèle, n'est qu'une sauvegarde qu'ils voudroient assurer à tous ceux qui flattent les passions et les vices, et à tous ceux qui ont la hardiesse d'attaquer la religion? Et pour cette bienfaisance dont Voltaire donne, dit-on, et dont il se vante lui-même à tout propos de donner de si beaux exemples, ne sait-on pas qu'elle est pour lui une mine aussi abondante que les mines du Pérou ?

Enfin, si on vouloit faire un recueil de tous les principes, maximes, conseils répandus dans ces écrits, de tout ce qui a le plus de part aux éloges de l'écrivain, et dont il s'efforce le plus d'inspirer le goût, si on faisoit un pareil recueil, qu'on pourroit nommer le *Code moral de M. de Voltaire,* on trouveroit qu'il a dit tout ce qui se peut dire en faveur de tous les genres de vices et de déréglemens, et qu'il n'a rien dit en faveur de l'honnêteté, de la sagesse, de la vertu.

CHAPITRE IX.

De la manière dont M. de Voltaire traite de la religion.

Voltaire est-il chrétien, est-il déiste, est-il matérialiste, qu'est-il ? C'est ce qu'on n'examinera point ici. On sait qu'il est toujours prêt à faire sur l'article de la religion toutes les protestations que les circonstances pourroient exiger, et l'on sait aussi combien on doit compter sur ces protestations. Nous ne jugeons point sa personne, nous ne jugeons que ses écrits ; or, ce qui résulte de la lecture de ses écrits, c'est qu'ils ne respirent que le déisme, c'est qu'ils n'inspirent que le mépris pour la religion chrétienne, c'est qu'ils ne sont propres qu'à faire

cœurs l'aversion et même l'hor-
ligion catholique.

plus vrai qu'il ne pensoit lors-
pître sur les trois imposteurs il
si :

is mon temps que Luther et Calvin !

ither et Calvin n'ont attaqué et
e quelques-uns des anciens dog-
nt toujours respecté, soutenu et
lation, l'évangile, les mystères
tout ce qui fait le fond du chris-
Voltaire, il n'est aucun de ces
ontre lequel il ne se soit élevé de
es ; il n'a rien respecté ni épar-
ɔ–ɔ; il a eu même recours aux voies les plus
indignes, non-seulement de l'honnête homme,
mais encore de l'homme d'esprit, pour altérer
dans tous les cœurs les sentimens de foi et de
religion, et pour ébranler tous les fondemens de
la foi et de la religion. Il a certainement plus
fait que Luther et Calvin, comme nous allons
le démontrer par ses propres écrits.

ARTICLE PREMIER.

Les écrits de Voltaire ne respirent que le déisme.

Avant d'entrer en matière il est bon de remarquer que le déisme, dans lequel les gens de
la secte philosophique se retranchent, ne peut
avoir lieu dès qu'il y a une religion révélée. La
déclaration des volontés de l'Etre suprême par
rapport au culte, ne laisse plus à l'homme la
liberté de choisir et de raisonner ; elle ne lui

laisse que le devoir de la soumission et du respect. C'est en conséquence de ces importantes vérités que nous allons parler.

Le déisme n'est qu'une irréligion déguisée; c'est une espèce d'athéisme un peu radouci, qui laisse la même liberté que l'athéisme le plus grossier, mais qui n'est pas si révoltant en apparence, et qui écarte plus adroitement les redoutables difficultés qu'on oppose aux athées. Ce déisme est une religion assez commode, parce qu'elle ne consiste qu'à dire qu'il y a un Dieu, qu'on croit un Dieu ; mais ce Dieu des déistes qu'est-il ? C'est un Dieu qui ne commande rien, qui n'exige rien, à qui on ne doit rien, ou du moins pour qui on ne fait rien ; c'est un Dieu qui, étant bon, ne trouve pas mauvais qu'on passe sa vie à se divertir, à s'amuser, à se donner tous les plaisirs qu'on pourra se donner; c'est un Dieu indulgent, qui ne se courrouce point contre l'homme qui cède à des passions douces, et qui sont dans la nature ; c'est un Dieu qui n'a rien d'austère, et qui ne fait point consister la vertu à résister à des inclinations, des goûts, des penchans qui flattent et qui entraînent, et qui laisse à des fanatiques ou à des imbéciles les tristes vertus de patience, de chasteté, de modestie, de douceur et d'humilité.

Tel est le Dieu des déistes ; et c'est par l'idée qu'ils donnent eux-mêmes de Dieu, qu'on peut juger et qu'on doit juger de leur religion, de leurs vertus, de leurs mœurs, et de tous les avantages que l'établissement du déisme apporteroit dans la société.

Or, c'est ce déisme si commode et si doux que Voltaire prêche, enseigne continuellement, et qu'il s'efforce, avec un zèle incroyable, de répandre et de faire adopter par tout l'univers. Il semble que c'est là sa religion favorite, et qu'il n'en reconnoît, n'en aime, n'en adopte lui-même point d'autre. Son poëme de *la Religion naturelle* est le grand code et la sanction solennelle du déisme. Il fait l'éloge le plus pompeux du déisme, dans l'article qu'il intitule scientifiquement *du Théisme*,[1] et qu'on trouve dans ses Mélanges. Il s'étend encore plus sur ce beau sujet dans ses *Entretiens chinois* et dans son Dictionnaire philosophique, qu'on peut bien appeler le dictionnaire des impiétés.

Dans un ouvrage qu'il a intitulé *Fragmens sur l'éducation d'un prince*, il ne recommande rien tant à son élève que la protection du déisme, lequel peut seul faire la gloire du prince et le bonheur des sujets. Dans son *Philosophe ignorant*, il transforme en déistes tous les anciens Indiens, les lettrés chinois, la plupart des philosophes païens ; il les représente tous comme des hommes admirables, quoiqu'il ne les connoisse guère. Tous les hommes qu'il donne pour n'avoir point eu de religion, ont toujours part à ses louanges, il en est toujours le panégyriste le plus ardent et le plus inépuisable. Il n'y a aucun de ses volumes où il ne déclame contre la superstition ; et ces déclamations sont presque toujours des plaidoyers en faveur du déisme, par l'adresse avec laquelle il inspire l'aversion, l'éloignement, le dégoût de la religion.

[1] Mélanges, tome 27.

Enfin si en cédant à l'autorité de tous les siècles, de tous les peuples, de tous les grands hommes qui ont unanimement reconnu la nécessité d'une religion, Voltaire laisse échapper quelques mots assez vagues sur ce même sujet, on reconnoît bientôt quelle est l'espèce de religion qu'il veut bien admettre. Il veut que cette religion soit sans code, sans lois, sans dogme, sans autorité; c'est-à-dire que cette religion ne soit autre chose que ce déisme favori qu'il a si fort à cœur, et qui au fond ne vaut pas mieux que l'athéisme même, et que la plus scandaleuse irréligion.

Ce n'est pas seulement dans les ouvrages dont nous venons de faire mention, que Voltaire se montre le promoteur zélé du déisme; on retrouve le même esprit dans la plupart des autres, soit par les pensées qu'il jette comme au hasard, soit par les réflexions qu'il fait, et par les traits qu'il paroît citer sans affectation; de sorte qu'on ne peut guère les lire sans prendre le même goût, et sans ressentir un penchant presque invincible pour une manière de penser si commode, mais funeste. Ce n'est cependant jamais par la force de ses raisons ou de ses raisonnemens, qu'il persuade; c'est toujours par l'attrait à la licence, au libertinage, à l'amour de l'indépendance; c'est cet attrait qui fait qu'on goûte et qu'on adopte tout ce que l'apôtre du déisme aura dit et débité. Quelle multitude innombrable de prosélytes n'a-t-il pas faits dans l'Europe chrétienne, et ne fait-il pas encore tous les jours sous nos yeux !

ARTICLE II.

Les ouvrages de Voltaire n'inspirent que le mépris de la religion chrétienne.

L'auguste religion de Jésus-Christ, venue du ciel, a triomphé de l'enfer, de l'idolâtrie, des puissances de la terre, des passions des hommes; et Voltaire semble s'être proposé à son tour de triompher de cette religion auguste, de l'écraser et de l'anéantir. Pour en venir à bout, il l'attaque avec toutes les armes que l'impiété et la mauvaise foi peuvent fournir; il fait tous ses efforts pour en ébranler les fondemens, par un déluge d'objections et de blasphèmes qu'il a ramassés de toute part contre les livres saints, contre la personne adorable de Jésus-Christ, contre celle de la Vierge sa mère, contre les prophètes, les apôtres, et contre tous ceux que Dieu a suscités comme des vases d'élection. C'est là le sujet d'une multitude innombrable de brochures, où il se montre bien plus envenimé que fécond, puisqu'il ne fait que répéter toujours les mêmes horreurs.

Pour surprendre et pour entraîner les esprits dans l'incrédulité, il affecte le ton de l'homme qui fait la discussion des faits la plus exacte, qui les examine avec la critique la mieux raisonnée; il est d'une hardiesse égale à affirmer ceux dont la fausseté est la mieux démontrée, et à nier ceux qui seroient contraires à sa manière de penser: mais de tous les moyens de combattre le christianisme, celui dont il fait le plus d'usage, c'est de substituer la raillerie au défaut de preuves et de raisons.

Il se moque à tout propos de ces chrétiens qui sont assez peu philosophes pour croire que l'établissement de leur religion est véritablement divin. La brillante preuve de sa divinité par les triomphes et le sang de ses martyrs, il n'oublie rien pour l'anéantir. Il nous représente comme des hommes admirables ses plus violens persécuteurs, et comme d'horribles monstres tous ceux qui l'ont honorée et protégée. Il avoue qu'il n'ose et qu'il ne peut pas désapprouver ceux qui ont nié la divinité de son auguste fondateur Jésus-Christ ; mais il ne fait pas difficulté de désapprouver plusieurs textes du nouveau Testament, qui prouvent clairement que Jésus-Christ est Dieu. Enfin, dès que cette religion est échappée aux horreurs des trois siècles de persécutions, et qu'elle a commencé à jouir de la paix, il n'a plus que du fiel à vomir contre elle ; il vous représente l'univers comme malheureux d'avoir embrassé le christianisme ; il ne cesse de parler des fleuves de sang que cette religion a fait couler depuis Constantin jusqu'à ces derniers siècles ; il ne peint les chrétiens que comme des furieux, toujours acharnés et toujours les armes à la main les uns contre les autres ; que comme des monstres chez qui il n'y a jamais eu ni humanité, ni justice, ni tranquillité. Et voilà l'homme qui est l'idole d'un royaume très-chrétien !

Les preuves de ce que nous venons d'exposer se trouveront dans la *Philosophie de l'His-*

...toire, le *Dictionnaire philosophique portatif*, les premiers volumes de l'*Essai sur l'histoire générale*, l'*Examen important de milord Bolyngbroke*, le *Traité de la tolérance*; elles se trouveront dans ses Mélanges. Qu'on parcoure les articles où il est parlé des juifs, des quakers, des anabaptistes, de Newton, et ceux où il est parlé de Dioclétien, de Constantin, de Julien; qu'on parcoure l'informe rapsodie des *Questions sur l'Encyclopédie*, on verra toutes ces preuves présentées avec une hardiesse qui n'avoit point encore eu d'exemple.

Et quoiqu'on lui ait souvent démontré toutes les noirceurs des calomnies, des mensonges, des falsifications qu'il a fait passer dans ses écrits; cependant l'opiniâtreté à combattre la religion a toujours été plus puissante sur lui que l'honneur et que le respect pour la vérité. Le fiel et la bile qu'il avoit répandus dans ses premiers ouvrages, il les a répandus dans quantité d'autres qui ont suivi : on les retrouve dans toutes ses éditions. Toujours convaincu et toujours obstiné, il n'a jamais voulu entrer en réconciliation ni avec la vérité, ni avec la religion; et il peut se vanter hardiment de n'avoir pas donné un écrit où il n'y ait quelque trait pour l'outrager.

Ce qui achève de mettre à découvert ses vrais sentimens sur le christianisme, c'est l'affectation avec laquelle il présente les tableaux des différentes religions qu'il y a eu dans le monde, et parmi lesquels on remarque que celui de la religion chrétienne est toujours le moins avantageux. Tout a été sage, raisonnable, juste, modéré, dans les religions des autres peuples, à ce qu'il fait entendre; et tout a été de superstition, de violences, de cruautés, d'injustices, parmi les chrétiens. Il vous présente les guèbres, les banians, les parsis, qu'on ne connoît guère que de nom, comme heureux avec leur religion simple; les païens, comme des hommes tranquilles avec la pluralité de leurs dieux ridicules; les mahométans, comme jouissant d'une prospérité constante, avec leur seul dogme de l'unité de Dieu.

Mais quand il s'agit des chrétiens, il n'emploie pour les peindre que les couleurs les plus affreuses; il n'a plus que des horreurs à rapporter; il ne cesse de gémir sur les malheurs, les désastres, les fléaux que leur religion a attirés sur l'univers. On reconnoît d'abord que dans ces tableaux tout est d'un antichrétien, qui est allé infiniment plus loin que les Celse, les Porphyre, les Julien, et que tous les plus fameux adversaires de la religion de Jésus-Christ. Aussi tous les chrétiens, soit catholiques, soit protestans, s'accordent-ils assez à regarder Voltaire comme le nouveau Celse, qui ne se propose point d'autre but, et qui n'écrit que pour saper, détruire, anéantir, s'il le pouvoit, cette auguste religion.

ARTICLE III.

On apprend dans les Ecrits de Voltaire à ne regarder qu'avec horreur la religion catholique.

Mais de toutes les religions, et de toutes les

sociétés religieuses, celle que Voltaire paroît détester le plus, celle dont il est l'ennemi le plus irréconciliable et le plus implacable, c'est celle dans laquelle il est né, dont il fait encore quelquefois profession, surtout lorsqu'il auroit quelque chose à craindre de la part des puissances; c'est la religion catholique, apostolique et romaine.

L'homme sage et judicieux sait que la religion est établie parmi des hommes, qu'elle est gouvernée par des hommes, et que ces hommes, malgré la sainteté de la religion, sont toujours sujets aux passions. Il n'est donc point étonné qu'elle ait souvent à gémir des égaremens de ses enfans.[1] Il n'ignore pas que Jésus-Christ a annoncé qu'il y auroit des scandales et des hommes d'iniquité dans son royaume, c'est-à-dire dans l'Eglise.[2] Il se souvient que ce grand apôtre, qui fut surnommé le vase d'élection, dit que dans l'Eglise même il s'élèveroit des hommes pervers, qui, semblables à des loups ravissans, dévoreroient le troupeau de Jésus-Christ. Cet homme sage et judicieux n'est donc point surpris que ces tristes prophéties aient été souvent vérifiées par les événemens, et qu'elles se vérifient encore aujourd'hui par les événemens. Mais il ne peut envisager que comme une noirceur détestable, l'affectation d'un écrivain à ne présenter jamais cette religion que par ces scandales et ces malheurs qu'elle a essuyés, et qui avoient été si clairement prédits par l'Homme-Dieu.

[1] Matth. 13. — [2] Act. 20.

C'est à cela cependant que semble s'être spécialement voué et principalement consacré l'historien, le poëte, le philosophe Voltaire. Dans ses poésies, ses écrits philosophiques, ses histoires, on retrouve toujours la même manière de présenter la religion catholique. Des imputations fausses et odieuses, des railleries indécentes et souvent très-plates, des raisonnemens captieux et séducteurs; telles sont les armes qu'il emploie contre elle. Les écrits des auteurs les plus suspects, c'est-à-dire les écrits de tous ceux que le libertinage, le schisme, l'hérésie, ont soulevés contre l'Eglise, sont pour lui des sources précieuses, et où il va toujours puiser. Les grands hommes, au contraire, qui ont combattu pour la religion, qui l'ont soutenue et étendue par leurs travaux, qui l'ont honorée par leurs vertus, qui l'ont maintenue par leur autorité et par leur puissance, il n'oublie rien pour les décréditer et les avilir; et plus ils sont illustres et estimables, plus il fait usage de la satire et de la mauvaise foi, pour détruire l'idée avantageuse qu'on doit s'en former.

Presque tout ce qui caractérise la religion catholique devient la matière de ses railleries et de ses sophismes, soit dans ses Mélanges, soit dans son Histoire. Pratiques de piété, invocation des saints, miracles, reliques, pélerinages, vœux, mortifications, jeûnes, tout cela est ordinairement traité ou de fanatisme ou de superstition. Les abus qui s'y glissent quelquefois, et que la foiblesse humaine rend comme inévitables, c'est sur quoi l'infatigable déclamateur rebat continuellement; mais ce qu'il y a de respectable, d'utile, d'autorisé et d'édifiant dans ces établissemens, pratiques et opinions, ou il le supprime, ou bien il le déguise pour le combattre.

A l'entendre, toutes les hérésies ne sont venues que par les passions de ceux qui dominoient dans l'Eglise catholique; tous les chefs des hérésies ont été fondés à s'élever contre elle; toutes ses décisions ont été le fruit de la politique, de la puissance et de l'autorité. Aussi tous les chefs de sectes, depuis les temps du concile de Nicée jusqu'à ceux du concile de Trente; les Arius, les Nestorius, les Pélage, les Photius, les Béranger, les Pierre de Valdo, les deux chefs des hussites, sont-ils toujours loués par Voltaire, et représentés comme des hommes admirables, ou par leurs talens, ou par leurs vertus, et toujours très-supérieurs à ceux qui les jugeoient!

Pour répandre du ridicule sur ce qui s'enseigne dans l'Eglise catholique, il rapporte quelquefois les opinions singulières de quelques théologiens obscurs; opinions rejetées, méprisées, évanouies dès leur naissance; et cet honnête et sage écrivain les rapporte comme ayant été le grave enseignement de l'Eglise catholique, et comme la preuve du mérite et du génie de ceux qu'on nomme théologiens.

Mais il n'est rien qui l'irrite davantage que l'autorité et la puissance qui est dans l'Eglise catholique; aussi est-ce contre cette autorité et cette puissance qu'il se roidit avec le plus de violence, et qu'il dresse ses plus furieuses batteries. D'abord il s'efforce de soulever tous les rois et les magistrats contre elles, et de leur représenter cette autorité et cette puissance comme attentatoires aux droits des souverains, à la conservation des lois les plus sacrées, et au bonheur des peuples. Il soutient qu'il n'y aura jamais ni ordre ni bonheur dans l'univers, que lorsque les vicaires de Jésus-Christ et les évêques seront dépouillés des biens qu'ils ont, dit-il, usurpés, et de l'autorité qu'ils se sont arrogée; que lorsque la marotte de la hiérarchie sera anéantie, et qu'on se sera défait de l'extravagante idée de la primauté de l'Église de Rome, de ces différens degrés de juridiction, de ce pouvoir arbitraire de donner des dispenses, parce que, dit-il, chaque évêque, dans son diocèse, est aussi puissant que le pape même, sous l'autorité de son souverain.

C'est là le but de l'écrit plus que fanatique qu'il intitule *le Cri des nations;* [1] c'est le but des déclamations de *l'Homme aux quarante écus,* des *Recherches sur les droits des hommes,* de la *Requête aux magistrats;* c'est le point qu'il rebat, et sur lequel il revient à tout propos, et hors de tout propos, dans ses Histoires, ses Mélanges, et dans la plupart de ses autres écrits.

Sans entrer dans des discussions très-inutiles, il suffit de lui répondre ici que cette hiérarchie qu'il déteste a pour auteur Jésus-Christ et les apôtres; qu'elle a été confirmée par les conciles généraux, c'est-à-dire par les plus respectables assemblées qu'il puisse y avoir dans l'univers; qu'elle a été respectée par les premiers Césars

---

[1] Mélanges, tome 30.

chrétiens, et par les plus grands princes; qu'elle est absolument nécessaire à l'ordre de l'Eglise, et à la conservation de la religion.

A tout ce que le fanatisme lui fait dire et répéter sans cesse, que la puissance ecclésiastique est contraire aux droits des souverains et au bonheur des peuples, on n'opposera que le règne de Louis XIV, c'est-à-dire le règne le plus vigoureux et le plus ferme, le règne le plus glorieux et le plus avantageux à la nation, et en même temps le plus favorable à la religion. Sous ce règne, le libertinage et l'impiété, malgré l'enveloppe philosophique dont on se couvre aujourd'hui, ne se seroient pas présentés ni montrés impunément. Quel avantage et quelle gloire pour la nation et pour la religion si on voyoit renaître un règne semblable!

Quant aux biens que possèdent l'Eglise romaine et quelques autres Eglises puissantes, et dont Voltaire désire si ardemment de les voir dépouillées, on peut dire que les titres de leurs possessions sont bien plus légitimes et plus justes que ceux de tant de conquérans, contre la mémoire desquels il se garderoit bien de déclamer. Et qu'on ne s'y trompe pas! lorsqu'il paroît parler en faveur des souverains, ce n'est jamais par zèle pour les souverains même, ce n'est que par haine pour l'Eglise. Qu'on lise dans le second volume de cet ouvrage le chapitre *de la Subordination*, et l'on verra que jamais homme n'a été plus ennemi de l'autorité des rois, et n'a parlé plus fortement et plus dangereusement contre l'autorité des rois, que celui qui les exhorte ici à se rendre les maîtres absolus dans l'Eglise ; alors on reconnoîtra les vrais motifs qui l'engagent à parler ici pour eux.

Enfin il n'y a rien dans l'Eglise, soit pour la juridiction, l'autorité et les droits; soit pour les ordonnances, les jugemens, les décisions; soit pour les différens états d'évêques, de prêtres, de religieux, de vierges consacrées à Dieu : il n'y a rien qu'il ne déteste, n'abhorre, et sur quoi il ne s'efforce de faire passer dans tous les cœurs tous les plus violens sentimens de haine et de mépris ; et nous voyons avec douleur qu'il n'a que trop bien réussi dans ses vues.

Dans l'exposé que nous venons de faire de la manière de penser de Voltaire sur la religion, nous n'avons dit que la vérité. Voltaire nous en fournit lui-même les preuves dans les articles de la collection de ses OEuvres que nous avons indiqués; mais si nous n'avons dit que la vérité, quels désordres cette affreuse collection ne doit-elle pas causer dans toutes les sociétés chrétiennes ? quel poison plus funeste pouvoit-on lui présenter ? avec quelle horreur l'homme sage doit-il la regarder ? quelle obligation devant le Seigneur, pour les premiers pasteurs, de l'interdire, de la proscrire, d'user de toute l'autorité, de recourir même à l'autorité souveraine, pour l'exterminer et l'anéantir ? C'est à eux principalement que Jésus-Christ adresse ces terribles paroles : *Qui non est mecum, contra me est:* C'est être contre moi, que de ne pas se déclarer pour moi.

CHAPITRE X.

Observations sur le Traité de la tolérance.

Quelques jeunes gens qui avoient lu le Traité de Voltaire sur la tolérance, en parloient dans une compagnie respectable, et ils en parloient avec un enthousiasme que la présence d'un vieux docteur de Sorbonne sembloit allumer encore davantage. Quelle sagesse, quelle force de raisonnement, disoient-ils, pour démontrer la nécessité de la tolérance ! Quel avantage pour la société, quel bonheur pour le genre humain, si l'on se conduisoit par les principes lumineux qui sont présentés dans ce bel ouvrage ! La tolérance établie, quelle union, quelle paix régneroit parmi les hommes ! Ils se regarderoient tous comme frères, tous conspireroient au bien général de l'état, et tous deviendroient des citoyens paisibles, utiles et heureux. Quelle obligation n'a-t-on pas à M de Voltaire d'avoir mis dans le plus beau jour des vérités si intéressantes ! Les jeunes panégyristes ne tarissoient point en louanges, ils s'applaudissoient ; ils demandèrent même au docteur ce qu'il pensoit sur cet objet.

Le vieux docteur étoit un de ces hommes fermes et décidés, que le flux des paroles n'épouvante pas, et qu'un certain ton railleur ne déconcerte pas ; c'étoit en même temps un homme d'une grande érudition, à qui il étoit difficile d'en imposer, et un esprit très-juste, et très-capable de remarquer les écarts où donnent ces raisonneurs qui sont si fort à la mode aujourd'hui.

Messieurs, dit-il à la compagnie, je suis prêtre, je suis docteur de Sorbonne ; ce ne sont pas là des titres à mériter la considération de Voltaire, puisqu'il n'y a personne au monde pour qui il affecte de témoigner tant de mépris que pour un prêtre, un théologien, un docteur ; n'importe, je n'en dirai pas mon sentiment avec moins de liberté. J'ai lu le traité dont ces jeunes messieurs sont extasiés, et cette lecture ne m'a laissé dans l'âme que des sentimens d'indignation et d'horreur. Je ne regarde ce traité que comme un ramas informe de déclamations insensées et de calomnies absurdes, qui font le résultat de tout ce que soixante ans de haine contre la religion ont pu ramasser et faire dire de plus atroce contre elle.

Vous êtes peut-être surpris de la vivacité avec laquelle je m'exprime ; eh bien ! vous le serez bien plus encore des preuves que je suis à même de vous fournir sur tout ce que j'avance ; ces preuves, je les ai par écrit : ce sont des observations envoyées à un homme de qualité, qui avoit lu quelque chose du Traité de la tolérance, qui en fut outré et indigné, et qui me conjura de lui en donner par écrit mon jugement. Je n'entre point dans un détail qui auroit été immense, s'il avoit fallu relever toutes les erreurs de raisonnemens et de faits ; je me renferme dans quelques observations générales, mais bien suffisantes pour se décider et pour juger. Le docteur, à ces mots, tira de sa poche le cahier des observations; les voici telles qu'il les présenta :

PREMIÈRE OBSERVATION.

Le volume de la Tolérance n'est qu'un amas de déclamations, sans principes, sans raisonnement, et sans liaison.

Voltaire fait un gros volume sur la tolérance; mais demandez-lui ce que c'est que la tolérance, quel est son objet, son étendue, ses bornes, ses lois, il ne regardera qu'avec pitié ceux qui ont l'esprit assez peu philosophique pour faire de pareilles questions. Parcourez ensuite tout ce qu'une imagination sans règle lui a dicté; alors vous connoîtrez son intention et ses vues; vous verrez que cette tolérance, qu'il demande avec tant de chaleur, n'est autre chose que l'anéantissement de toutes les lois divines et humaines qui sont relatives à la religion, et de toute autorité légitime qui veilleroit à la conservation de la religion.

Aussi, sans vouloir ou sans pouvoir s'expliquer sur ce que c'est qu'une tolérance juste et raisonnable, comme il en est si bien traité dans le Dictionnaire philosophique de la religion, Voltaire ne fait que réclamer, en faveur des philosophes et de tous les ennemis de la religion, une liberté entière de parler, d'écrire et de dogmatiser. Il confond toujours adroitement ou frauduleusement le civil et le moral,[1] ce

[1] Mélanges, tome 29, p. 176.

qu'exigent le droit social, le droit naturel, et ce que nous prescrit la foi.

En conséquence de cette confusion, de ce mélange d'idées disparates,[1] il regarde d'un même œil le chrétien, l'idolâtre, le juif, le turc, le chinois; il se récrie avec indignation contre ceux qui ne veulent pas donner place en paradis à ceux qui adoroient Bacchus, Vénus, Junon, et toute cette bande de divinités ridicules, auxquelles le paganisme élevoit des autels;[2] il ne traite que de petites nuances toutes les différences de culte et de religion.

Avec cette manière de penser, il est évident qu'il n'y auroit aucune espèce d'impiété, d'hétérodoxie et d'absurdité en matière de religion, qui ne fût permise; et c'est là le véritable objet de la tolérance pour laquelle le chrétien Voltaire est si ardent, et pour laquelle il plaide avec tant de feu.

Après cela,[3] il fait les plus violentes excursions contre les beaux siècles du christianisme naissant. Il ne voit dans les premiers chrétiens que des *demi-juifs* très méprisables; il se moque de ceux qui croient que la religion chrétienne a été établie à Rome par l'apôtre saint Pierre; il donne hardiment le démenti à dix-sept siècles,[4] à tous les historiens, à tous les monumens authentiques qui attestent que ce prince des apôtres est mort à Rome sur la croix, comme Jésus mourut à Jérusalem; il se tourne et se retourne de toutes les manières

---

[1] Mélanges, tome 29, page 180. — [2] Ibid., page 181. — [3] Ibid., p. 77. — [4] Ibid., p. 73.

pour excuser et justifier les barbares empereurs qui, pendant plus de deux siècles, inondèrent tout l'empire du sang des chrétiens; il ne présente nos généreux martyrs[1] que comme des hommes que leur imprudence, leur esprit factieux, leur désobéissance aux lois ont conduits aux supplices.

Enfin le christianisme devient-il la religion dominante dans l'empire; alors il n'a plus que des horreurs à répandre sur ceux qui l'ont soutenu et protégé : et quoiqu'on lui ait souvent démontré que tout ce qu'il a dit sur ces objets n'est que mensonges et calomnies atroces ; ces mêmes mensonges, ces mêmes calomnies, il les rappelle, il les entasse, il les présente encore à tout propos, pour faire regarder l'autorité de l'Eglise comme l'autorité la plus abominable, et les lois des princes, en faveur de la religion, comme des lois de tyrans.

On demandera ici au déclamateur comment tout cela explique ce que c'est que la tolérance, et peut prouver la nécessité de la tolérance universelle qu'il réclame; mais on jugera, en attendant sa réponse.

Ce n'est encore là cependant que le prélude de ses ardentes déclamations ; il s'enflamme bien autrement quand il peint les horreurs des guerres dont les sectes qui se sont élevées dans l'Eglise ont été l'occasion. M. Rousseau, de Genève, a l'équité d'avouer que les cabales des grands en étoient les vrais principes, et qu'ensuite on ameutoit les peuples au nom de Dieu.[2]

---

[1] Mélanges, tome 29, p. 78. — [2] Lettre à M. l'archevêque de Paris.

Notre déclamateur ne se pique pas de la même droiture ; ce sont toujours les catholiques qui ont été les agresseurs, *les barbares assassins,* *les cruels bourreaux de leurs frères;* et les sectaires ont été *des innocens, des infortunés,* des victimes malheureuses de la plus fameuse barbarie.

Il prétend s'autoriser par les témoignages du président de Thou, qu'il appelle le *véridique et respectable de Thou;* et de M. Rapin de Toyras, qu'il nomme *l'exact et judicieux écrivain.* Mais M. Rapin de Toyras étoit un réfugié, et l'on sait comment ont dû écrire tous les réfugiés; pour M. de Thou, il ramassoit avec soin tout ce qui venoit du parti protestant, et le faisoit passer dans son Histoire. Il eut l'humiliation d'être forcé d'en convenir; et l'on en trouve des preuves sans réplique dans *Bayle*, à l'article *Camden*. N'importe, tout ce qui sert à rendre la religion odieuse, vrai ou faux, est toujours précieux pour l'avocat de la tolérance.

Enfin, il présente tout ce que sa noire imagination lui fournit. La lettre qu'il suppose écrite au P. Le Tellier, pour faire massacrer dans un même jour tout ce qu'il y a de protestans dans le royaume; l'absurde entretien d'un théologien avec un mourant; le discours de fureur qu'il met à la bouche d'Anne Dubourg, avant son supplice; ses cris perpétuels sur les crimes de quelques papes, pour les rendre *tous* odieux ; tout cela sent le fanatisme le plus ar-

---

[1] Tome 29, p. 51. — [2] Ibid., p. 98.

dent et le plus extravagant qui ait jamais été. Et voilà tout le fond du Traité de la tolérance, et la marche de l'écrivain dans son Traité de la tolérance.

SECONDE OBSERVATION.

Voltaire est tolérant comme le furent autrefois les Romains.

Ces Romains tolérèrent toutes les abominations et extravagances en matière de religion, et ils ne persécutèrent que la seule religion de Jésus-Christ. Voltaire est tolérant comme le furent les Romains. Il n'est aucune sorte d'erreurs, d'égaremens, d'écarts en fait de religion, qu'il ne protége, qu'il ne s'efforce de justifier, ou au moins d'excuser. Manichéens, ariens, mahométans, idolâtres, hétérodoxes de toutes les espèces, tous sont assurés de son zèle pour eux, tous peuvent compter sur sa protection; il n'est que les chrétiens qui ne puissent pas trouver grâce devant lui. Il est tolérant comme le furent les Romains.

« La tolérance de toutes les religions, dit-il, est une loi gravée dans tous les cœurs.[1] Il y avoit dans la capitale du monde connu sept cents temples[2] dédiés aux dieux; cette association de toutes les divinités du monde, cette espèce d'hospitalité divine fut le droit des gens de toute l'antiquité.... Les mystères d'Isis, ceux de Mitras, ceux de la déesse de Syrie,

[1] Mélanges, tome 1er, p. 238. — [2] Tome 29, p. 79.

» furent permis sans contradiction ; et ce qui
» est très-remarquable, c'est qu'on ne persécuta
» jamais personne pour sa manière de penser....
» car de quel droit un être créé pourroit-il forcer
» un autre à penser comme lui ? »

Ne nous arrêtons pas à gloser sur ces singulières expressions de l'*association de toutes les divinités du monde,* de cette *hospitalité divine, qui fut le droit des gens de toute l'antiquité.* Elles seroient venues parfaitement bien dans les Précieuses ridicules de Molière : mais examinons ce beau texte.

Avec une tolérance, ou plutôt une licence aussi étendue que celle dont parle ici Voltaire, il est aisé de concevoir jusqu'à quels excès devoient aller les déréglemens chez les Romains. Qu'on en juge par ce que nous en présente saint Léon, avec une éloquence majestueuse que les plus grands orateurs auroient peine à égaler.

« Rome, dit-il, en subjuguant toutes les na-
» tions, s'étoit asservie à toutes leurs supersti-
» tions ; et en adoptant toutes leurs erreurs et
» leurs absurdités, elle croyoit avoir, en fait de
» religion, tout ce qu'on peut désirer. C'est vers
» ce centre de l'empire que Pierre dirige sa
» marche, afin que la lumière de la vérité, qui
» devoit briller pour le salut de tout l'univers,
» se répandît plus sûrement de sa capitale dans
» toutes ses parties. C'est là qu'il falloit écraser
» toutes les opinions insensées de la philosophie,
» confondre l'orgueil de la sagesse humaine,

[1] Mélanges, tome 1er, p. 239.

» renverser les autels des démons ; c'est là qu'il
» falloit exterminer toutes les abominations de
» l'impiété et du sacrilége, parce que tout ce
» que l'erreur et l'aveuglement avoient jamais
» imaginé et enfanté, Rome l'avoit réuni dans
» son sein avec la superstition la plus recher-
» chée. »

Les détails honteux de ces abominations et superstitions romaines, on les trouvera dans les Dialogues de Lucien, et surtout dans ceux où il peint la conduite et les mœurs des philosophes de son siècle ; on les trouvera dans les discours que les anciens apologistes de la religion, Justin, Athénagore, Théophile d'Antioche, Clément d'Alexandrie, adressèrent aux païens, pour leur faire connoître les raisons qu'ils avoient eues de renoncer à l'idolâtrie ; c'est là qu'on apprendra, en frémissant, qu'il n'est sorte de crimes, de déréglemens, d'infamies, d'impiétés, que les Romains ne regardassent avec indifférence, et qui ne fussent tolérés parmi eux ; et c'est en cela que le religieux et chrétien Voltaire nous donne les Romains pour modèles de sagesse dans la manière de penser et de gouverner, et pour des modèles que nous devons nous faire une loi d'imiter.

C'est dans cet esprit d'une douce tolérance, qu'il trouve que l'absurde religion de Mahomet est très-sage et très-raisonnable. « Toutes ses
» lois, dit-il,[1] qui sont si austères, et sa doctrine
» qui est si sage, attirèrent bientôt à sa religion
» le respect et la confiance : cette religion s'ap-

---

[1] Mélanges, tome 1er, p. 360.

» pela Islamin, c'est-à-dire résignation à la
» volonté de Dieu ; et ce seul mot devoit faire
» beaucoup de prosélytes. »

Ainsi parle Voltaire d'une religion donnée par le plus impudique, le plus ignorant, le plus violent de tous les hommes. Je dis le plus impudique : Mahomet se vantoit lui seul, pour le commerce avec les femmes, d'avoir autant de force que quarante hommes : le plus ignorant ! il fait frémir le bon sens toutes les fois qu'il s'avise de parler de l'essence de Dieu, des choses naturelles et surnaturelles, et des histoires de l'ancien Testament : le plus violent ! il dit que c'est pour soumettre le monde par les armes, qu'il a été envoyé de Dieu, et il ordonne à ses gens de n'épargner aucun de ceux qui refuseront de se joindre à lui.

C'est dans cet esprit d'une douce tolérance qu'il ose justifier l'arianisme, le socinianisme, le déisme, en élevant au-dessus de tous les autres hommes ceux qui ont combattu le dogme de la Trinité. C'est ce qu'on voit dans les articles de ses Mélanges,[1] sur les sociniens ou ariens, sur Newton, et sur plusieurs autres objets. Les dogmes d'Arius et de Socin anéantissent entièrement la religion chrétienne ; et c'est par cet anéantissement, que notre philosophe veut qu'on tolère avec douceur et humanité.

Nous avons dit que Voltaire étoit tolérant comme ces Romains qui laissoient à chacun la liberté de se livrer à toutes les abominations, et

---

[1] Tome 29, p. 181.

qui ne persécutoient que la vraie religion : car cette âme si indulgente pour tous les genres d'égaremens et de libertinages; ce tolérant, si humain et si doux, est tout à coup transformé en frénétique, dès qu'il s'agit du christianisme et de la foi.[1] « C'est nous, dit-il, c'est nous, » chrétiens, qui avons été persécuteurs, bour-» reaux, assassins de nos frères; c'est nous qui » avons détruit cent villes le crucifix à la main, » qui n'avons cessé de répandre du sang, d'al-» lumer des bûchers depuis le règne de Con-» stantin. » Il ne peut pas pardonner aux princes et aux peuples qui ont voulu arrêter ceux qui troubloient la société en altérant la religion, ou qui ont osé punir des rebelles armés contre l'autorité souveraine. Il ne présente que comme des monstres, les grands princes qui ont employé leur autorité et leur puissance en faveur du christianisme. Mais le barbare Dioclétien est peint comme le plus sage des princes ; le monstre Néron est excusé sur les horreurs qui lui ont été reprochées ; l'apostat Julien est montré comme le premier des hommes. Avoir protégé toutes les abominations, et avoir persécuté les chrétiens, ce sont là les deux premiers titres pour mériter les louanges et le suffrage de l'auteur de la Tolérance, de l'Essai sur l'Histoire générale, etc. etc. Il est tolérant comme le furent les Romains.

[1] Tome 29, p. 181.

TROISIÈME OBSERVATION.

Raisonnemens singuliers que fait Voltaire pour prouver la nécessité d'une tolérance universelle.

J'ai souvent cherché en moi-même, disoit un ancien, à quoi l'on pourroit comparer les philosophes séducteurs et sophistes;[1] et après bien des examens, j'ai trouvé qu'il n'y avoit rien à quoi ils ressemblassent davantage qu'à une courtisane : celle-ci, par sa parure et par ses paroles doucereuses, surprend et séduit une jeunesse inconsidérée; ceux-là surprennent et séduisent cette même jeunesse par l'éblouissant de leurs sophismes et le faux de leurs raisonnemens; celle-ci amollit et corrompt les cœurs par ses caresses; ceux-là les corrompent et les amollissent par leurs leçons lubriques, et les maximes voluptueuses qui sont répandues dans leurs écrits. Il y a aujourd'hui des légions de ces sortes de philosophes. Ce seroit manquer à ce qu'on doit à M. de Voltaire, que de ne le pas reconnoître pour le général de ces légions, puisque c'est lui principalement qui les a formées et exercées. Amusons-nous à observer quelques-uns de ces raisonnemens sophistiques, dont il a garni son traité de la Tolérance.

I.

« Moins de dogmes, moins de disputes; et

[1] Olymp.

» moins de disputes, moins de malheurs : si cela
» n'est pas vrai, j'ai tort ! [1] »

Voici les conséquences qu'on tire de ces maximes que Voltaire débite avec la plus grande assurance.

Moins de dogmes, moins de malheurs. Donc l'univers seroit bien plus heureux s'il n'avoit pas embrassé le christianisme, qui est chargé de tant de dogmes ; donc le sort des païens, qui n'avoient point de dogmes, comme le dit si souvent Voltaire avec affectation, étoit bien préférable à celui des chrétiens ; donc Jésus-Christ auroit bien dû se dispenser de nous révéler tous ces dogmes qui sont essentiels à la religion chrétienne ; donc nous ferions bien de reprendre le train du paganisme : *si cela n'est pas vrai, j'ai tort !*

Moins de dogmes, moins de malheurs. Mais dans ces malheurs que les dogmes et les disputes ont quelquefois occasionés dans le christianisme, y a-t-il quelque chose de comparable à ce qui est arrivé chez les païens qui étoient sans dogmes? Un siècle du paganisme vous offrira plus d'horreurs, de séditions, de guerres civiles, de massacres, de fureurs et d'acharnemens réciproques, d'assassinats de princes, qu'on n'en trouvera, malgré toutes les exagérations voltairiennes, dans toutes les monarchies chrétiennes, et dans les dix-sept siècles écoulés depuis l'établissement de la religion : *si cela n'est pas vrai, j'ai tort !*

Moins de dogmes, moins de malheurs : mais

[1] Mélanges, tome 29, p. 173.

ces malheurs, d'où viennent-ils? N'est-ce pas de l'orgueil, de l'ambition, du libertinage, de l'avarice, de l'amour de l'indépendance dans quelques particuliers, qui ont en suite séduit les peuples? Depuis les infâmes gnostiques et les impies ariens, ne sont-ce pas toujours les passions qui ont porté le trouble dans l'Eglise? Il ne faut donc pas dire : *Moins de dogmes, moins de malheurs;* mais moins de passions, moins de malheurs : *si cela n'est pas vrai, j'ai tort!*

Il n'y a donc ni bon sens ni vérité dans ces grandes maximes de Voltaire; on n'y trouve, à les bien examiner, qu'une enveloppe d'absurdités, d'irréligion et d'impiété.

II.

« Pour qu'un gouvernement ne soit pas en
» droit de punir les erreurs des hommes,[1] il est
» nécessaire que ces erreurs ne soient pas des
» crimes : elles ne sont des crimes, que quand
» elles troublent la société; elles troublent la
» société, dès qu'elles inspirent le fanatisme. Il
» faut donc que les hommes commencent par
» n'être pas fanatiques, pour mériter la tolé-
» rance. »

Mais ces propos ne sentent-ils point le fanatisme? S'ils sentent le fanatisme, celui qui ose les tenir mérite-t-il la tolérance? soit dit en passant.

Tous ceux qui comptent pour rien la reli-

[1] Mélanges, tome 29.

gion, applaudiront sans doute à l'argument que fait ici Voltaire; mais ceux qui la respectent lui opposeront celui-ci :

Ou les édits des empereurs pour punir les chrétiens étoient des édits de tyrans, ou les chrétiens étoient des fanatiques, qui ne méritoient point de tolérance. Si les édits des empereurs étoient des édits de tyrans, pourquoi le déclamateur Voltaire est-il toujours leur avocat le plus zélé et leur défenseur le plus ardent? Si les chrétiens étoient des fanatiques, pourquoi le philosophe Voltaire reste-t-il encore dans une secte de fanatiques? pourquoi n'abjure-t-il pas le christianisme? qu'il se décide en philosophe courageux !

III.

« C'est une impiété,[1] dit Tertullien, d'ôter,
» en matière de religion, la liberté aux hommes;
» d'empêcher qu'ils ne fassent choix d'une di-
» vinité. Aucun homme, aucun dieu ne vou-
» droit d'un service forcé. » C'est ainsi que Voltaire fait parler Tertullien en faveur de la tolérance.

Ici Voltaire prend le blanc pour le noir et le noir pour le blanc. Tertullien, pour démontrer l'injustice de l'intolérance romaine envers les chrétiens, s'exprime ainsi : « Romains, vous
» nous accusez d'impiété, parce que nous n'a-
» dorons pas vos faux dieux.[2] Et n'est-ce pas
» vous-mêmes qui êtes coupables d'impiété, en

---

[1] Tome 29, p. 150. — [2] Apolog., chap. 23 et 24.

» persécutant la religion du vrai Dieu ?.... Pre-
» nez garde que la plus grande des impiétés ne
» soit d'ôter aux hommes la liberté en matière
» de religion, en sorte que vous m'empêchiez
» d'adorer ce que je veux, et que vous me for-
» ciez d'adorer ce que je ne veux pas.... Dans
» votre empire, chaque province, chaque ville
» a son dieu; et il n'y a que le vrai Dieu que
» vous ne permettiez pas d'adorer. »

Voilà un texte bien différent de celui que présente Voltaire. S'il est fâcheux pour lui de se montrer comme mauvais raisonneur, il l'est bien plus encore d'être repris comme falsificateur.

IV.

« Mais quoi! sera-t-il permis à chaque ci-
» toyen de ne croire que sa raison,¹ et de pen-
» ser ce que cette raison éclairée ou trompée lui
» dictera ? Il le faut bien, pourvu qu'il ne trouble
» point l'ordre; car il ne dépend pas de l'homme
» de croire, mais il dépend de lui de respecter
» les usages de sa patrie. »

Voici la permission la plus ample et la plus étendue qu'on ait jamais accordée au genre humain en matière de croyance. Mais je ne sais pas chez quels peuples ni à quels tribunaux cette permission pourra jamais être homologuée et enregistrée; elle ne le sera d'abord chez aucune des nations chrétiennes, parce qu'elles croient ce que leur annonce la foi; elle ne le sera pas chez les Turcs, parce qu'ils adoptent

¹ Mélanges, tome 29, p. 102.

tout ce que leur dit leur Alcoran; elle ne le sera pas chez les juifs, qui ne respectent rien plus que leurs livres saints.

D'ailleurs, chacun étant autorisé à ne croire que sa raison, que doit-il en résulter? La plus épouvantable cacophonie, opposition et confusion de sentimens dans la société humaine; car alors, dans quelque espèce d'écarts, d'égaremens, d'erreurs et d'absurdités que l'on donne, on pourra toujours dire qu'il *est permis à chaque citoyen de croire sa raison;* chacun pourra toujours dire que c'est sa raison qui lui dicte cette manière de penser. Alors Manès pourra dire que c'est sa raison qui l'engage à admettre deux principes; Arius, par cette même raison, se dira autorisé à rejeter le dogme de la divinité de Jésus-Christ; Spinosa, à nier l'existence de Dieu; tout le paganisme, à admettre ces légions de dieux mâles et femelles, qui faisoient souvent entre eux si mauvais ménage.

Est-il possible qu'un aussi grand philosophe que Voltaire, n'ait pas aperçu le ridicule de ces belles maximes et de ces beaux raisonnemens?

Il tâche de se mettre à couvert par la clause, *pourvu qu'il ne trouble point l'ordre :* mais de quoi sert cette clause? L'homme, fortement prévenu, donne le nom d'*ordre* à ce qui s'accorde avec ses idées, et le nom de *désordre* à ce qui pourroit les combattre. Concluez sur la valeur de la clause.

V.

« Si vous disiez que c'est un crime de ne pas

» croire à la religion dominante, vous accuse-
» riez donc vous-mêmes les premiers chrétiens
» vos pères, et vous justifieriez ceux que vous
» accusez de les avoir livrés aux supplices. »

Pour faire sentir à Voltaire le ridicule de son sophisme, on se contentera de lui proposer cette question : La religion dominante, quelle qu'elle soit, d'où tire-t-elle son autorité ? est-ce de Dieu, est-ce des hommes ? Qu'il réponde ce qu'il voudra ; de quelque côté qu'il se tourne, il est nécessairement pris.

S'il répond que la religion dominante tire son autorité de Dieu, il est donc évident que c'est une obligation indispensable de s'y soumettre, et ce seroit un crime de n'y pas croire.

S'il dit qu'elle ne tire son autorité que des hommes, il restera évident qu'il n'y a aucun crime de n'y pas croire ; et c'est le sentiment de Voltaire lui-même ; car il décide « qu'aucun
» être créé n'a pas le droit de forcer un autre à
» penser comme lui ; [2] il soutient que ce seroit
» être tyran que d'exiger que les autres soient
» persuadés comme vous, et qu'il ne voit pas
» comment, en suivant le principe du droit hu-
» main, un homme pourroit dire à un autre,
» Crois ce que je crois, ou tu périras. [3] »

Il s'ensuit de ce raisonnement que nous avons proposé, 1° que les premiers chrétiens n'étoient point coupables de ne point croire à la religion dominante, puisqu'elle n'étoit appuyée que sur l'autorité des hommes, et qu'elle n'étoit qu'ab-

---

[1] Mélang., tome 29, p. 102. — [2] Ibid., tome 1er, p. 239. — [3] Tome 29, p. 303.

surdité, extravagance et abomination; 2° que les persécuteurs ne sont point justifiés, puisqu'ils n'agissoient qu'en tyrans, et *contre les principes du droit humain*. Il n'y a donc ni bon sens, ni droiture, ni vérité dans ce qu'a proposé Voltaire par son sophisme.

QUATRIÈME OBSERVATION.

Sur les recherches que fait Voltaire pour savoir si l'intolérance est de droit divin.

Voltaire, pour exprimer le mépris qu'il fait de nous autres docteurs, dit dans ses vers sur le désastre de Lisbonne :

Je suis comme un docteur, hélas ! je ne sais rien.

Mais ne vaudroit-il pas bien mieux pour lui qu'il fût comme un docteur, et qu'il ne sût rien, que de faire les ridicules recherches dont je vais vous rendre compte. Pardonnez-moi, monsieur, si je m'exprime avec cette vivacité; et pourquoi tant de ménagemens pour celui qui n'en a lui-même pour personne ? Je me garderai bien cependant d'employer ces termes grossiers, indécens, injurieux, qui lui sont si familiers; mais je ne pourrai pas m'empêcher de dire que je n'ai jamais rien lu d'aussi mal conçu et d'aussi mal raisonné que ses recherches sur la tolérance parmi les Juifs.

Il est aisé de connoître la sévérité des lois que le Seigneur avoit données aux Hébreux contre ceux qui manqueroient aux devoirs du culte et à ceux de la morale. Qu'on parcoure les chapitres vingt et vingt-quatre du Lévitique, le quinzième chapitre du livre des Nombres, les chapitres sept, douze, treize du Deutéronome, on y verra des arrêts divins, capables de répandre la frayeur dans l'âme de Voltaire lui-même et de tous ses sectateurs.

Outre les défenses les plus sévères faites aux Hébreux d'avoir aucun commerce avec les Cananéens, il y a encore les peines les plus rigoureuses décernées contre ceux qui violeroient ces défenses. Il y a peine de mort contre tous les idolâtres et les imitateurs des superstitions païennes; peine de mort contre tous ceux qui prêcheront l'impiété; peine de mort contre les blasphémateurs; peine de mort contre ceux qui auront violé la sainteté du sabbat.

Ce qui intéresse les mœurs est l'objet d'une multitude d'ordonnances qui ne sont pas moins rigoureuses que celles qui regardent le culte. Peine de mort pour presque tous les crimes qui sont contre la pureté; peine de mort contre tous les incestueux, à quelque degré qu'ils soient; contre toutes ces infamies qu'on nomme des péchés contre nature; contre tous les adultères; contre la plupart des séducteurs. Pour d'autres objets de morale, on trouve quantité de cas où la peine de mort est décernée, comme contre les homicides volontaires, contre les enfans rebelles à leurs parens; enfin, on trouve la peine du talion pour tout le mal qu'on aura causé à ceux qu'on doit regarder comme ses frères.

Tout cela est clairement énoncé dans les lois que le Seigneur donna lui même aux Hébreux. Elles sont presque toujours accompagnées de cette majestueuse sanction : *Ego Dominus :* C'est moi le Seigneur qui vous donne ces lois.

Après cela peut-on concevoir qu'il y ait au monde un homme assez hardi pour affirmer que Dieu toléra tout chez les Hébreux sur l'article de la religion et des mœurs? Peut-on concevoir que cet homme ose se dire chrétien et philosophe? Qu'il se dise chrétien, cela n'est pas surprenant; c'est un nom qu'il est obligé de prendre, il n'est pas aussi puissant que l'apostat Julien : mais qu'il se dise philosophe, c'est ce qui doit étonner, vu l'inconséquence de ses raisonnemens. Nous allons vous mettre, monsieur, à même d'en juger.

I.

« Il y eut des Hébreux qui adorèrent, dans
» le désert, Moloc, Remphan et Kium. Donc,
» conclut Voltaire, Dieu toléroit l'idolâtrie. »

II.

« Salomon est paisiblement idolâtre; Jéro-
» boam fit élever deux veaux d'or; le grand-
» prêtre Urias érige dans le temple, à la place
» de l'autel des holocaustes, un autel du roi
» de Syrie. Donc il n'y avoit aucune contrainte
» sur la religion.[2] »

III.

« Les Juifs immoloient des hommes à la Divi-

---

[1] Mélanges, tome 29, p. 112. — [2] Ibid., p. 119.

nité.¹ Ezéchiel même leur promet, pour les
» encourager, qu'ils mangeront de la chair hu-
» maine. Dans l'histoire de ce peuple, il échappe
» toujours des rayons d'une tolérance univer-
» selle. »

IV.

« Dieu déclare Nabuchodonosor, qui étoit ido-
» lâtre, son serviteur et son favori. ² Il ne fa-
» vorise pas moins le Kir, ou Koresh, ou Cos-
» roës, que nous appelons Cyrus, quoiqu'il sui-
» vît la religion de Zoroastre. Ainsi donc, sous
» les Moïse, sous les juges, sous les rois, vous
» voyez des exemples de tolérance. »

Voilà ce que le philosophe Voltaire nous
donne pour des preuves démonstratives tirées
des livres saints, que Dieu tolère tout en matière de religion. Reprenons maintenant toutes
ces preuves les unes après les autres.

1° Je crois que ce seroit rendre un vrai service à Voltaire que de lui envoyer la Logique
de Port-Royal, afin qu'il apprît à raisonner d'une
manière moins louche et moins baroque. Peut-
on en effet raisonner plus en *barroco* que le fait
ici ce chef des philosophes? Parce qu'il y eut
quelques Hébreux qui s'abandonnèrent à l'idolâtrie dans le désert, il en conclut que Dieu
toléroit l'idolâtrie. N'est-ce pas comme si l'on
disoit : voilà un père qui est très-sage, et qui a
néanmoins un de ses enfans qui donne dans de
grands égaremens? Donc ce père tolère ces
égaremens! La conséquence est juste, lui ré-

---

¹ Mélanges, tome 29, p. 130. — ² Ibid.

pondra-t-on, si le père laisse faire cet enfant sans le remontrer ; mais elle est absurde si le père remontre, corrige et punit ; or le Seigneur remontra, corrigea et punit. Tous les Hébreux qui avoient sacrifié aux fausses divinités furent condamnés à la mort, tous passèrent par le glaive, on en trouve la preuve dans le livre des Nombres.[1] O Voltaire ! ne vous exposez-vous pas à être mis vous-même à la place où vous mettez les docteurs ?

2° Parce que Salomon, Jéroboam, Urias, donnèrent dans l'idolâtrie, Voltaire conclut qu'il n'y avoit nulle contrainte sur la religion.

Mais lorsque des scélérats sont au-dessus des lois, par l'autorité et par la puissance, s'ensuit-il que la scélératesse soit permise ? Les exemples que cite Voltaire, non-seulement ne prouvent pas ce qu'il prétend, mais ils prouvent tout le contraire. Dieu déclara à Salomon qu'en punition de son idolâtrie il feroit passer la plus grande partie de son royaume à un de ses sujets, il fit annoncer à Jéroboam que dans peu toute sa maison seroit exterminée. Le règne de l'impie Achaz, qui séduisit le grand-prêtre Urias, ne fut qu'un enchaînement de fléaux et de malheurs sur la nation. Il est vrai que Dieu ne contraint pas sur la religion ; mais il avertit, il punit ceux qui manquent à la religion.

3° Il dit que les Juifs immoloient des hommes à la Divinité ; et on lui a démontré, dans le Dictionnaire philosophique de la religion,[2] que ces reproches n'étoient que des calomnies qui retomboient sur le calomniateur.

[1] Chap. 21, 30. — [2] Article Jephté.

Ezéchiel, ajoute-t-il, *promet aux Juifs qu'ils auront le plaisir de manger de la chair humaine;* et dans le texte qu'il ose citer, il n'est pas seulement fait mention des Juifs;¹ il n'est parlé dans ce texte que de ces multitudes de barbares que le Seigneur a exterminées, et dont les cadavres serviront de pâture aux oiseaux de proie et aux animaux carnassiers; c'est pour cela que le prophète invite les aigles, les vautours, les loups, les ours et les lions à venir se rassasier. Ici Voltaire prend les bêtes pour des gens, il en est d'autres qui prennent les gens pour des bêtes; on se trompe de part et d'autre.

4° Parce que Dieu se servit de Nabuchodonosor pour punir les Juifs de leur idolâtrie, et de Cyrus pour les rétablir après leur captivité et leur pénitence, Voltaire conclut que Dieu tolère tout. Un homme qui eût raisonné juste, eût tiré de l'histoire des conclusions toutes contraires. Dieu n'envisagea point avec des yeux tolérans l'idolâtrie des Juifs, puisqu'il les en punit par une captivité de soixante-dix ans; il n'envisagea point avec des yeux tolérans l'orgueil de Nabuchodonosor, puisqu'il l'en punit de la manière la plus humiliante et la plus instructive pour ce prince, **comme nous l'apprenons du prophète Daniel.**²

L'érudition que prétend montrer Voltaire, en parlant de Cyrus, est à peu près du même aloi et de la même valeur que ses raisonnemens.

Kosroës, dit-il, que nous appelons Cyrus, suivoit la religion de Zoroastre. Jamais les

---

¹ Ezéch., ch. 39. — ² Dan. 4.

Orientaux n'ont donné le nom de Kosroës à Cyrus, ils ne l'ont donné qu'à ceux que nous connoissons sous le nom d'Artaxerxès. Le nom de Cyrus, ils le conservent encore avec la terminaison arabe, en écrivant et en prononçant Cyresh.

Il ajoute que ce conquérant suivoit la religion de Zoroastre; mais dans quel auteur a-t-il trouvé cette anecdote? Bayle remarque[1] que tout ce qu'on a dit de Zoroastre n'est qu'*un amas d'incertitudes et de contes bigarrés.*

Ce Zoroastre, à ce que prétendent démontrer plusieurs habiles critiques, vivoit du temps de Cambyse, fils de Cyrus; comment donc pourra-t-on prouver que Cyrus étoit zoroastrien? Après cela, extasiez-vous sur l'érudition, les raisonnemens et les affectations de Voltaire!

CINQUIÈME OBSERVATION.

Sur les déclamations que fait Voltaire contre les intolérans.

Voltaire est tout de feu quand il déclame contre les intolérans. Vous jugerez, monsieur, par l'exposé que nous allons faire, de ce qu'il y a de justice et de vérité dans ses ardentes déclamations.

Ce n'est pas assez de dire que les Romains furent intolérans à l'égard des chrétiens, il faut ajouter qu'ils portèrent la barbarie à un point qu'aucun peuple n'a jamais égalé; cette bar-

[1] Bayle, art. *Zoroastre.*

barie dura plus de deux cents ans. Rome seule vit couler le sang de plus d'un million de chrétiens, on peut juger par-là de ce qui s'en répandit dans le reste de l'empire.

A la barbarie romaine succéda, environ un siècle après, celle des rois vandales, en Afrique : ces princes, pendant plus de quarante ans, ne cessèrent d'employer le fer, le feu, les tortures, pour exterminer la catholicité dans toutes les provinces africaines.

Dans le sixième siècle, Cosrhoës Ier, fils de Cabadès, fit mourir plus de quatre-vingt mille chrétiens ; et son petit-fils, Cosrhoës II, qui assassina lui-même son père, et qui fut à son tour assassiné par son propre fils, ne les épargna pas davantage. C'est ce Cosrhoës que Voltaire appelle le *Grand*, et qu'il auroit dû appeler le grand parricide, comme ayant été l'assassin de son père, et ensuite assassiné lui-même par son fils.

Les empereurs iconoclastes exercèrent leurs fureurs contre les catholiques, dans les huitième et neuvième siècles ; et dans le seizième, la reine Elisabeth porta, contre les catholiques de ses états, des édits semblables à ceux que les empereurs romains avoient autrefois portés contre les chrétiens.

C'étoit là une ample matière aux déclamations d'un ami zélé de la tolérance.

Mais parce que ce ne fut que contre des chrétiens ou contre des catholiques que ces princes exercèrent ces cruautés, le zèle du philosophe Voltaire n'éclate point contre eux ; il se déclare même leur défenseur le plus ardent et leur panégyriste le plus enthousiaste. Tout le sang chrétien, répandu par ces persécuteurs, il ne l'attribue qu'à la conduite imprudente, indiscrète, factieuse des chrétiens. Tous les défenseurs de l'idolâtrie et de l'hérésie n'ont été, si on veut l'en croire, que des sages, des hommes justes, des princes dignes de toute notre estime, notre respect, notre admiration. Ce n'est même qu'avec vénération qu'il veut qu'on prononce les noms du cruel Dioclétien, de l'impudique et ivrogne Trajan, de l'apostat Julien, du sanguinaire Cosrhoës, etc. Qu'on en juge par les louanges excessives qu'il donne à tous ces persécuteurs, soit dans son Histoire générale, soit dans ses Mélanges !

Mais ce n'est pas ainsi qu'il traite les grands hommes et les grands princes qui ont fait servir leur autorité et leur puissance à maintenir, étendre et faire régner la religion chrétienne. Il veut qu'on ne les regarde que comme des intoléransabominables, que comme des monstres, des barbares, des hommes dignes de l'exécration de tout le genre humain.

Eutrope, Aurélius Victor, tout païens qu'ils sont, représentent Constantin comme un des plus grands hommes qui aient gouverné l'empire ; le chrétien Voltaire le représente comme le monstre le plus détestable et le plus odieux. Aurélius reconnoît dans Théodose toutes les grandes qualités de Trajan, et il ajoute qu'elles ne furent point déshonorées par les vices honteux par lesquels Trajan se déshonora. Voltaire fait de Théodose le plus barbare et le plus sanguinaire de tous les tyrans. Le savant historien

Cave, quoique anglican, met Charlemagne au-dessus de tous les princes qui ont jamais été sur le trône impérial ; Voltaire ne le présente que comme un brigand, et comme le plus féroce de tous les maîtres.

En vient-il ensuite aux dissensions, aux guerres civiles, aux rebellions, que les opinions nouvelles excitèrent en Europe dans le seizième siècle; alors il ne se possède plus : il n'y a plus ni décence, ni raison, ni respect pour la vérité, qui le retienne; c'est sur les catholiques qu'il rejette toujours les horreurs de ces temps malheureux; ce sont les catholiques qu'il présente toujours comme les premières causes de tous ces désastres; c'est contre eux qu'il voudroit soulever tout le genre humain. Mais dans ceux qui abandonnèrent l'Église romaine pour embrasser les opinions de Luther, de Calvin et des autres réformateurs, il ne voit que des hommes sages, éclairés, pacifiques, et qui ne demandoient que la liberté de servir Dieu d'une manière qui leur paroissoit plus conforme à l'Évangile.

Pour rendre la religion catholique odieuse, il crie sans cesse : la Ligue ! la Ligue ! la Saint-Barthélemi ! les assassinats de Henri III, de Henri IV ! Mais il ne dit pas ce qu'il seroit essentiel de dire, que la Ligue ne fut qu'une contre-confédération que firent les catholiques, pour l'opposer aux confédérations que les réformés avoient faites douze ans auparavant, pour abolir la catholicité; mais il ne dit pas que le protestantisme renversa du trône Sigismond III, roi de Suède; qu'il chassa de ses états la reine d'Ecosse, Marie Stuart; qu'il attenta à la liberté de nos rois, François II et Charles IX; qu'il souleva les Pays-Bas contre leurs légitimes souverains ; qu'il fit périr plus d'un million d'hommes en France pendant les guerres civiles.

Il s'enflamme toutes les fois qu'il parle du massacre de la Saint-Barthélemi. Cette sanguinaire exécution révolte quiconque a des sentimens humains. Ce fut un procédé indigne d'un roi; mais après tout, ceux qui furent immolés étoient des rebelles, des ennemis de la religion, des perturbateurs de l'ordre et du repos public. Ce fut contre toutes les formalités qu'ils furent condamnés, il est vrai; mais n'étoient-ils pas réellement coupables, et bien plus coupables que le maréchal de Montmorency, qui fut décapité à Toulouse avec toutes les formalités?

Voltaire est-il donc un homme équitable, un historien fidèle dans ses ardentes déclamations contre les intolérans? Est-il un homme équitable, un historien fidèle, lorsque d'une part il tait absolument, ou dissimule, excuse, et même entreprend de justifier toutes les barbaries des empereurs romains, toutes les rebellions et cruautés des anticatholiques, et que de l'autre il peint avec les couleurs les plus noires, il amplifie, il exagère tout ce qu'une défense légitime, ou des représailles forcées ont fait faire aux catholiques, pour défendre ou venger leur religion?

L'homme sage sera bien éloigné d'approuver tout ce qui se passe dans des guerres civiles, dans des guerres de religion, même de la part du parti le plus juste et le plus légitime. Il sait qu'alors des esprits ardens se laissent aller à des excès qui font horreur; que les ressentimens se portent à des cruautés que la justice, la raison, l'humanité ne peuvent s'empêcher de détester: il sait que ce sont là les effets nécessaires des mouvemens violens que la passion met dans l'âme. Il trouvera donc à condamner dans les deux partis. Mais les plus coupables à ses yeux seront ceux qui ont été les agresseurs, qui se sont armés contre leurs souverains, qui ont entrepris de renverser une religion établie et soutenue par les lois.

De cette observation que nous venons de faire, il faut conclure que Voltaire prêche la tolérance comme le furieux qui le fer et le feu à la main prêcheroit la paix, ou comme le père du mensonge, le monarque infernal, prêcheroit la vérité.

SIXIÈME OBSERVATION.

Sur les suites de la Tolérance, telle que la développe Voltaire.

En réunissant, en rapprochant divers morceaux répandus dans ce beau traité de la tolérance, on peut connoître ou au moins conjecturer assez sûrement quelle est la véritable manière de penser de Voltaire sur la religion.

D'abord la révélation, la divinité de Jésus-Christ, l'autorité de l'Eglise, et tout ce qui s'ensuit de là, sont des dogmes dont, à son avis, on peut fort bien se passer; et tout le christianisme portant sur ces dogmes, on doit par conséquent le regarder comme une religion dont on peut se passer également. Il ne le traite, ce christianisme, que comme l'impie Lucien traitoit le paganisme; il n'en parle que pour le déshonorer, et pour en railler. S'il dit quelquefois, *notre sainte religion*,[1] s'il proteste quelquefois qu'il *respecte tout ce qu'enseigne l'Eglise*,[2] qu'on y fasse attention; il n'use de ces termes, il ne fait ces protestations, que lorsqu'il croit avoir trouvé quelque objection redoutable, ou quelque raillerie cruelle contre la religion.

On sera peut-être surpris qu'un docteur ose faire au grand Voltaire un procès aussi odieux; mais on doit être bien plus étonné encore que le docteur fournisse des preuves aussi fortes de la justice et de la bonté de la cause qu'il défend. Je le dirai très-hardiment : ceux qui, par égard pour Voltaire, trouvent mauvais qu'on relève un peu fortement ce qu'il débite contre la religion, donnent lieu de penser qu'ils n'en ont pas beaucoup eux-mêmes, ou du moins qu'ils ne prennent pas beaucoup d'intérêt, et n'ont pas dans l'âme un grand respect pour la religion. Mais venons au fait, et fournissons les preuves que nous avons annoncées.

1.º Voltaire ne parle qu'avec un souverain mépris de la révélation.

On sait que depuis plus de trente siècles Moïse est regardé comme le principal organe dont Dieu se servit pour manifester aux hommes ses volontés; que le peuple hébreu

---

[1] Mélanges, tome 1ᵉʳ. — [2] Ibid., tome 29, p. 179.

fut choisi pour être le dépositaire de cette révélation et de ces ordonnances sacrées, et que c'est dans l'Arabie, près de la mer Rouge, que cette solennelle révélation fut promulguée. Les juifs et les chrétiens n'ont sur cela qu'un même sentiment. « C'est à Jacob, dit le Prophète » roi,[1] que le Seigneur a fait entendre sa pa- » role, et qu'il a manifesté ses ordonnances et » ses lois. Il n'en a pas usé de même envers les » autres nations, et il ne leur a pas annoncé » comme à Israël ses volontés. » « C'est aux Juifs, » dit saint Paul, que le dépôt des oracles divins » a été confié. » Depuis dix-sept siècles, toutes les communions chrétiennes, quoique divisées sur d'autres points, se sont toujours réunies à croire, à adopter, et à révérer celui-ci; et voici le ton railleur avec lequel Voltaire a osé le présenter :

« Un homme, haut d'environ cinq pieds,[2] a » dit à quelqu'un de ses voisins dans l'Arabie : » Ecoutez-moi, car le Dieu de tous les mondes » m'a éclairé. Il y a neuf cent millions de petites » fourmis comme nous sur la terre; mais il n'y a » que ma fourmilière qui soit chère à Dieu, » toutes les autres lui sont en horreur. Si je » leur parlois ainsi, les autres fourmis m'arrête- » roient, et me demanderoient : Quel est le fou » qui a dit cette sottise. »

Il faudroit être de la dernière imbécillité pour ne pas reconnoître qui est celui qu'on présente sous cette enveloppe légère. C'est celui que Dieu a choisi pour en faire l'organe

---

[1] Ps. 147. — [2] Mélanges, tome 29, p. 176.

de la révélation. C'est Moïse qui parle au peuple hébreu dans l'Arabie, qui annonce les lois du Seigneur, qui déclare qu'Israël est le peuple choisi de Dieu, qui promet que Dieu enverra un nouveau législateur que tous les peuples de la terre seront obligés d'écouter.

Cependant, c'est ce Moïse qui est traité de fou, et ce qu'il dit de la part de Dieu est traité de sottise. Encore une fois, il faudroit être hébété pour ne pas voir que c'est de la révélation divine que l'écrivain se joue, et plus qu'hébété encore, pour s'attendre qu'il en fasse jamais l'aveu.

Au reste, ce qu'il dit ici, c'est ce qu'il avoit déjà dit ailleurs avec cette liberté hardie que donne toujours l'impunité. Voici ses paroles : « Tout législateur profane qui osa feindre que » la Divinité lui avoit dicté ses lois étoit visible- » ment un blasphémateur et un traître ; un » blasphémateur, puisqu'il calomnioit les dieux ; » un traître, puisqu'il asservissoit sa patrie à ses » propres opinions. Si je m'étois trouvé vis-à- » vis, je lui aurois crié : Arrête, ne compromets » point ainsi la Divinité ; tu veux me tromper ; » je te défère au peuple, comme un tyran qui » blasphème.[1] » Qu'on pèse ce texte, et qu'on juge du respect de l'auteur pour la révélation !

2° Le dogme fondamental du christianisme, c'est celui de la divinité de Jésus-Christ. Il paroît que M. de Voltaire n'en fait pas plus de cas que de la révélation. « Avez-vous, dit-il, » les titres de la famille divine ? Que vous im-

[1] Mélanges, tome 1ᵉʳ, p. 253.

» porte que le *Logos* soit fait, ou engendré,
» pourvu qu'on prêche une bonne morale, et
» qu'on la pratique si l'on peut ! Qu'y a-t-il de
» plus fou que de dire aux hommes : Ce n'est
» pas assez de pratiquer toutes les vertus, il
» faut encore que vous sachiez comment on est
» engendré de toute éternité, sans être fait de
» toute éternité ; et si vous ne savez pas distin-
» guer l'*homousion*, dans l'hypostase, nous vous
» déclarons que vous serez brûlés à jamais, et
» en attendant nous allons vous égorger. Voilà
» pourtant ce qui ouvrit la porte à tous ces
» fléaux qui vinrent de l'Asie inonder l'Occi-
» dent. Il sortit de chaque verset contesté une
» furie armée d'un sophisme et d'un poi-
» gnard, qui rendit tous les hommes insensés
» et cruels. »

Peut-on railler avec plus d'indécence, déclamer avec plus de fureur, et débiter plus de
blasphèmes contre les dogmes de l'incarnation
du Verbe et de la divinité de Jésus-Christ ?

3° Ce réformateur du christianisme seroit
aussi fort d'avis qu'on retranchât du symbole
ces paroles : *Sanctam ecclesiam catholicam*.
Jésus-Christ a bien dit [1] qu'*il n'y auroit qu'un
bercail et qu'un Pasteur*. Saint Paul a bien
dit qu'*il n'y a qu'une foi et qu'un baptême*.[2]
On annonce au symbole qui se chante à la
messe, que l'Eglise est une, sainte, apostolique. Tous les chrétiens regardent cela comme
des oracles divins. Voltaire ne croit pas qu'on
y doive faire la moindre attention. « Le juif,

---

[1] Joan. 10. — [2] Ephes. 4.

« dit-il, [1] le catholique, le grec, le luthérien,
» le calviniste, l'anabaptiste, le socinien, le
» memnonite, le morave, vivent en frères dans
» l'Allemagne, la Hollande et l'Angleterre.
» Pierre-le-Grand a favorisé tous les cultes dans
» son vaste empire ; l'Eglise y est entièrement
» dépendante du pouvoir suprême : on n'y con-
» noît, pas plus qu'en Angleterre, la distinction
» des deux puissances ; et ces mots mêmes, les
» deux puissances, sont un crime de lèse-ma-
» jesté. »

Ainsi il ôte à l'Eglise toute autorité relativement à la conservation de la pureté de la doctrine et de la foi ; il la prive du droit d'examiner, de juger, de décider ; il laisse à toutes les
erreurs la liberté de se répandre et de s'enra-
ciner, et, quand elles seroient soutenues par
les puissances, de dominer avec autorité : voilà
l'Eglise de Voltaire.[2] Il ne trouve d'erreurs
répréhensibles et condamnables, que celles qui
inspirent le fanatisme; et il taxe de fanatiques
tous ceux qui n'adoptent pas la licencieuse doctrine des philosophes de nos jours.

4° Il veut qu'on ait autant d'aisance et de
liberté sur l'article de la morale, que sur l'article du dogme. Il fait main-basse sur tout ce
qui concerne la pratique des vertus ou l'éloignement des vices. « Car la religion,[3] dit-il, est
» instituée pour nous rendre heureux dans cette
» vie et dans l'autre. Que faut-il pour être heu-
» reux dans la vie à venir ? Être juste. Et pour

---

[1] Mélanges, tome 29, p. 54. — [2] Ibid., p. 162. — [3] Ibid., p. 173.

» être heureux en celle-ci, que faut-il ? Être
» indulgent. »

Jésus-Christ dit aux chrétiens que, pour être heureux dans la vie à venir, il faut dans celle-ci être humble, chaste, doux, généreux à pardonner ; il exclut de ce bonheur les hommes de plaisirs, les médisans, les vindicatifs, les usuriers, et tous ceux qui ne sont pas plus justes que les pharisiens, ces hommes dont le caractère étoit l'orgueil, l'hypocrisie, l'avarice, l'esprit de séduction. Voltaire n'entend point du tout cela ; il abrége la morale du législateur divin. Qu'on soit juste et tolérant, dit-il, il suffit ; et quand on donneroit dans tous les écarts du libertinage, de l'incrédulité, de l'impiété, comme tout cela n'est point contre les règles de la justice, cela n'empêcheroit pas d'être heureux dans la vie à venir. C'est là le christianisme de Voltaire.

Vous m'avez demandé, monsieur, mon jugement sur le Traité de la tolérance. Je vous l'ai donné ; vous êtes maintenant à même d'y joindre le vôtre. Je crois que vous ne pourrez plus regarder ce traité que comme une extravagante rapsodie, par laquelle Voltaire prétend autoriser une licence générale en matière de foi et de mœurs ; un ramas informe de calomnies contre l'Eglise, contre les premiers chrétiens, contre les martyrs, contre les catholiques, contre toutes les puissances qui ont protégé la religion ; une infâme apologie des premiers persécuteurs du christianisme, et de tous ceux qui les ont ensuite imités ; une défense fanatique de tous ceux qui ont attaqué la doctrine et les dogmes de l'Église; une authentique déclaration des sentimens de mépris qu'il a pour la religion dans laquelle il est né.

Les philosophes, c'est-à-dire les incrédules, les libertins, applaudiront à cette œuvre de Voltaire; et c'est par cet important suffrage même, monsieur, que vous apprenez plus sûrement encore comment vous devez vous-même en juger.

CONCLUSION.

Nous n'avons fait qu'une bien courte revue des écrits de Voltaire ; mais elle suffit pour faire connoître l'esprit qui y règne, et pour diriger dans le jugement qu'on doit porter sur la volumineuse collection de toutes ses OEuvres. Que l'on vante, qu'on élève, qu'on admire tant qu'on voudra son esprit, ses talens, la variété, et si l'on veut encore, la multitude de ses connoissances ; tout ce que nous en dirons ici, c'est que c'est pour cela même que ses écrits sont plus funestes dans la société, parce que le poison n'est jamais plus dangereux que lorsqu'il est présenté sous une enveloppe plus séduisante et qu'il est mieux déguisé.

Tous les différens genres d'attaques que la religion a eu à soutenir depuis dix-sept siècles, de la part de la philosophie païenne, de la part du judaïsme, du libertinage, d'une multitude prodigieuse d'hérésies, sont ressuscités, renouvelés et réunis dans cette collection ; et ils sont réunis avec tout l'art, l'adresse et les moyens les plus propres à séduire les esprits, surprendre les cœurs, allumer toutes les passions. Romans impies, contes indécens, railleries très-souvent accompagnées de blasphèmes ; recherches et compilation de tout ce que la satire, le mensonge, la calomnie ont jamais imaginé contre l'Eglise, ses ministres et ses défenseurs; sophismes et raisonnemens captieux contre les dogmes, contre l'authenticité et la divinité des livres saints, contre l'autorité, le gouvernement et les usages de l'Eglise; portraits brillans des persécuteurs, des hérésiarques, de tous ceux qui ont causé les plus grands désastres ou les plus grands bouleversemens dans la religion; images, peintures affreuses de ceux qui l'ont protégée par leur puissance, ou qui l'ont soutenue avec courage et avec zèle, ou qui l'ont honorée par de grandes vertus; parallèles odieux du christianisme avec les fausses religions, et dans lesquels on donne toujours l'avantage aux fausses religions sur le christianisme; maximes détestables qui ne font passer dans l'âme que les sentimens de l'orgueil, le goût de la volupté, l'amour de l'indépendance, le dédain de toutes les lois de religion, de mœurs et de vertus: voilà ce qui remplit la volumineuse collection que nous combattons; voilà les tableaux qui y sont présentés, la doctrine qui y est enseignée, la manière de penser et de juger qui y est inspirée; et l'on peut hardiment affirmer que cette collection est le dépôt funeste de tout ce que l'impiété et le libertinage ont jamais imaginé pour renverser tous les principes, pour rendre odieuse et méprisable la religion, et pour perdre les mœurs.

« *Charmons les ennuis de cette vie*[1] (di-
» soient ces libertins qui sont peints dans le livre
» de la Sagesse), moquons-nous d'un avenir in-

[1] Sap. 2.

» connu, couronnons-nous de roses, tandis
» qu'elles sont fraîches et brillantes; que la puis-
» sance et la force soient notre unique loi; ces
» prétendus sages qui s'avisent de nous remon-
» trer, de nous censurer, de nous reprocher nos
» crimes, n'oublions rien pour les couvrir d'op-
» probres, les écraser, les anéantir. » Voilà la
doctrine intéressante et les belles maximes sur
lesquelles on trouve, dans cette collection, les
commentaires les plus étendus et les plus variés,
qui sont développés avec toute l'adresse et la
chaleur dont l'écrivain est capable, et avec un
succès dont il n'y a que les puissances infernales qui puissent dignement le féliciter.

Aussi ne veut-on plus aujourd'hui d'un législateur qui nous ordonne d'être doux et humbles à son exemple; les vertus courageuses par
lesquelles on doit s'assurer une heureuse immortalité ne sont plus qu'un sujet de dérision,
de raillerie et de mépris; la raison étant devenue aussi foible que la foi, on ne songe plus
qu'au personnage qu'on jouera sur la scène du
monde, on ne songe qu'à jouir de tous les plaisirs, et à suivre l'impulsion de toutes les passions.

Si une partie de notre nation gémit avec
amertume sur le dépérissement de la religion,
sur le libertinage, sur l'aisance avec laquelle
on passe par-dessus les devoirs les plus sacrés,
sur les ménagemens timides et politiques dont
on use envers ceux qui entretiennent la licence
par leurs écrits, sur le peu de vigueur de ceux
qui sont obligés par état de veiller à la conservation de la foi et des mœurs, n'allons pas

chercher plus loin la cause d'une si affligeante révolution. C'est là le beau fruit de la lecture des écrits de Voltaire ; c'est la suite de la manière de penser et de juger que les écrits de Voltaire ont inspirée ; et tandis que la funeste collection de ses OEuvres restera entre les mains de la nation, j'aurai le courage de le dire ; tandis qu'elle restera entre les mains de la nation, jamais on ne verra renaître l'esprit de religion.

Bien des gens seront surpris de la hardiesse du jugement que je porte. Je le comprends ; j'en vois les suites, et je ne m'en épouvante pas. Les philosophes, les hommes qui ne sont chrétiens qu'à demi, les âmes fortes qui se sont garanties de la contagion philosophique de ce siècle, porteront aussi leur jugement sur mon ouvrage.

Les philosophes et tout ce qui tient à la secte des philosophes, n'en parleront qu'avec mépris ; ils le rejetteront avec dédain ; ils le traiteront d'écrit fanatique. Mais doit-on s'attendre à un autre jugement de leur part ? Ne sait-on pas qu'ils traitent de fanatisme tout ce qui exprime le respect pour la religion, et tout ce qui vient du zèle de la religion ?

Les demi-chrétiens, c'est-à-dire ceux qui ne sont ni assez pervers pour adopter tous les principes philosophiques, ni assez courageux pour ne jamais rougir de l'évangile, désapprouveront la vigueur avec laquelle on ose s'élever contre celui qui est regardé comme le plus bel esprit de ce siècle ; ils accuseront le censeur de manquer à la modération que la prudence exige, et que la religion même conseille; ils diront qu'il faut ménager les esprits et non pas les offenser, les gagner et non pas les irriter. Mais à ces médiateurs timides et politiques, on ne répondra que par ces paroles du législateur divin: *C'est être contre moi, que de ne pas se déclarer pour moi.*[1]

Pour ces âmes de sentimens élevés, qui ne connoissent rien de plus grand que la religion, elles trouveront qu'il est beau de dédaigner toutes les considérations humaines, quand il s'agit de la soutenir et de la défendre; elles applaudiront au courage de ceux qui osent démasquer ses ennemis, faire connoître le poison que leurs écrits renferment, et présenter les moyens nécessaires pour s'en garantir; et ce sont là les seuls suffrages à respecter, et les seuls dont l'homme chrétien doive s'applaudir!

Religion auguste! l'incrédulité, le libertinage, les passions effrénées se sont réunis dans ce siècle pour vous faire la guerre; et moi je vous voue et vous consacre jusqu'à mon dernier soupir, et je réunirai toutes mes forces et mes sentimens pour vous défendre et vous venger. C'est là mon engagement solennel et mon dernier testament. Le courroux et les ressentimens des incrédules et des libertins ne m'ont point encore effrayé. Depuis vingt ans que je combats contre eux, ils ont répandu sur moi les torrens de leur fiel et de leur indignation. Mais j'en ai été bientôt consolé par cet oracle de Jésus-Christ: « Lorsque les méchans déploieront leur » haine contre vous, qu'ils vous persécuteront

[1] Matth. 22.

» à outrance, qu'ils s'efforceront de vous char-
» ger de calomnies et d'opprobres, soyez dans
» les transports de la joie, parce que vous en se-
» rez bien dédommagés par les récompenses du
» ciel. » Et si mon nom est écrit dans le ciel,
que m'importe ce que diront de moi les méchans
sur la terre ?

Religion auguste ! c'est peut-être ici le dernier ouvrage que je consacrerai à votre défense. Que n'ai-je la force et les secours qui me seroient nécessaires pour entreprendre de nouveaux combats ! Mais avec la grâce du Seigneur, le zèle et l'amour pour vous ne s'éteindront jamais dans mon cœur. C'est vous qui faites toute ma consolation et ma joie sur la terre ; et c'est vous qui, par la bonté divine, ferez ma récompense dans l'éternité. Puisse cet ouvrage faire connoître le poison renfermé dans cette dangereuse et funeste collection, la faire détester et abhorrer ! Puisse-t il dissiper les prestiges de cette orgueilleuse et licencieuse philosophie, qui fait depuis si long-temps de si grands ravages dans la religion et dans les mœurs ! Puisse-t-il servir à ramener tous les peuples chrétiens à cette essentielle vérité que l'Esprit saint annonçoit il y a trois mille ans : « La crainte du Sei-
» gneur et la fidélité à ses lois, c'est là ce qui
» fait tout l'homme, soit pour le temps, soit
» pour l'éternité : *Deum time, et mandata ejus*
» *observa : hoc enim omnis homo.* » C'est le vœu que je fais, c'est le but de cet ouvrage, que je n'ai entrepris que par zèle et amour pour notre sainte, auguste et divine religion !

FIN.

TABLE.

ESPRIT DE VOLTAIRE DANS SES ÉCRITS.

AVERTISSEMENT. . . . . page 1
CHAPITRE Iᵉʳ. Précis de la Philosophie de l'Histoire, par lequel on reconnoît le but principal de M. de Voltaire dans ses écrits. 1
ARTICLE I. Doctrine de Voltaire sur l'origine des choses. 2
ART. II. De l'antiquité des nations. 14
ART. III. De la religion des premiers hommes. 23
ART. IV. De l'idolâtrie. 38
CHAP. II. Des livres divins, et de la manière dont M. de Voltaire apprend à ses lecteurs à en juger. 45
ART. I. En combattant les livres *divins*, Voltaire fait l'homme de l'érudition la plus étendue, dans les choses même dont il n'a pas la plus légère connoissance. 47
ART. II. Pour combattre les livres saints, à défaut de raisons, Voltaire substitue la raillerie. 51
ART. III. Voltaire, pour combattre l'autorité des livres saints, n'oppose aux faits les plus certains que des faits dont on démontre la fausseté. 57
CHAP. III. De l'autorité et du crédit de M. de Voltaire en matière d'histoire. 69
ART. I. Les histoires de Voltaire ne sont puisées que dans les sources les plus suspectes. 70

TABLE.

Art. II. Des anecdotes répandues dans les écrits historiques de Voltaire. 78
Sur le voyage de saint Pierre à Rome. . . *Ibid.*
Sur l'établissement de la religion chrétienne en Russie. 80
Sur Théodose-le-Grand. 81
Sur le nom de Verbe, par lequel on connoît le Fils de Dieu. 82
Sur le pape saint Léon. 83
Sur Attila. . . . . *Ibid.*
Sur les accusations des juifs contre les chrétiens. 84
Sur saint Laurent, martyr. 86
Sur Farel, ministre de la religion réformée. 87
Sur saint Jean, pape, premier du nom. . *Ibid.*
Art. III. Des accusations perpétuelles que Voltaire fait contre les papes, sur leurs prétendues usurpations. 91
Art. IV. Observations sur l'Histoire de l'empire de Russie, donnée par M. de Voltaire. 95
Chap. IV. De la force et de la justesse des raisonnemens de M. de Voltaire. 104
Chap. V. Du jugement que porte Voltaire sur les auteurs qui ont paru avant lui. . . . 133
Premier entretien. Sur la manière dont Voltaire juge les poëtes françois. 135
Second entretien. Sur les philosophes françois. 151
Chap. VI. De la manière dont M. de Voltaire a répondu à ses censeurs. 163
Première lettre. Sur les réponses qu'a faites M. de Voltaire à ses censeurs. 164
Seconde lettre écrite à l'occasion de la brochure que M. de Voltaire a intitulée : *les Honnêtetés littéraires*. 174

OBSERVATIONS sur les Honnêtetés littéraires. 179
CHAP. VII. Des Mélanges de philosophie et de littérature de M. de Voltaire. 211
ART. I. Mélanges de romans, ou contes philosophiques. 212
ART. II. Mélanges de philosophie, de morale, et de politique. 224
ART. III. Mélanges de philosophie et de littérature. 230
CHAP. VIII. De la manière de penser de M. de Voltaire sur les vertus et sur les mœurs. 236
CHAP. IX. De la manière dont M. de Voltaire traite de la religion. 246
ART. I. Les écrits de Voltaire ne respirent que le déisme. 247
ART. II. Les ouvrages de Voltaire n'inspirent que le mépris de la religion chrétienne. . 251
ART. III. On apprend dans les écrits de Voltaire à ne regarder qu'avec horreur la religion catholique. 254
CHAP. X. Observations sur le Traité de la tolérance. 261
PREMIÈRE OBSERVATION. Le volume de la Tolérance n'est qu'un amas de déclamations, sans principes, sans raisonnement et sans liaison. 263
SECONDE OBSERVATION. Voltaire est tolérant comme le furent autrefois les Romains. . 267
TROISIÈME OBSERVATION. Raisonnemens singuliers que fait Voltaire pour prouver la nécessité d'une tolérance universelle. . . 272
QUATRIÈME OBSERVATION. Sur les recherches que fait Voltaire pour savoir si l'intolérance est de droit divin. 279

CINQUIÈME OBSERVATION. Sur les déclamations
 que fait Voltaire contre les intolérans. . 285
SIXIÈME OBSERVATION. Sur les suites de la tolérance, telle que la développe Voltaire. . 20
CONCLUSION. 298

FIN DE LA TABLE DU DERNIER VOLUME.

www.ingramcontent.com/pod-product-compliance
Lightning Source LLC
Chambersburg PA
CBHW060352170426
43199CB00013B/1848